青少年不可不知的法律常识

从小养成尊法守法习惯
开启学法用法之旅

QINGSHAONIAN
BUKEBUZHI DE
FALÜ CHANGSHI

第二版

中国法治出版社
CHINA LEGAL PUBLISHING HOUSE

前 言

青少年是国家和民族的未来，是社会主义的建设者和接班人。少年兴则国兴，少年强则国强。如今，在全面依法治国的大背景下，青少年的法治教育与国家兴盛、社会主义法治建设等息息相关。

为了保障青少年的健康成长，减少青少年犯罪，保护青少年的各种合法权利，我们应该在青少年群体中大力普及法治教育，培养青少年信仰法律、崇尚法律，运用法律保护自己、提高自身素质的法律意识。

青少年要学习《宪法》，领会《宪法》的精神，助力《宪法》的全面实施。青少年要学习《民法典》，懂得依法行使权利、履行义务，自觉承担社会责任，依法律己。青少年要学习《未成年人保护法》《刑法》《预防未成年人犯罪法》等，提高保护自身合法权益的意识，远离犯罪及不良行为。青少年要了解《道路交通安全法》《消防法》，增强道路交通安全意识和防灾减灾意识，文明出行，遵纪守法，减少交通、灾害伤亡等事故的发生。当然，青少年要了解的法律远不止这些，多多益善，懂法总归是一件有益的事情。因此，我们特别编写了《青少年不可不知的法律常识》一书，希望能帮助青少年朋友学习必要的法律知识。

本书通过一个个案例小故事讲解法律知识，既生动活泼，又极具代入感，能帮助青少年达到读故事、学法律的目的。同时，本书涉及的法律知识面广泛，丰富且实用，不仅可以让青少年学习法律知识，还能丰富视野，提高认知。此外，本书使用了通俗的语言来讲解法律知识，深入浅出，娓娓道来，相信青少年朋友一定能看得懂。由于时间和编写人员水平的限制，书中难免有不足之处，敬请批评指正！

　　最后，希望本书能成为广大青少年朋友学法道路上的"好朋友"！

本书编委会
2025 年 3 月

目 录

第一章 学习《宪法》，弘扬宪法精神

第一节 认识宪法

1. 如何理解宪法？"宪法日"是哪天？ …………………… 3
2. 社会主义的事业建设需要哪些人才？ ………………… 5
3. 什么是宪法宣誓？哪些人需要进行宪法宣誓？ ……… 6
4. 什么是宪法修正案？ …………………………………… 10
5. 什么是宪法解释？其功能有哪些？ …………………… 11

第二节 总　　纲

1. 对少数民族公民予以区别对待是否违反宪法规定？ ……… 12
2. "坚持节约，杜绝浪费"在宪法中有相关规定吗？ ……… 14
3. 我国宪法对保护名胜古迹是如何规定的？ …………… 15
4. 保护环境作为我国的基本国策，在宪法中有相关规定吗？ … 16
5. 法律是如何对公民的受教育权进行保护的？ ………… 18
6. 对于推广普通话，宪法有相关规定吗？ ……………… 21

第三节　公民的基本权利与基本义务

1. 能否未经同意侵入他人住宅？ ……………………………… 22
2. 宪法中"男女平等"的含义是什么？ ………………………… 24
3. 可以强制要求他人信教吗？ ………………………………… 25
4. 是否可以随意搜查他人身体？ ……………………………… 26
5. 辱骂他人是否违反宪法规定？ ……………………………… 28
6. 公民有权对国家机关的工作提出建议吗？ ………………… 29
7. 言论自由是否存在限制？ …………………………………… 31
8. 公民能逃避依法服兵役的义务吗？ ………………………… 32
9. 父母抚养教育子女是一项宪法义务吗？ …………………… 35
10. 公民在行使自由和权利时是否会受到限制？ ……………… 36
11. 公民是否必须遵守公共秩序和社会公德？ ………………… 37
12. 公民是否必须依法纳税？ …………………………………… 38
13. 维护国家安全与领土完整是公民的基本义务吗？ ………… 39
14. 作为公民，应该维护国家荣誉吗？ ………………………… 41
15. 每个公民都有保守国家秘密的义务吗？ …………………… 43
16. 尊重他人的民族风俗习惯有法律上的依据吗？ …………… 46
17. 爱国主义教育的内容有哪些？爱国主义与未成年人有何关联？ ……………………………………………………… 48

第四节　国家机构

1. 全国人民代表大会的职权范围是什么？ …………………… 53

2. 全国人民代表大会几年召开一次？ …………………… 56
3. 全国人民代表大会是如何组成的？ …………………… 57
4. 人大代表有哪些权利和义务？ ………………………… 59
5. 什么是国务院？其职权有哪些？ ……………………… 62
6. 什么是中央军委？ ……………………………………… 64
7. 什么是人民法院？其任务是什么？ …………………… 66
8. 什么是人民检察院？其任务有哪些？ ………………… 67
9. 什么是监察委员会？其职责有哪些？ ………………… 69

第五节　国旗、国歌、国徽

1. 学校是否必须举行升国旗仪式？升国旗时应当怎样做？…… 71
2. 公开踩踏、侮辱国旗的，要承担什么法律责任？ ………… 73
3. 哪些地方应当升挂国旗？ ……………………………… 75
4. 可以将国旗图案用到广告当中吗？ …………………… 77
5. 在哪些场合，应当奏唱国歌？ ………………………… 79
6. 国歌奏唱礼仪是什么？ ………………………………… 81
7. 国徽图案能否在私人庆典上使用？ …………………… 83
8. 损坏国徽应承担什么法律后果？ ……………………… 85

第二章　学习《民法典》，悦享多彩生活

第一节　和谐家庭，有法有爱

1. 孩子取名时，可以跟随父母以外的人的姓氏吗？ ………… 89

2. 父亲去世后孩子跟随母亲一起生活，爷爷奶奶有权利探望孙女吗？ ………………………………………… 91
3. 父母死亡后，祖父母是否有抚养孙子女的义务？ ………… 93
4. 父母死亡后，成年兄姐需要扶养未成年的弟妹吗？ ……… 94
5. 离婚时，子女有权决定自己的抚养权归谁吗？ …………… 95
6. 父母没有离婚，未成年子女是否可以向父母主张抚养费？ ……………………………………………………… 97
7. 非婚生子女有权要求生父母给付抚养费吗？ ……………… 98
8. 遗弃未成年子女的父母能够被撤销监护权吗？ ………… 100
9. 紧急情况导致小孩无人照料，谁应当承担起这个责任？ ……………………………………………………… 102
10. 离婚后的父母均怠于履行对孩子的抚养、教育职责，应该怎么办？ ……………………………………… 103
11. 非婚生子女能否继承父母的遗产？ ……………………… 106
12. 继子女是否有权继承继父母的遗产？ …………………… 107
13. 外甥可以继承姨妈的遗产吗？ …………………………… 109
14. 未成年人所立的遗嘱有法律效力吗？ …………………… 111
15. 违法犯罪的青少年有没有继承权？ ……………………… 113
16. 遗弃过老人的，是否还能继承其遗产？ ………………… 115
17. 死者遗产资不抵债的，其年幼的孩子是否还能分到遗产？ ……………………………………………………… 116
18. 被收养人应当符合哪些条件？ …………………………… 118
19. 哪些情况下可以解除收养关系？ ………………………… 119

20. 被人收养后对生父母还有赡养义务吗？ ……………… 121
21. 单身女性收养男童，有年龄差距的限制吗？ ………… 122

第二节　文明守纪，依法维权

1. 什么是公序良俗？为什么要尊重公序良俗？ ………… 124
2. 要"诚信"也是法律规定吗？ …………………………… 125
3. 未成年人大额打赏主播，家长可以追回款项吗？ …… 127
4. 店家应在多长期限内催告未成年人父母追认未成年人的购买行为？ ……………………………………… 129
5. 乘坐高铁时不按照座位号乘坐，是否违法？ ………… 131
6. 地下埋藏的文物，谁挖到就是谁的吗？ ……………… 133
7. 捡到东西交公是守法的表现吗？ ……………………… 135
8. 未经同意擅自查看孩子聊天记录，是否侵犯了未成年人的权利？ …………………………………………… 137
9. 未征得他人同意披露其家庭隐私，是否构成侵权？ … 139
10. 冒用他人笔名侵犯人格权吗？ ………………………… 141
11. 大学生能否捐献自己的器官？ ………………………… 143
12. 发表丑化他人形象的视频，是否构成肖像权侵权？ … 144
13. AI换脸是否侵犯他人肖像权？ ………………………… 146
14. 使用他人已经公开的肖像进行绘画创作，是侵权行为吗？ …………………………………………………… 147
15. 侵犯他人隐私权的行为有哪些？ ……………………… 149
16. 哪些信息属于法律保护的个人信息？ ………………… 151

17. 因见义勇为受伤，医药费该由谁出？ ……………… 153
18. 高空抛物砸伤人，谁来承担责任？ ………………… 155
19. 他人因逗狗被咬伤，未做防护措施的狗主人是否可以减轻责任？ ……………………………………… 158
20. 跟同学一起踢足球，被对方撞到受了伤，能不能要求对方承担赔偿责任？ …………………………… 159
21. 在商场购物时滑倒摔伤，可以要求商场赔偿吗？ …… 161
22. 被动物园的动物咬伤，动物园应该负责任吗？ …… 162
23. 因搬家遗失重要遗物，可以要求精神损害赔偿吗？ … 164
24. 委托监护的小孩伤害他人，由谁来承担侵权责任？ … 166
25. 被网络用户侵权时，应当怎样维权？ ……………… 167
26. 未经核实为未成年人文身的，需要承担什么法律后果？ ……………………………………………… 169
27. 给学校提供的午餐因储存不当出现质量问题，食品公司应承担什么责任？ ……………………………… 171

第三章　学习《未成年人保护法》，护航成长

第一节　家庭保护

1. 监护人的职责有哪些？ ……………………………… 177
2. 监护人不得实施哪些行为？ ………………………… 179
3. 一起居住的姑姑有教育侄女的义务吗？ …………… 181
4. 监护人应当如何预防未成年人出现安全事故？ …… 183

5. 孩子被伤害，家长推脱不管是违法的吗？……………… 185
6. 父母将未成年的孩子独自留在家，这种行为合法吗？… 186
7. 15周岁的少年可以独居吗？…………………………… 188
8. 父母外出打工，应该怎样给孩子选照护人？…………… 189
9. 父母外出打工后，对孩子的学习和生活等可以抛诸
   脑后吗？………………………………………………… 191
10. 父母离婚后，一方可以不通知对方直接将孩子带走吗？… 192

第二节　学校保护

1. 学校应当为残疾学生提供专用的学习生活设施吗？……… 194
2. 未成年人犯罪后还能接受义务教育吗？………………… 196
3. 学校开设重点班的做法正确吗？………………………… 198
4. 老师能因学生成绩差将其安排到最后一排吗？………… 200
5. 为了提高学生的文化课成绩，学校可以压缩文体课
   程的时间吗？…………………………………………… 201
6. 学校可以强制学生购买网课吗？………………………… 203
7. 学校能否通过罚款的方式对违反校规的学生进行处
   理？……………………………………………………… 205
8. 老师能否用"冷暴力"对待学生呢？…………………… 207
9. 在义务教育阶段，学校可以开除学生吗？……………… 210
10. 学校可以在假期内安排学生补课吗？…………………… 212
11. 老师可以任意批评学生吗？……………………………… 213

12. 学生在参加学校集体活动时受伤，学校需要承担责任吗？ ………………………………………………………… 216
13. 校车司机可以将行驶路线改为陡坡路段吗？ ……… 218
14. 老师可以同意学生坐在副驾驶的位置吗？ ………… 219
15. 上劳动课也是法律要求的吗？ ……………………… 221
16. 幼儿园和培训班不能教授小学课程吗？ …………… 222
17. 学校组织学生开展应急演练，是法律要求吗？ …… 224
18. 学校可以与校外辅导班合作进行课外辅导吗？ …… 225
19. 对待校园欺凌，学校应采取怎样的措施？ ………… 227
20. 学校在预防学生被性侵方面具有哪些法定义务？ … 229
21. 对于课堂上故意捣乱的学生，老师可以惩戒吗？ … 231
22. 老师可以对学生实施哪些教育惩戒措施？ ………… 232
23. 个别同学犯错，老师可以惩罚全班同学吗？ ……… 234

第三节　社会保护

1. 展览馆、科技馆、影剧院等场所对身高超过一米三的未成年人收取全票费用是违法的吗？ ……………… 236
2. 新闻媒体深度挖掘未成年人事件给其家庭带来困扰和伤害的，可以要求媒体承担民事责任吗？ ………… 238
3. 在教材上印广告违法吗？ …………………………… 240
4. 大型场所必须安装搜寻走失未成年人的安全警报系统吗？ ……………………………………………………… 242
5. 公共场所发生突发事件时，应优先救护未成年人吗？ ……… 243

6. 酒店、宾馆等接待未成年人住宿的，应该履行哪些
义务？ ··· 245
7. 未成年人买西瓜刀，店主有权要求查看其身份证吗？ ······ 247
8. 密切接触未成年人的单位在招聘和管理工作人员时，
有何特别的法定义务？ ································ 249
9. 哪些情况下可以对未成年人的网络通讯内容进行
检查？ ··· 251
10. 医务人员发现未成年人可能遭受性侵害的，有义务
报警吗？ ·· 253

第四节　网络保护

1. 未成年人网络保护软件是怎么回事？ ················· 257
2. 中小学校不让带手机进课堂是法律规定的吗？ ······ 260
3. 网络游戏、直播等网络服务提供者有义务针对未成
年人使用其服务设置相应的管理等功能吗？ ········ 261
4. 未成年人可以注册网络直播账号吗？ ················· 264
5. 有着大量未成年用户的网络平台应履行什么义务？ ········ 265
6. 网课平台向未成年人推送游戏链接或不良信息是违
法行为吗？ ·· 268
7. 面对网络欺凌，网络服务提供者应履行什么义务？
我们应该怎么做？ ···································· 271
8. 网络平台发现未成年人发送私密信息的，需要履行
怎样的义务？ ·· 276

9

9. 主播诱导未成年人"刷礼物""打赏",直播平台未
   采取抵制措施的,需要承担什么责任? ················ 279
10. 网络游戏公司可以向未成年人租借游戏账号吗? ········ 281
11. 网络游戏服务提供者是否应当针对未成年人进行适
    龄提示? ·· 284

第五节 政府保护

1. 家长不让孩子上学,政府有责任管吗? ················· 286
2. 对侵占学校场地的行为,人民政府有义务采取相应
   保障措施吗? ·· 288
3. 在哪些情况下,民政部门应当担任未成年人的临时
   监护人? ·· 290
4. 在哪些情形下,民政部门要对未成年人进行长期监
   护? ·· 292

第六节 司法保护

1. 法院工作人员对案件中未成年人的姓名、住所等个
   人信息是否具有保密义务? ································· 295
2. 孙女常常被其父母家暴,奶奶应该怎么办? ············ 296
3. 刑事诉讼中,未成年被害人、证人应当出庭作证吗? ··· 298
4. 未成年人遭受性侵后,能获得怎样的司法保护? ······· 300
5. 警察可以单独讯问未成年犯罪嫌疑人吗? ··············· 303

目 录

第四章 防灾减灾，安全观念常在

第一节 学习《消防法》，增强消防意识

1. 随意挪动学校楼道中的消防器材将会承担何种责任？ ········· 309
2. 发现着火后应该怎么办？ ································ 311
3. 谎报火警需要承担什么法律责任？ ······················ 313
4. 居民可以将自家杂物堆靠在消防栓前吗？ ················ 315
5. 电动自行车、自行车占用消防通道，需要承担什么责任？ ··· 317
6. 非法携带易燃易爆物乘车拒不交出，会受到怎样的处罚？ ··· 320

第二节 保护生态，助力环保防灾

1. 任何人都有参加防震减灾活动的义务吗？ ················ 322
2. 破坏典型地震遗址的，会受到怎样的处罚？ ············· 324
3. 破坏水闸等水利设施的，会受到怎样的处罚？ ··········· 326
4. 在饮用水水源一级保护区游泳，违反法律规定吗？ ········ 329
5. 故意捏造散布自然灾害信息，造成不良社会影响的，会受到怎样的处罚？ ································· 331
6. 关于垃圾分类，青少年应该如何从我做起？ ············· 333
7. 青少年在节约资源、保护环境方面可以怎么做？ ········· 336

第五章 学习《道路交通安全法》，平安出行

第一节 乘坐机动车

1. 乘坐摩托车必须戴头盔吗？ ………………… 341
2. 车辆行驶时是否可以向车外扔垃圾？ ……… 343
3. 孩子可以坐在摩托车后座吗？ ……………… 344
4. 人可以乘坐在货车的车斗里吗？ …………… 345

第二节 骑车上路

1. 11周岁的少年可以骑共享单车吗？ ………… 347
2. 喝了不少酒，可以骑车回家吗？ …………… 348
3. 初中生可以骑电动自行车上学吗？ ………… 350
4. 骑行电动自行车也有时速限制吗？ ………… 352

第三节 步行及其他

1. 为了就近过马路，可以跨越隔离带吗？ …… 354
2. 学龄前儿童在没有成年人的带领下可以在马路上通行吗？ ………………………………………… 356
3. 在道路上滑旱冰，违反交通规则吗？ ……… 357
4. 没有人行道的路，行人应该怎么走？ ……… 359

第六章 预防犯罪，培养良好品行

第一节 学习《预防未成年人犯罪法》，拒绝不良行为

1. 未成年人的不良行为有哪些？抽烟、喝酒属于法律规定的不良行为吗？ ……………………………………… 363
2. 对于"校园小霸王"，学校可以采取哪些管教措施？…… 365
3. 收留离家出走的孩子的，有必要联系其亲属吗？………… 368
4. 进行不雅表演属于严重不良行为吗？未成年人的严重不良行为有哪些？ ……………………………………… 369
5. 公安机关发现未成年人有严重不良行为的，应当如何处理？ …………………………………………………… 372
6. 哪些未成年人有可能被送入专门学校？ ………………… 375
7. 进了专门学校，还能回到普通学校上学吗？ …………… 378

第二节 学习《刑法》，远离犯罪

1. 收集并出售他人信息的，构成犯罪吗？ ………………… 380
2. 从楼上往下扔东西，砸到人致人死亡的，构成什么罪？ … 384
3. 拐卖儿童的，会面临怎样的处罚？ ……………………… 385
4. 与14周岁以下的少女自愿发生性关系，构成强奸罪吗？ … 388
5. 将银行卡提供给他人用于网络赌博转账，也属于犯罪吗？ ……………………………………………………… 389

6. 明知他人在自己的房子里吸毒而没有制止，构成犯罪吗？ ··· 393
7. 在网络上散布虚假警情扰乱社会秩序的，构成犯罪吗？ ··· 394
8. 捡到他人遗忘的物品拒不交还，构成犯罪吗？ ······· 397
9. 无意造成他人受伤构成犯罪吗？ ······················· 399
10. 15 周岁的未成年人抢劫少量财物，构成犯罪吗？ ········ 400
11. 被霸凌时反抗伤害他人的，属于正当防卫吗？ ········ 402
12. 为筹集资金骗人进行网贷的，构成什么犯罪？ ········ 405
13. 教唆未成年人抢劫，要承担刑事责任吗？ ············· 407
14. 抢夺他人财物时怀里揣着凶器但是没有使用，会构成什么罪？ ··· 408
15. 多次小偷小摸，也会构成犯罪吗？ ····················· 410
16. 网络博主在其视频中恶搞抗日烈士形象，需要承担刑事责任吗？ ·· 412
17. 12 周岁的孩子故意杀人需要负刑事责任吗？ ·········· 415
18. 女孩被共同居住的母亲男友虐待，母亲不但不管还时不时参与，他们是否构成犯罪？ ······················ 417
19. 猥亵男童构成什么犯罪？ ································· 419

第七章 学习其他法律常识，做守法小卫士

1. 著作权保护期限是多久？ ································· 425

2. 几个小伙伴合作完成的作品，谁拥有著作权？ …………… 428
3. 专利就仅仅指发明吗？ …………………………………… 430
4. 青少年可以以自己的名义申请专利吗？ ………………… 432
5. 发现自己的专利被他人冒用，应该如何维权？ ………… 434
6. 在人民币上乱写乱画是违法行为吗？ …………………… 435
7. 买东西时用假钞是违法的吗？ …………………………… 437
8. 在路上捡到野生动物，可以带回家饲养吗？ …………… 440
9. 在家唱歌影响邻居休息违法吗？ ………………………… 442
10. 女主播大尺度直播表演，违法吗？ ……………………… 444
11. 未成年人可以买彩票吗？ ………………………………… 446
12. 校园附近充斥噪声污染，该怎么办？ …………………… 448
13. 能购买别人偷来的东西吗？ ……………………………… 451

第一章

学习《宪法》，弘扬宪法精神

第一章　学习《宪法》，弘扬宪法精神

第一节　认识宪法

1 如何理解宪法？"宪法日"是哪天？

▷ **案例回放**

　　一天，小刚家所在居委会的工作人员在小区内的小广场举行普法宣传活动，那场面真是热火朝天，犹如超市大促销一样。小刚和妈妈走上前去观看，这时，有志愿者走过来，拿出一张问卷，请小刚妈妈填写，并称如果答对80%的题目就可以免费领取一兜鸡蛋。小刚和妈妈一看，问卷上写了十道关于宪法知识的题目，由于小刚平时在学校里接触过一些宪法小知识，他自信能够解题，于是拿过笔认真地答了起来。请问，如果让你回答一些关于宪法的小问题，你会解答吗？你了解什么是宪法吗？

◯ **学法用法**

　　宪法是一个国家的根本法，规定一个国家的社会制度和国家制度的基本原则、国家机关组织和活动的基本原则、公民基本权利和义务等重要内容，有的还会规定国旗、国歌、国徽和首都以及统治阶级认为重要的其他制度，涉及国家生活的方方面面。

　　《宪法》规定了我国最根本、最重要的问题，涉及国家生活的各个方面，是我国的根本法，具有最高的法律效力。《宪法》第五条规定："中华人民共和国实行依法治国，建设社会主义法治国家。

国家维护社会主义法制的统一和尊严。一切法律、行政法规和地方性法规都不得同宪法相抵触。一切国家机关和武装力量、各政党和各社会团体、各企业事业组织都必须遵守宪法和法律。一切违反宪法和法律的行为，必须予以追究。任何组织或者个人都不得有超越宪法和法律的特权。"因此，《宪法》在我国具有最高法律地位。同时我国的宪法也是公民权利的保障书。一方面，宪法规定了国家权力要正确行使；另一方面，宪法为公民权利提供了有力保障。

2014年11月1日，第十二届全国人大常委会第十一次会议表决通过决定，将每年的12月4日设立为国家宪法日。此后每年12月4日，国家通过多种形式开展宪法宣传教育活动，以此来增强全社会的宪法意识，弘扬宪法精神，加强宪法实施，全面推进依法治国。

法条链接

《中华人民共和国宪法》

序言

……

本宪法以法律的形式确认了中国各族人民奋斗的成果，规定了国家的根本制度和根本任务，是国家的根本法，具有最高的法律效力。全国各族人民、一切国家机关和武装力量、各政党和各社会团体、各企业事业组织，都必须以宪法为根本的活动准则，并且负有维护宪法尊严、保证宪法实施的职责。

温馨贴士

宪法规定了国家生活中最重要、最根本的制度及原则，具有最高法律地位,任何法律都不得与其相抵触。宪法是根本法、是治国安邦的总章程,社会生活中广泛适用的所有法律都是以宪法为依据制定的。

2 社会主义的事业建设需要哪些人才?

▷ 案例回放

小杨和小赵是政治学专业的两名学生。在一次讨论课上,老师让同学们讲讲:社会主义建设事业需要依靠哪些人?这时,小杨称我们国家的发展依靠的是知识分子,科技强国,有知识的人越来越多,社会才会发展得越来越好。小杨的言论遭到了小赵的反驳,小赵称社会主义的建设事业不仅需要依靠知识分子,还需要依靠工人、农民等,要团结一切可以团结的力量,这样我们的社会才会发展得更加完善、更加美好。请问,小杨和小赵谁说得对?

◯ 学法用法

《宪法》序言中规定,社会主义的建设事业必须依靠工人、农民和知识分子,团结一切可以团结的力量。所以案例中小赵的说法是正确的。

中国特色社会主义事业,就是在中国共产党的领导下,立足基本国情,以经济建设为中心,坚持四项基本原则,坚持改革开放,解放和发展社会生产力,建设社会主义市场经济、社会主义民主政治、社会主义先进文化、社会主义和谐社会、社会主义生态文明,促进人的全面发展,逐步实现全体人民共同富裕,建设富强民主文明和谐美丽的社会主义现代化强国。由此可见,我国社会主义的建设事业是多层次、多方面的,不能仅仅依靠某一个单一的群体或者阶级，在建设社会主义的过程中，必须依靠工人、农民和知识分子以及其他一切可以团结的力量。

法条链接

《中华人民共和国宪法》

序言

……

社会主义的建设事业必须依靠工人、农民和知识分子，团结一切可以团结的力量。在长期的革命、建设、改革过程中，已经结成由中国共产党领导的，有各民主党派和各人民团体参加的，包括全体社会主义劳动者、社会主义事业的建设者、拥护社会主义的爱国者、拥护祖国统一和致力于中华民族伟大复兴的爱国者的广泛的爱国统一战线，这个统一战线将继续巩固和发展……

温馨贴士

社会主义的建设事业需要依靠工人、农民和知识分子，其中，工人阶级是国家的领导阶级，是中国特色社会主义事业的领导力量；而农民阶级则是人数最多的基本依靠力量，农业、农村、农民问题的重要性决定了农民阶级的重要地位；知识分子是中国工人阶级的一部分，科学技术的作用决定了知识分子的重要地位。中国特色社会主义建设既离不开工人阶级和知识分子，也离不开农民阶级，还要团结一切可以团结的力量。

3 什么是宪法宣誓？哪些人需要进行宪法宣誓？

案例回放

小鹏从某政法大学毕业后，参加了公务员考试，一路过关斩将，最终成为一名法官助理。由此，小鹏多年的愿望得以实现。小鹏的爸爸也是一名法官，在政法系统工作已经近30年了，如今，年轻的小鹏也将成为一名法官，全家人都感到无比自豪。一天，小鹏所在的法院就新入职的工作人员组织开展宪法宣誓活动，小鹏感觉神圣无比，早早地赶去单位，准备迎接那个庄严的时刻。请问，什么是宪法宣誓？哪些人需要进行宪法宣誓？

学法用法

国家工作人员就职时应当依照法律规定公开进行宪法宣誓，进行宪法宣誓时，会有相应的仪式。根据情况，宣誓仪式可以采取单独宣誓或者集体宣誓的形式。单独宣誓时，宣誓人应当左手抚按《宪法》，右手举拳，诵读誓词。集体宣誓时，由一人领誓，领誓人左手抚按《宪法》，右手举拳，领诵誓词；其他宣誓人整齐排列，右手举拳，跟诵誓词。

宣誓誓词如下：

"我宣誓：忠于中华人民共和国宪法，维护宪法权威，履行法定职责，忠于祖国、忠于人民，恪尽职守、廉洁奉公，接受人民监督，为建设富强民主文明和谐美丽的社会主义现代化强国努力奋斗！"

那么，哪些人需要进行宪法宣誓呢？根据《宪法》第二十七条第三款的规定，国家工作人员就职时应当依照法律规定公开进行宪法宣誓。也就是说，只要是国家工作人员，在就职的时候，都应该进行宪法宣誓。同时，根据《全国人民代表大会常务委员会关于实行宪法宣誓制度的决定》的规定可知，各级人民代表大会及县级以上各级人民代表大会常务委员会选举或者决定任命的国家工作人员，以及各级人民政府、监察委员会、人民法院、人民检察院任命的国家工作人员，在就职时应当公开进行宪法宣誓。

法条链接

《中华人民共和国宪法》

第二十七条第三款 国家工作人员就职时应当依照法律规定公开进行宪法宣誓。

《全国人民代表大会常务委员会关于实行宪法宣誓制度的决定》

……

一、各级人民代表大会及县级以上各级人民代表大会常务委员会选举或者决定任命的国家工作人员，以及各级人民政府、监察委员会、人民法院、人民检察院任命的国家工作人员，在就职时应当公开进行宪法宣誓。

……

三、全国人民代表大会选举或者决定任命的中华人民共和国主席、副主席，全国人民代表大会常务委员会委员长、副委员长、秘书长、委员，国务院总理、副总理、国务委员、各部部长、各委员会主任、中国人民银行行长、审计长、秘书长，中华人民共和国中央军事委员会主席、副主席、委员，国家监察委员会主任，最高人民法院院长，最高人民检察院检察长，以及全国人民代表大会专门委员会主任委员、副主任委员、委员等，在依照法定程序产生后，进行宪法宣誓。宣誓仪式由全国人民代表大会会议主席团组织。

四、在全国人民代表大会闭会期间，全国人民代表大会常务委员会任命或者决定任命的全国人民代表大会专门委员会个别副主任委员、委员，国务院部长、委员会主任、中国人民银行行长、审计长、秘书长，中华人民共和国中央军事委员会副主席、委员，在依照法定程序产生后，进行宪法宣誓。宣誓仪式由全国人民代表大会常务委员会委员长会议组织。

五、全国人民代表大会常务委员会任命的全国人民代表大会常务委员会副秘书长，全国人民代表大会常务委员会工作委员会主任、副主任、委员，全国人民代表大会常务委员会代表资格审查委员会主任委员、副主任委员、委员等，在依照法定程序产生后，进行宪法宣誓。宣誓仪式由全国人民代表大会常务委员会委员长会议组织。

六、全国人民代表大会常务委员会任命或者决定任命的国家监察委员会副主任、委员，最高人民法院副院长、审判委员会委员、庭长、副庭长、审判员和军事法院院长，最高人民检察院副检察长、检察委员会委员、检察员和军事检察院检察长，中华人民共和国驻外全权代表，在依照法定程序产生后，进行宪法宣誓。宣誓仪式由国家监察委员会、最高人民法院、最高人民检察院、外交部分别组织。

七、国务院及其各部门、国家监察委员会、最高人民法院、最高人民检察院任命的国家工作人员，在就职时进行宪法宣誓。宣誓仪式由任命机关组织。

……

九、地方各级人民代表大会及县级以上地方各级人民代表大会常务委员会选举或者决定任命的国家工作人员，以及地方各级人民政府、监察委员会、人民法院、人民检察院任命的国家工作人员，在依照法定程序产生后，进行宪法宣誓。宣誓的具体组织办法由省、自治区、直辖市人民代表大会常务委员会参照本决定制定，报全国人民代表大会常务委员会备案。

……

💡 温馨贴士

国家工作人员在就任前向宪法作出庄严宣誓，以表示今后在行使公权力时将严格贯彻宪法精神，以宪法和法律来约束自己的行为。

4 什么是宪法修正案？

▶ 案例回放

2018年3月11日，中华人民共和国第十三届全国人民代表大会第一次会议通过了《宪法修正案》并予以公布施行。这是我们国家自1982年宪法颁布实施以来，公布的第五次宪法修正案。请问，你知道什么是宪法修正案吗？

学法用法

宪法修正案的功能在于废除、变动或增补宪法条款或者内容。通过宪法修正案的形式对宪法加以修改和完善，不需要重新通过宪法或者公布宪法，相对来说程序简单、易行，保证了宪法的稳定性和完整性，强化了宪法在人们心目中的尊严和权威性。

💡 温馨贴士

宪法不能改动太频繁，更不能轻易大改或推翻，但是时代在发展，宪法又不能一成不变。因此，需要以修正案的形式修改宪法，从而使宪法在稳定性与适应性之间保持平衡。

5 什么是宪法解释？其功能有哪些？

案例回放

正在大学读经济管理专业的小孙，想要再自学一门第二专业——法学。为了能够顺利地完成法律专业的学习，小孙特别刻苦，经常在课余时间去图书馆钻研法律书籍。一日，小孙看到一本关于"宪法解释"的书籍，以为是专家对宪法的著作学说，翻开来看，却发现并非如此。请问，你知道什么是宪法解释吗？其功能有哪些？

学法用法

宪法解释，是指宪法制定者或者根据宪法规定享有宪法解释权的国家机关，根据宪法精神，对宪法规范的内容、含义和界限所作出的说明。在我国，宪法解释是由全国人民代表大会常务委员会负责的。

宪法解释的功能主要在于：（1）通过宪法解释，促进人们对宪法认识的统一性，确立宪法价值体系的共同基础，有助于多元价值的协调与平衡；（2）宪法解释的效力同宪法，具有最高的法律效力，是解决社会矛盾的最高准则，有助于从根本上解决社会生活中出现的冲突；（3）通过宪法解释，使宪法规范基本含义明确、具体、形象化，易于被社会公众理解，不仅有助于人们在生活中感受宪法、认识宪法、运用宪法，还有助于在全社会普及宪法知识，推动宪法规范的社会化。

法条链接

《中华人民共和国宪法》

第六十七条　全国人民代表大会常务委员会行使下列职权：

（一）解释宪法，监督宪法的实施；

（二）制定和修改除应当由全国人民代表大会制定的法律以外的其他法律；

（三）在全国人民代表大会闭会期间，对全国人民代表大会制定的法律进行部分补充和修改，但是不得同该法律的基本原则相抵触；

（四）解释法律；

……

温馨贴士

法律意义上的"宪法解释"，必须由全国人民代表大会常务委员会来完成。因此，我们要学会看待"宪法解释"一词，不能跟我们日常生活中理解的"解释"混为一谈。

第二节　总　　纲

1　对少数民族公民予以区别对待是否违反宪法规定？

案例回放

某社区最近在召开业主大会，准备选举业主委员会成员，小亮的爸爸陈某参加了此次选举活动。在这次选举活动中，小亮的爸爸是有力的候选人，因为他长期在社区做志愿活动，与每个居民都很熟悉，大家也经常得到他的帮助。社区居民于某也是此次活动的候选人之一，在最后的投票环节，他突然提出异议："陈某是某少数民族，在本社区才定居两年，也不了解本社区居民的生活习惯，应该取消他的候选资格。"请问，能否以陈某是少数民族就取消其选举资格，这样区别对待是否违反我国宪法的规定？

学法用法

我国宪法中明确规定，中华人民共和国各民族一律平等。国家保障各少数民族的合法的权利和利益，维护和发展各民族的平等团结互助和谐关系。禁止对任何民族的歧视和压迫，禁止破坏民族团结和制造民族分裂的行为。由此可知，国家对各民族实行平等保护。在上面的案例中，不能因为陈某是少数民族就质疑甚至取消其选举资格。作为社区的成员，每个居民都有同样的权利，可以平等参与社区事务的管理。业主委员会是管理社区事务的自治组织，其成员的产生应该通过业主大会投票的方式公平地选举出来。陈某作为该社区的成员，与其他社区成员一样可以作为候选人参与此次选举。

法条链接

《中华人民共和国宪法》

第四条第一款 中华人民共和国各民族一律平等。国家保障各少数民族的合法的权利和利益，维护和发展各民族的平等团结互助和谐关系。禁止对任何民族的歧视和压迫，禁止破坏民族团结和制造民族分裂的行为。

温馨贴士

我国幅员辽阔，是一个统一的多民族国家。在祖国的大家庭里，各民族兄弟姐妹应该紧密团结起来，互相尊重、互相学习，形成平等、团结、互助、和谐的社会主义民族关系。

2 "坚持节约，杜绝浪费"在宪法中有相关规定吗？

▷ 案例回放

一天小丽告诉奶奶说自己肚子饿了。于是，奶奶就在小区便利店买了几个饭团给小丽，可小丽却任性地说饭团不好吃，并且将饭团里的米撒得满地都是。就在奶奶拿小丽没有办法的时候，居委会张阿姨正好路过，她告诉小丽："孩子，你这样做是不对的哦！粮食是农民伯伯用汗水辛苦换来的，应该好好珍惜。我们要坚持节约，杜绝浪费。"小丽听后羞愧地低下了头。请问，"坚持节约，杜绝浪费"在宪法中有相关规定吗？

◌ 学法用法

节约是中华民族的传统美德，但是，在现实生活中，依然存在很多铺张浪费的现象，如逢年过节，主人为了彰显自己的热情，做一大桌子的菜招待客人，结果吃不了，剩下很多饭菜。为了减少铺张浪费的现象，弘扬中华民族的传统美德，我国宪法将勤俭节约的道德义务上升为宪法法律规定。《宪法》第十四条第二款明确规定，国家厉行节约，反对浪费。

在上面的案例中，小丽仗着家人的宠爱与包容，将米撒得满地都是，这种浪费粮食的行为，是青少年应该坚决抵制的。

✿ 法条链接

《中华人民共和国宪法》

第十四条第二款 国家厉行节约，反对浪费。

温馨贴士

随着社会经济的发展，人们的日子过得越来越好，不用再为吃喝发愁，但是，铺张浪费的现象也随之出现。作为青少年，我们要坚持"节约光荣，浪费可耻"的理念，从自己做起，从小事做起，将节约意识贯彻到底。

3 我国宪法对保护名胜古迹是如何规定的?

案例回放

周末晚上，欢欢和爸爸、妈妈吃完饭之后，一起坐在沙发上看电视。电视里正在报道国庆节期间各地区的出游情况。西安作为文化底蕴深厚的古城，名胜古迹不胜枚举，吸引着全国各地的游客前来参观。虽然旅游业的发达对促进当地经济发展有很大帮助，但留下的后遗症也不少。例如，乱扔垃圾、在名胜古迹上刻字涂鸦、站在古迹上面合影等，尽管各景点管理人员会以各种形式呼吁大家文明参观，但上述不雅行为仍然频频发生。请问，我国宪法在保护名胜古迹方面，有着怎样的规定呢?

学法用法

名胜古迹是历史遗留下来的产物，具有极高的文化价值，我们每个人都应当珍惜和爱护它。名胜古迹不仅是物质的存在，也是精神的象征，是古代人民智慧的结晶，对我们现代生活有很多启发。保护名胜古迹是宪法规定的一项重要内容。

《宪法》第二十二条第二款明确规定，国家保护名胜古迹、珍贵文物和其他重要历史文化遗产。也就是说，保护历史文化遗产是宪法赋予国家的权力、义务和责任，国家可以根据实际情况，制定和完善相关的法律法规，依法惩戒破坏历史文化遗产的人或组织。而我们作为公民，有义务配合国家，履行好属于自己那份保护名胜古迹、珍贵文物和其他重要历史文化遗产的义务。

法条链接

《中华人民共和国宪法》

第二十二条第二款 国家保护名胜古迹、珍贵文物和其他重要历史文化遗产。

《中华人民共和国文物保护法》

第八条 一切机关、组织和个人都有依法保护文物的义务。

温馨贴士

名胜古迹作为文化的载体，蕴含着先人的智慧，是人类共同的文化财产，每个公民都有保护的义务和责任。对于青少年而言，可以通过参观名胜古迹拓宽自己的眼界，丰富自己的知识储备，同时在旅游过程中要始终坚持文明出游的理念，树立文明参观，自觉保护名胜古迹、历史文物的意识。

4 保护环境作为我国的基本国策，在宪法中有相关规定吗？

案例回放

晶晶是一名初中生，她从小就十分热爱环保。在日常生活中，她注重水资源的循环利用，节约用电，每天还会和父母一起认真进行垃圾分类。晶晶还很爱护树木，不仅经常参加各种植树活动，还特别注意节约纸张，尽量不使用一次性用品。到了休息休假的时候，她还会自发地到河岸上捡拾白色垃圾。晶晶还喜欢做手工，常常利用废旧物品制作工艺品送给朋友们。在她的影响下，她的同学和朋友也逐渐开始为保护环境献出自己的一份力量。为了表扬晶晶为环保作出的贡献，学校多次将她评选为"环保标兵"。请问，保护环境作为我国的基本国策，在宪法中有相关规定吗？

学法用法

随着经济的发展，环境污染问题越来越严重，保护生态环境，防治污染刻不容缓。国家为改善环境采取了一系列的措施，并将保护环境纳入国家的基本国策。《宪法》第二十六条也作出了明确规定，国家保护和改善生活环境和生态环境，防治污染和其他公害。国家组织和鼓励植树造林，保护林木。

习近平总书记于2024年4月3日在参加首都义务植树活动时指出，广大青少年是祖国的未来，从小要积极参加劳动、植树造林，把绿色的种子种进心里，养成尊重自然、热爱自然的意识，勤奋学习、锻炼身体、茁壮成长，德智体美劳全面发展，努力成为国家栋梁。

我们青少年要践行绿色发展理念，从我做起，从身边的小事做起，将环保理念融入生活，像上面案例中的晶晶一样，为保护环境作出力所能及的贡献。

法条链接

《中华人民共和国宪法》

第二十六条 国家保护和改善生活环境和生态环境，防治污染和其他公害。

国家组织和鼓励植树造林，保护林木。

《中华人民共和国环境保护法》

第四条 保护环境是国家的基本国策。

国家采取有利于节约和循环利用资源、保护和改善环境、促进人与自然和谐的经济、技术政策和措施，使经济社会发展与环境保护相协调。

第六条 一切单位和个人都有保护环境的义务。

地方各级人民政府应当对本行政区域的环境质量负责。

企业事业单位和其他生产经营者应当防止、减少环境污染和生态破坏，对所造成的损害依法承担责任。

公民应当增强环境保护意识，采取低碳、节俭的生活方式，自觉履行环境保护义务。

温馨贴士

我们应该充分认识到保护环境的重要性，在现实生活中要身体力行，将保护环境的政策贯彻到底。作为青少年，我们应该从小树立保护环境的意识，可以通过减少使用一次性筷子、塑料袋等行为，将该意识落实到实践中去。

5 法律是如何对公民的受教育权进行保护的？

案例回放

小林和小穆是邻居，也是同一个学校的学生。从小两人就成绩优异，家长和老师也总是将两人放在一起比较。小穆虽然嘴上不说，但心里也暗暗和小林较着劲。到了高考时，小林发挥稳定，分数足够上一所不错的大学。而小穆在考试时由于心态没有调整好，发挥失常，分数不高。见小林不仅分数理想，还得到了家长和老师的称赞，小穆心里十分不平衡。他借着与小林讨论高考志愿的借口，记住了小林登录报考系统的密码，悄悄修改了小林的志愿。而小林本来可以被原本报考的学校录取，但因为小穆偷改高考志愿，没有被任何一所本科大学录取。请问，小穆的行为侵犯了小林的什么权利？法律是如何对公民的受教育权进行保护的？

学法用法

受教育既是一种权利，也是一种义务。《宪法》第四十六条与《教育法》第九条规定，中华人民共和国公民有受教育的权利和义务。公民不分民族、种族、性别、职业、财产状况、宗教信仰等，依法享有平等的受教育机会。

国家实行学前教育、初等教育、中等教育、高等教育的学校教育制度。为了能够保证公民接受教育，我国还设立了九年制义务教育制度。如果侵犯他人的受教育权，给他人造成损失、损害的，根据《教育法》第八十三条的规定，应当依法承担民事责任。

在上面的案例中，小林有权接受高等教育，而小穆擅自修改小林的高考志愿、导致小林无法入学的行为侵害了小林的受教育权。因此，小林可以要求小穆承担民事责任。

法条链接

《中华人民共和国宪法》

第四十六条 中华人民共和国公民有受教育的权利和义务。

国家培养青年、少年、儿童在品德、智力、体质等方面全面发展。

《中华人民共和国教育法》

第九条 中华人民共和国公民有受教育的权利和义务。

公民不分民族、种族、性别、职业、财产状况、宗教信仰等，依法享有平等的受教育机会。

第八十三条 违反本法规定，侵犯教师、受教育者、学校或者其他教育机构的合法权益，造成损失、损害的，应当依法承担民事责任。

《中华人民共和国刑法》

第二百八十六条【破坏计算机信息系统罪】 第一款 违反国家规定，对计算机信息系统功能进行删除、修改、增加、干扰，造成计算机信息系统不能正常运行，后果严重的，处五年以下有期徒刑或者拘役；后果特别严重的，处五年以上有期徒刑。

第二款 违反国家规定，对计算机信息系统中存储、处理或者传输的数据和应用程序进行删除、修改、增加的操作，后果严重的，依照前款的规定处罚。

温馨贴士

接受教育不仅是学习知识的过程，同时也是塑造人格的过程，每个公民都有权利接受教育。作为青少年，一定要珍惜教育资源，好好学习，天天向上，受教育权被侵害时要积极维护自己的合法权益。

6　对于推广普通话，宪法有相关规定吗？

▷ 案例回放

形形在某镇上的中学上学，学习成绩一直十分优秀，在老师的推荐下，她参加了市里某所重点高中的招生考试并顺利通过，于是转到市里去上学了。之前在镇上上学的时候，由于同学都是附近村里的，所以沟通交流用的都是本地方言。去市里上学之后，大家都讲普通话，形形很不习惯。她觉得自己的普通话讲得不标准，不敢在同学面前开口说话。为了鼓励形形，老师告诉她，使用普通话是为了方便大家沟通交流，而且使用普通话也是对我国宪法号召的积极响应。请问，对于推广普通话，我国宪法有相关规定吗？

○ 学法用法

语言是人们进行人际交流的桥梁，使用统一、标准的普通话，可以使沟通更顺畅。普通话的推广，可以消除语言间的隔阂，让全国人民的交流不受地域、方言的限制，促进地区间的发展，加强地区间的沟通，对社会经济政治、文化建设和社会发展都具有重要意义。为了在全国普及普通话，《宪法》第十九条第五款明确规定，国家推广全国通用的普通话。也就是说，对于推广普通话，我国宪法是有明确规定的。

在上面的案例中，市里中学的老师与同学在校园中使用普通话进行交流与沟通，该种行为就是对普通话的积极推广，也是对宪法规定的积极响应。

法条链接

《中华人民共和国宪法》

第十九条第五款 国家推广全国通用的普通话。

《中华人民共和国国家通用语言文字法》

第二条 本法所称的国家通用语言文字是普通话和规范汉字。

第三条 国家推广普通话，推行规范汉字。

第十条第一款 学校及其他教育机构以普通话和规范汉字为基本的教育教学用语用字。法律另有规定的除外。

温馨贴士

青少年学习能力强，只要勤加练习，就能熟练地掌握并应用普通话。同时，青少年具有很强的感染力，应该作为语言的传播者，在社会生活中积极推广普通话。

第三节 公民的基本权利与基本义务

1 能否未经同意侵入他人住宅？

案例回放

一天，小强收到了爸爸给他买的礼物——一架可以遥控的玩具飞机。次日，小强便约上好朋友大力来玩自己的新玩具。他们俩一起到了附近的公园，对飞机进行"试飞"。两人都是第一次玩遥控飞机，非常兴奋，用遥控器操纵飞机飞来飞去。随着飞机越飞越远，两人也跟着飞机跑了起来。跑着跑着，因为小强操作失误，飞机从敞开的窗户飞进了张大爷的家里。两人敲门向张大爷说明原委，张大爷回屋找了一下，表示并没有找到飞机。小强非常着急，想要和大力闯进张大爷家搜寻一番。请问，小强能否未经同意进入张大爷的家？

学法用法

根据《宪法》第三十九条的规定，我国公民的住宅受到宪法保护，非法搜查或者非法侵入的行为都是为法所禁止的。搜查公民住宅的权力只有国家法定机关在执行法定事务时才能够行使，并且应当按照一定的法定程序进行。因此，在上面的案例中，虽然小强的飞机可能在张大爷家中，但小强仍然不能随意闯入张大爷的家进行搜查。

法条链接

《中华人民共和国宪法》

第三十九条 中华人民共和国公民的住宅不受侵犯。禁止非法搜查或者非法侵入公民的住宅。

温馨贴士

每个公民的住宅都是受到法律保护的。因此，我们不能擅自闯入他人的住宅。同时，在我们自己的住宅受到他人非法搜查或者非法侵入时，我们应当及时报警，拿起法律的武器保护自己的合法权益。

2 宪法中"男女平等"的含义是什么？

▶ 案例回放

小学生莉莉有一个表姐娜娜和一个表哥阿杰。娜娜和阿杰学的是计算机专业，今年毕业找工作。恰好，他们都找了同一家科技公司A公司，面试同为工程师助理的岗位。两人在面试后，通过沟通了解到，A公司给娜娜的薪资为每月5000元，而给阿杰的薪资为每月6000元。本来两人都挺满意这份工作，正准备签约，但交流后发现了同工不同酬的问题。娜娜认为，A公司这样的做法违反了宪法中男女平等的原则。请问，宪法中"男女平等"的含义是什么？

◯ 学法用法

根据《宪法》第四十八条的规定，男女平等，是指男女两性在政治、经济、文化、社会、家庭生活等方面，享有同等的权利，负担同等的义务，具体体现为男女享有同等的选举权和被选举权、同工同酬的权利等。虽然《宪法》有这样的明确规定，且在我国其他法律中，如《民法典》《妇女权益保障法》也作出了相应的保障女性权益的规定，但因为有些人仍存在重男轻女的封建思想，在当今社会中，仍会有一些歧视女性的现象发生。在上面的案例中，A公司的做法是错误的，对于同样的工种，应当给予男女同样的报酬。A公司应当及时改正错误做法。

⚙ 法条链接

《中华人民共和国宪法》

第四十八条 中华人民共和国妇女在政治的、经济的、文化的、社会的和家庭的生活等各方面享有同男子平等的权利。

国家保护妇女的权利和利益，实行男女同工同酬，培养和选拔妇女干部。

温馨贴士

男尊女卑、重男轻女都是应当被舍弃的封建思想，我们应当从小树立起男女平等的意识，明白无论是男性还是女性，大家都是平等的，有着同等的机会、同等的权利、同等的义务。同时，在看到男女不平等的现象时，我们也应当敢于反思、敢于纠正、敢于反抗。须记住，男女平等是由我国宪法和法律所保障的。

3 可以强制要求他人信教吗？

案例回放

阿瑶曾经在国外留学，受外国文化的影响，加之自己也有过信教的想法，于是在回国后，加入了当地的基督教会，成为一名基督教徒。在家时，阿瑶极力劝说大家信仰基督教。阿瑶的母亲非常生气，要求阿瑶不要再提这件事情。阿瑶认为母亲根本说不通道理，于是放出狠话，如果母亲不跟着她信教，她就要和家里断绝关系。请问，阿瑶是否可以强制要求他人信教？

学法用法

根据《宪法》第三十六条的规定，公民拥有宗教信仰自由权，可以自由选择自己信仰的宗教，任何机关、团体或者个人都不得强制公民信教或者不信教。因此，阿瑶的母亲有自己选择信仰或者不信仰宗教、信仰哪个宗教的自由，阿瑶不能强制要求母亲信仰基督教。

当然，公民在从事宗教活动时，必须遵守国家法律，尊重他人的合法权益，服从社会整体利益的要求。任何人不得利用宗教进行破坏社会秩序、损害公民身体健康、妨碍国家教育制度的活动。

法条链接

《中华人民共和国宪法》

第三十六条　中华人民共和国公民有宗教信仰自由。

任何国家机关、社会团体和个人不得强制公民信仰宗教或者不信仰宗教，不得歧视信仰宗教的公民和不信仰宗教的公民。

国家保护正常的宗教活动。任何人不得利用宗教进行破坏社会秩序、损害公民身体健康、妨碍国家教育制度的活动。

宗教团体和宗教事务不受外国势力的支配。

温馨贴士

选择信不信仰，或者信仰哪个宗教是每个公民的个人自由。公民在享有宗教信仰自由权利的同时，必须承担法律所规定的义务，维护法律尊严，维护民族团结，维护国家统一。

4　是否可以随意搜查他人身体？

案例回放

一天，小卫在学校的超市里买东西的时候，售货员因为自己的失误碰掉了商品，商品滑到了货架底部的缝隙处。当时小卫刚好从旁经过，售货员转头未看见商品，便误会是小卫偷拿了商品。于是，售货员要求小卫交出商品，小卫并未偷盗，当然不同意。售货员便强制要求对小卫进行搜身。请问，是否可以随意搜查他人身体？

学法用法

根据《宪法》第三十七条的规定，宪法保护公民的人身自由权利。人身自由是指公民在法律规定范围内，人身和行动完全受自己支配，有不受非法拘禁、逮捕、搜查和侵害的自由。在本案中，超市的售货员并没有搜查小卫身体的权力。对于搜身，只有法定的国家机关在法律规定的事项内，按照法律规定的程序才能够进行。

法条链接

《中华人民共和国宪法》

第三十七条 中华人民共和国公民的人身自由不受侵犯。

任何公民，非经人民检察院批准或者决定或者人民法院决定，并由公安机关执行，不受逮捕。

禁止非法拘禁和以其他方法非法剥夺或者限制公民的人身自由，禁止非法搜查公民的身体。

《中华人民共和国民法典》

第一千零一十一条 以非法拘禁等方式剥夺、限制他人的行动自由，或者非法搜查他人身体的，受害人有权依法请求行为人承担民事责任。

温馨贴士

每个公民的人身自由都应受到法律保护。当我们的人身自由受到他人侵害时，应当懂得拿起法律武器维护自身的合法权益。

5 辱骂他人是否违反宪法规定？

案例回放

小琪是一名初二学生，今年刚转学到A中学。小琪的性格非常内向安静，不善于与别人交谈，虽然已经转来一段时间了，但是并没有交到朋友。虽然大家没有刻意孤立她，但小琪在班里总是孤单一人。因为小琪刚开始适应新的教学内容，成绩也不太好。渐渐地，班级里有一些"班霸"开始欺负她，骂她是小哑巴或者小傻子，甚至一些更难听的话。请问，辱骂他人是否违反宪法规定？

学法用法

根据《宪法》第三十八条的规定，公民的人格尊严不受侵犯。禁止用任何方法对公民进行侮辱、诽谤和诬告陷害。人格尊严指每个人都应当有获得他人尊重的权利，也应当被他人尊重。在上面的案例中，"班霸"肆意辱骂小琪，侵犯了小琪的人格尊严，这种行为是被宪法和法律所禁止的。小琪有权要求"班霸"停止侵害、消除影响、恢复名誉、赔礼道歉。

法条链接

《中华人民共和国宪法》

第三十八条 中华人民共和国公民的人格尊严不受侵犯。禁止用任何方法对公民进行侮辱、诽谤和诬告陷害。

《中华人民共和国民法典》

第九百九十一条 民事主体的人格权受法律保护，任何组织或者个人不得侵害。

第九百九十五条 人格权受到侵害的，受害人有权依照本法和其他法律的规定请求行为人承担民事责任。受害人的停止侵害、排除妨碍、消除危险、消除影响、恢复名誉、赔礼道歉请求权，不适用诉讼时效的规定。

温馨贴士

每个公民的人格尊严都不受侵犯。当我们的人格尊严受到侵犯时，应当懂得拿起法律武器维护自己的合法权益。

6 公民有权对国家机关的工作提出建议吗？

案例回放

小马家里的房子产权发生了变更，他的爸爸便来到不动产登记机构办理相关的登记手续。在等待办理的过程中，小马爸爸发现负责登记的工作人员存在业务不熟练、办事效率低、态度不耐烦等情况。小马的爸爸认为，这是不动产登记机构对工作人员培训不到位、没有贯彻为人民服务的精神造成的。于是，他拨通了市长热线，针对自己看到的问题提出了相关的建议。请问，公民有权对国家机关的工作提出建议吗？

学法用法

《宪法》第四十一条规定，中华人民共和国公民对于任何国家机关和国家工作人员，有提出批评和建议的权利；对于任何国家机关和国家工作人员的违法失职行为，有向有关国家机关提出申诉、控告或者检举的权利，但是不得捏造或者歪曲事实进行诬告陷害。也就是说，当公民发现国家机关或国家工作人员在工作中存在缺点、失误、失职等情况时，有权进行监督。加强并保障人民监督，能够使国家机关的工作更好地开展，有益于国家的长治久安。

在上面的案例中，小马的爸爸发现不动产登记机构的工作人员工作中存在不足，是有权提出建议的，这是正常行使监督权的行为，有利于督促国家机关和国家工作人员依法办事，促进国家机关提高工作效率。

法条链接

《中华人民共和国宪法》

第四十一条 中华人民共和国公民对于任何国家机关和国家工作人员，有提出批评和建议的权利；对于任何国家机关和国家工作人员的违法失职行为，有向有关国家机关提出申诉、控告或者检举的权利，但是不得捏造或者歪曲事实进行诬告陷害。

对于公民的申诉、控告或者检举，有关国家机关必须查清事实，负责处理。任何人不得压制和打击报复。

由于国家机关和国家工作人员侵犯公民权利而受到损失的人，有依照法律规定取得赔偿的权利。

温馨贴士

我国是人民民主专政的社会主义国家，国家的一切权利属于人民。积极行使监督权也是我们参与国家管理的一种方式，不仅能够增强我们的民主意识、法治意识和权利意识，还能推进政府依法行政，提高行政效率，维护国家和公民的共同利益。

7 言论自由是否存在限制？

案例回放

吴某和宁某是同班同学，平时关系也比较好。一天，宁某的生活发生了巨变。因为宁某的父亲出轨，宁某的父母经常在家里吵架，父母之间的关系越来越差，最后他们终于下定决心离了婚。宁某因为这件事情闷闷不乐，成绩也有所下降。吴某关心地询问宁某发生了什么事，宁某便将家里的事告诉了吴某。吴某知道了这件事后，在校园网络论坛上发布该事，请求大家帮忙想办法帮助宁某，后来导致宁某常在校园里被人指指点点。请问，吴某是否可以随意公布他人隐私？

学法用法

根据《宪法》第三十五条的规定，公民享有言论自由权。言论自由指公民通过各种语言形式表达其思想和见解的自由。言论自由是公民非常重要的一项权利，但言论自由是有限度的，公民并非可以肆意发表所有的言论。在现行法律中，对言论自由的限制一般表现在：（1）不得利用言论危害国家安全；（2）不得利用言论侵害社会公共利益；（3）不得利用言论侵犯他人的人格权；（4）不得泄露国家秘密、商业秘密。在上面的案例中，吴某的言论泄露了宁某的隐私，侵犯了宁某的人格权，因此应当予以纠正，如在论坛发帖寻求帮助时隐去宁某的个人信息；已经造成损害的，要及时消除影响并赔礼道歉。

法条链接

《中华人民共和国宪法》

第三十五条　中华人民共和国公民有言论、出版、集会、结社、游行、示威的自由。

第五十一条　中华人民共和国公民在行使自由和权利的时候，不得损害国家的、社会的、集体的利益和其他公民的合法的自由和权利。

温馨贴士

每个公民都享有言论自由。但言论自由存在限度，平时在发表言论时，我们应当注意不得损害国家的、社会的、集体的利益和其他公民的合法的自由和权利。

8　公民能逃避依法服兵役的义务吗？

案例回放

小杜高考落榜后，一直在家不务正业，且性格叛逆，与家人关系紧张。为了磨一磨他的心性，小杜的父亲提出让他报名入伍。而小杜出于对军人的向往，便同意了父亲的提议。经过体检和政审等手续后，小杜被批准入伍。在役前训练期间，小杜无法适应训练强度，后悔参与征兵，便以自己身体有病痛为由逃避训练。部队要求他到医院进行检查，但他的各项身体指标均十分正常。见此路不通，小杜又说自己心理上出现了问题，存在抑郁倾向，经常想要自杀，以此来要求退回原籍。部队领导、小杜的父母以及他所居住地区的居委会工作人员多次做他的思想工作，但始终无法改变小杜的想法。请问，公民能逃避依法服兵役的义务吗？

学法用法

根据《宪法》第五十五条、《国防法》第五十三条第一款、《兵役法》第五条的规定，我国公民负有依法服兵役的义务。在我国，并不强制要求公民服兵役。但相关公民在履行兵役义务的各个阶段应该依法认真履行相关义务，不得拒绝、逃避。《兵役法》第五十七条明确规定："有服兵役义务的公民有下列行为之一的，由县级人民政府责令限期改正；逾期不改正的，由县级人民政府强制其履行兵役义务，并处以罚款：

"（一）拒绝、逃避兵役登记的；

"（二）应征公民拒绝、逃避征集服现役的；

"（三）预备役人员拒绝、逃避参加军事训练、担负战备勤务、执行非战争军事行动任务和征召的。

"有前款第二项行为，拒不改正的，不得录用为公务员或者参照《中华人民共和国公务员法》管理的工作人员，不得招录、聘用为国有企业和事业单位工作人员，两年内不准出境或者升学复学，纳入履行国防义务严重失信主体名单实施联合惩戒。"

在上面的案例中，小杜编造自己身体不适、存在抑郁自杀倾向等借口以逃避履行兵役义务，应当依照上述法律规定，承担相应的法律责任。

法条链接

《中华人民共和国宪法》

第五十五条 保卫祖国、抵抗侵略是中华人民共和国每一个公民的神圣职责。

依照法律服兵役和参加民兵组织是中华人民共和国公民的光荣义务。

《中华人民共和国国防法》

第五十三条第一款 依照法律服兵役和参加民兵组织是中华人民共和国公民的光荣义务。

《中华人民共和国兵役法》

第五条 中华人民共和国公民，不分民族、种族、职业、家庭出身、宗教信仰和教育程度，都有义务依照本法的规定服兵役。

有严重生理缺陷或者严重残疾不适合服兵役的公民，免服兵役。

依照法律被剥夺政治权利的公民，不得服兵役。

第五十七条 有服兵役义务的公民有下列行为之一的，由县级人民政府责令限期改正；逾期不改正的，由县级人民政府强制其履行兵役义务，并处以罚款：

（一）拒绝、逃避兵役登记的；

（二）应征公民拒绝、逃避征集服现役的；

（三）预备役人员拒绝、逃避参加军事训练、担负战备勤务、执行非战争军事行动任务和征召的。

有前款第二项行为，拒不改正的，不得录用为公务员或者参照《中华人民共和国公务员法》管理的工作人员，不得招录、聘用为国有企业和事业单位工作人员，两年内不准出境或者升学复学，纳入履行国防义务严重失信主体名单实施联合惩戒。

温馨贴士

依法服兵役是我们每个公民的义务。我们应当发挥中华民族不怕苦不怕累的优良传统,为保卫祖国献上自己的一份力量。

9 父母抚养教育子女是一项宪法义务吗?

案例回放

小景在父母离婚后跟着父亲景先生生活。不久,景先生再婚,组建了新的家庭,又有了自己的孩子。景先生怕小景会影响到自己的新家庭,于是便让小景去找前妻,让前妻来照顾小景。然而,前妻也正准备组建新的家庭,认为小景已经16周岁了,可以自己打工照顾自己,也不想再接纳小景。小景无处可去,只能自己拿着景先生给的一点钱,在外面闯荡。请问,父母是否必须履行抚养子女的义务?

学法用法

根据《宪法》第四十九条第三款的规定,抚养教育未成年子女是父母应尽的义务。抚养子女、赡养父母,不仅是我国宪法要求公民应尽的义务,也是中华民族长久以来的优良传统美德。在上面的案例中,小景并未成年,景先生及其前妻作为小景的父母,应当承担抚养教育的义务。

法条链接

《中华人民共和国宪法》

第四十九条第三款 父母有抚养教育未成年子女的义务,成年子女有赡养扶助父母的义务。

温馨贴士

抚养子女、赡养父母是我们每个公民应尽的义务。这不仅是法律对我们的要求，更应当是我们对自己的要求，是我们应当承担的家庭责任。

10 公民在行使自由和权利时是否会受到限制？

案例回放

小周是个音乐爱好者，多才多艺，会弹钢琴、吉他，还会作曲。前段时间，小周和朋友一起组建了一支乐队。自从组了乐队以后，小周每天废寝忘食地练习弹琴和唱歌，常常练习到凌晨一两点，周围的邻居不堪其扰。请问，小周的行为是否正确？公民在行使自由和权利时是否会受到限制？

学法用法

根据《宪法》第五十一条的规定，公民在行使自己的自由和权利时，不得损害国家的、社会的、集体的利益和其他公民的合法的自由和权利。在上面的案例中，小周确实有安排自己时间的权利，也有权安排自己弹琴、唱歌的时间。但是，小周不应当在半夜大声放音乐，这显然会打扰到周围邻居的休息，损害他人的合法权益。因此，小周的行为是错误的，超出了行使自由权利的边界。

法条链接

《中华人民共和国宪法》

第五十一条 中华人民共和国公民在行使自由和权利的时候，不得损害国家的、社会的、集体的利益和其他公民的合法的自由和权利。

💡 温馨贴士

权利是不能够被滥用的，我们必须得考虑到国家、社会、集体的利益和他人的合法自由和权利。只有每个人都在不损害到他人利益的情况下行使权利和自由，大家才能够和谐相处，共同构建起一个和谐的社会。

11 公民是否必须遵守公共秩序和社会公德？

▶ 案例回放

某日，小邓约上朋友小蔡去逛街。逛完街后，两人准备去小吃街大吃一顿。小吃街才逛了一半，小邓手上就已经拿满了小吃：羊肉串、牛肉串、关东煮、烤玉米、糖葫芦等。小邓一边吃一边和小蔡聊天，吃完直接把垃圾随手一扔。小蔡看到了，提醒小邓不能随地乱扔垃圾。小邓说，没事的，反正没人管。请问，小邓的行为是否正确？公民是否必须遵守公共秩序和社会公德？

⟳ 学法用法

根据《宪法》第五十三条的规定，公民必须遵守公共秩序，尊重社会公德。公共秩序，也称社会秩序，是为维护社会公共生活所必需的秩序。社会公德，是存在于社会群体中间的道德，是生活在社会中的人们为了群体的利益而约定俗成的应该做什么和不应该做什么的行为规范。公共秩序和社会公德对于维系和谐社会起着非常重要的作用。在上面的案例中，小邓乱扔垃圾的行为会破坏环境，属于不遵守公共秩序和社会公德，应当予以纠正。

法条链接

《中华人民共和国宪法》

第五十三条 中华人民共和国公民必须遵守宪法和法律，保守国家秘密，爱护公共财产，遵守劳动纪律，遵守公共秩序，尊重社会公德。

温馨贴士

遵守社会公共秩序和社会公德是每个公民应尽的义务。不乱扔垃圾、不乱插队、不在禁烟区吸烟、不在公共场合大声喧哗等，都是遵守公共秩序和社会公德的具体表现。

12 公民是否必须依法纳税？

案例回放

小李有一天下班回家时经过彩票店，心血来潮买了一张彩票，居然中了10万元。小李就叫上了几个好朋友请他们吃饭。饭局中，朋友对小李说，彩票中奖需要向税务机关缴税。小李表示不解，中奖也需要缴税吗？公民是否必须依法纳税？

学法用法

根据《宪法》第五十六条的规定，公民应当尽到依法纳税的义务。依照税法规定直接负有纳税义务的自然人、法人和其他组织为纳税人，需要依法缴纳税款。在上面的案例中，根据《个人所得税法》的规定，彩票奖金属于个人所得税征收范围内的"偶然所得"，小李属于依税法规定应纳个人所得税的个人，应当就彩票奖金纳税。

法条链接

《中华人民共和国宪法》

第五十六条 中华人民共和国公民有依照法律纳税的义务。

《中华人民共和国个人所得税法》

第二条第一款 下列各项个人所得，应当缴纳个人所得税：

（一）工资、薪金所得；

（二）劳务报酬所得；

（三）稿酬所得；

（四）特许权使用费所得；

（五）经营所得；

（六）利息、股息、红利所得；

（七）财产租赁所得；

（八）财产转让所得；

（九）偶然所得。

温馨贴士

公民有依法纳税的义务。作为公民，我们应当主动去税务机关进行纳税申报，缴纳相应的税款，不要偷税、漏税、逃税，否则将承担相应的法律责任。

13 维护国家安全与领土完整是公民的基本义务吗？

案例回放

小王今年14周岁，是一名初中生，平时喜欢用QQ、微信等网络社交平台聊天并分享自己的心得。今年暑假期间，小王用QQ上网聊天时，突然收到一条添加好友的申请，对方声称自己是某杂志社的编辑，主要做一些军事方面的报道，想聘请小王作为网上兼职人员，让小王去我国的军事基地拍照为其提供军舰照片作为素材，并承诺提供丰厚的酬劳。小王被优厚的酬劳吸引，于是按其要求到军事基地拍照，并将相关照片发送给这个所谓的编辑。后来，小王频繁去军事基地拍照的行为引起了有关部门的注意。截至案发之时，小王拍摄了100多张军事基地相关照片，并获得了丰厚的酬劳。小王被相关机关追究责任时，被告知维护国家安全与领土完整是公民的基本义务，小王去军事基地拍照并将其发送给境外组织的行为危害了国家安全。请问，你知道维护国家安全与领土完整是公民的基本义务吗？

学法用法

生活在和平年代，维护国家安全与领土完整似乎距离我们很遥远，所以常常被我们所忽视，特别是青少年还缺乏一定的辨别能力，不能很好地识别哪些行为可能会危害国家安全与领土完整。树立维护国家安全的意识，保守国家秘密，维护国家统一，是我们每个公民的义务。根据《宪法》第五十四条的规定，中华人民共和国公民有维护祖国的安全、荣誉和利益的义务，不得有危害祖国的安全、荣誉和利益的行为。案例中的小王去军事基地拍照，并将照片发送给境外组织的行为显然危害了国家安全。

法条链接

《中华人民共和国宪法》

第五十四条　中华人民共和国公民有维护祖国的安全、荣誉和利益的义务，不得有危害祖国的安全、荣誉和利益的行为。

《中华人民共和国刑法》

第一百一十一条 【**为境外窃取、刺探、收买、非法提供国家秘密、情报罪**】为境外的机构、组织、人员窃取、刺探、收买、非法提供国家秘密或者情报的，处五年以上十年以下有期徒刑；情节特别严重的，处十年以上有期徒刑或者无期徒刑；情节较轻的，处五年以下有期徒刑、拘役、管制或者剥夺政治权利。

《中华人民共和国保守国家秘密法》

第五条 国家秘密受法律保护。

一切国家机关和武装力量、各政党和各人民团体、企业事业组织和其他社会组织以及公民都有保密的义务。

任何危害国家秘密安全的行为，都必须受到法律追究。

温馨贴士

维护国家安全与领土完整是公民的基本义务。军事驻地作为特殊场所，不能随便进入，与军事机密、军事地理相关的材料，可能涉及国家秘密，一旦泄露可能危害国家安全。我们青少年一定要提高警惕，提高辨别是非的能力，在进行网络社交的过程中，要注重对个人信息的保护，不随意添加好友，与不认识的人要谨慎交流，提高防范意识，维护国家安全。

14 作为公民，应该维护国家荣誉吗？

案例回放

丁俊晖，是一名中国男子台球运动员、斯诺克选手，1987年出生于江苏宜兴，从小就对打台球非常感兴趣而且非常有天赋，曾被英国媒体称作"东方之星"。在一次比赛中，丁俊晖发现中国国旗被广告牌遮挡，于是便将广告牌拿下放到另一侧后继续比赛。丁俊晖拿掉覆盖在国旗上的广告牌虽然只是一个小小的举动，却表现出了他的爱国情怀，更是他时刻将祖国荣誉藏于心并落实于行动的体现。请问，作为公民，应该维护国家荣誉吗？

学法用法

从古至今，爱国、维护国家荣誉和利益都是我们中华民族的传统美德。对于我们普通的公民来讲，可能觉得维护国家荣誉只是一个传统，是社会的公序良俗，但是，这也是一项宪法义务。根据《宪法》第五十四条的规定，中华人民共和国公民有维护祖国的安全、荣誉和利益的义务，不得有危害祖国的安全、荣誉和利益的行为。也就是说，维护国家荣誉是宪法赋予我们每个公民的义务。无论身处何时何地，我们都有维护国家荣誉的义务。丁俊晖维护国家荣誉的行为正是履行宪法义务的体现，我们应该以他为榜样，时刻不忘维护国家的荣誉。

法条链接

《中华人民共和国宪法》

第五十四条 中华人民共和国公民有维护祖国的安全、荣誉和利益的义务，不得有危害祖国的安全、荣誉和利益的行为。

温馨贴士

维护国家荣誉是宪法赋予每个公民的基本义务。作为新时代的青少年，我们应该积极履行维护国家安全、荣誉和利益的义务。

15 每个公民都有保守国家秘密的义务吗?

▶ 案例回放

小严高考结束后,一直想要找一份兼职。某日,在浏览网上某兼职论坛时,他发现了一份比较轻松的兼职,工作内容为拍摄游客照。恰巧小严很喜欢摄影,便与发布兼职的苏某取得了联系。苏某的IP地址位于境外,自称是某杂志社的编辑,在做一系列与旅游相关的杂志,需要收集各地的风土人情照片用于杂志的刊载。他要求小严到当地比较有特色的地方拍摄游客照,并表示如果照片通过审核,便向小严支付报酬。起初,小严对这份兼职半信半疑,但当他真的收到报酬后,便相信了苏某的说辞。逐渐地,苏某开始引导小严前往当地军队驻扎地区拍照,并承诺会给出更高的报酬。虽然此时的小严已经察觉到了不对劲,但在金钱的诱惑下,还是提供了相应的照片。请问,小严的行为是否泄露了国家秘密?我们每个公民都有保守国家秘密的义务吗?

◯ 学法用法

根据《保守国家秘密法》第二条的规定,国家秘密是关系国家安全和利益,依照法定程序确定,在一定时间内只限一定范围的人员知悉的事项。国家秘密与国家的安全和利益息息相关,如果国家秘密遭到泄露,很可能会给国家造成损害。因此,《宪法》第五十三条与《保守国家秘密法》第五条规定,我们每个公民都负有保守国家秘密的义务。违反保守国家秘密的义务,危害国家秘密安全的行为将受到法律的处罚,构成犯罪的,还将承担刑事责任。

在上面的案例中，小严为了获取利益，在已经察觉对方形迹可疑的情况下，依然受到对方引诱向其提供军事驻地区域的照片，其行为很可能导致我国的军事秘密被泄露，侵害我国的国家安全和国家利益。小严应当悬崖勒马，及时向警方交代有关情况，帮助警方抓获苏某等人。

法条链接

《中华人民共和国宪法》

第五十三条　中华人民共和国公民必须遵守宪法和法律，保守国家秘密，爱护公共财产，遵守劳动纪律，遵守公共秩序，尊重社会公德。

《中华人民共和国保守国家秘密法》

第二条　国家秘密是关系国家安全和利益，依照法定程序确定，在一定时间内只限一定范围的人员知悉的事项。

第五条　国家秘密受法律保护。

一切国家机关和武装力量、各政党和各人民团体、企业事业组织和其他社会组织以及公民都有保密的义务。

任何危害国家秘密安全的行为，都必须受到法律追究。

第五十七条　违反本法规定，有下列情形之一，根据情节轻重，依法给予处分；有违法所得的，没收违法所得：

（一）非法获取、持有国家秘密载体的；

（二）买卖、转送或者私自销毁国家秘密载体的；

（三）通过普通邮政、快递等无保密措施的渠道传递国家秘密载体的；

（四）寄递、托运国家秘密载体出境，或者未经有关主管部门批准，携带、传递国家秘密载体出境的；

（五）非法复制、记录、存储国家秘密的；

（六）在私人交往和通信中涉及国家秘密的；

（七）未按照国家保密规定和标准采取有效保密措施，在互联网及其他公共信息网络或者有线和无线通信中传递国家秘密的；

（八）未按照国家保密规定和标准采取有效保密措施，将涉密信息系统、涉密信息设备接入互联网及其他公共信息网络的；

（九）未按照国家保密规定和标准采取有效保密措施，在涉密信息系统、涉密信息设备与互联网及其他公共信息网络之间进行信息交换的；

（十）使用非涉密信息系统、非涉密信息设备存储、处理国家秘密的；

（十一）擅自卸载、修改涉密信息系统的安全技术程序、管理程序的；

（十二）将未经安全技术处理的退出使用的涉密信息设备赠送、出售、丢弃或者改作其他用途的；

（十三）其他违反本法规定的情形。

有前款情形尚不构成犯罪，且不适用处分的人员，由保密行政管理部门督促其所在机关、单位予以处理。

《中华人民共和国刑法》

第一百一十一条　【为境外窃取、刺探、收买、非法提供国家秘密、情报罪】为境外的机构、组织、人员窃取、刺探、收买、非法提供国家秘密或者情报的，处五年以上十年以下有期徒刑；情节特别严重的，处十年以上有期徒刑或者无期徒刑；情节较轻的，处五年以下有期徒刑、拘役、管制或者剥夺政治权利。

第二百八十二条 【非法获取国家秘密罪】以窃取、刺探、收买方法，非法获取国家秘密的，处三年以下有期徒刑、拘役、管制或者剥夺政治权利；情节严重的，处三年以上七年以下有期徒刑。

【非法持有国家绝密、机密文件、资料、物品罪】非法持有属于国家绝密、机密的文件、资料或者其他物品，拒不说明来源与用途的，处三年以下有期徒刑、拘役或者管制。

💡 温馨贴士

国家秘密无论是对国家的发展还是整个民族的命运都有着重要的影响，所以宪法将保守国家秘密规定为公民的基本义务。由于青少年的社会经验不足，对于获取的信息有时候很难分辨是否涉密。因此，我们要及时向师长请教，不乱分享信息，防止将不应公开传播的信息特别是涉及国家秘密的信息进行传播。

16 尊重他人的民族风俗习惯有法律上的依据吗？

▶ 案例回放

小辉刚刚转入的小学因为午休时间较短，大部分学生在午休时都不回家，而是在学校吃饭和午睡。为了让学生们能吃上"放心饭"，同时减轻一些家长的负担，学校为参加午托的学生们订了营养午餐。小辉在吃午餐时，发现有几名同学的午餐和别人不一样，便向同桌询问。同桌告诉小辉，这些同学是回民，他们的午餐是清真食品，给他们提供不一样的饭菜是尊重他们的民族风俗习惯。请问，我们是否应当尊重他人的民族风俗习惯呢？尊重他人的民族风俗习惯有法律上的依据吗？

学法用法

根据《宪法》第四条第一款与第四款以及《民族区域自治法》第十条的规定，我国的各民族一律平等，各个民族都有保持或者改革自己的风俗习惯的自由。不同民族之间应当尊重各自的民族风俗习惯，对于他人特有的民族文化，我们不能戴有色眼镜，不能歧视，不能差别对待。尊重各民族的风俗习惯有利于促进民族团结，加强各民族之间的凝聚力，从而使我们的社会更加和谐稳定。

在上面的案例中，该学校考虑到回族的同学与其他同学饮食文化的不同，特意为回族的同学订了清真午餐，是贯彻民族平等、尊重各民族风俗文化习惯的行为。

法条链接

《中华人民共和国宪法》

第四条第一款 中华人民共和国各民族一律平等。国家保障各少数民族的合法的权利和利益，维护和发展各民族的平等团结互助和谐关系。禁止对任何民族的歧视和压迫，禁止破坏民族团结和制造民族分裂的行为。

……

第四款 各民族都有使用和发展自己的语言文字的自由，都有保持或者改革自己的风俗习惯的自由。

《中华人民共和国民族区域自治法》

第十条 民族自治地方的自治机关保障本地方各民族都有使用和发展自己的语言文字的自由，都有保持或者改革自己的风俗习惯的自由。

> 💡 **温馨贴士**

我国是由许多不同的民族所构成的统一的多民族国家，每个民族之间的风俗文化存在不同之处，而正是这些差异性组成了我们繁荣多样的中华文化。尊重他人的民族风俗习惯不仅仅是一种美德，还是法律的要求，更是维护国家统一的重要途径之一。

17 爱国主义教育的内容有哪些？爱国主义与未成年人有何关联？

▷ **案例回放**

某中学十分注重爱国主义教育，经常组织学生们参加与爱国主义有关的活动。每年清明节前，该中学会组织学生们到烈士陵园扫墓、为烈士们送花，以纪念烈士们为中华民族解放所作出的贡献。国庆节前，该中学会在校内举行爱国主义征文活动，最终被评为优等的文章会统一刊载在"十一"期间特别发行的国庆专题校报上，供全校师生阅读。然而，对于该中学举办的这些活动，却有极少数家长认为会耽误学习时间，对孩子的升学没有帮助，与孩子没什么关系。请问，爱国主义教育的内容有哪些？与未成年人有什么关联？

↻ **学法用法**

爱国，可以理解为对自己国家的肯定和认同，是一种对祖国的归属感和自豪感。作为中华民族的儿女，我们诞生在这片土地上，受到国家的保护，应当热爱自己的国家。进行爱国主义教育是宪法要求，也是教育教学中至关重要的一环，关系着未成年人价值观念的形成。《未成年人保护法》中也规定国家、社会、学校和家庭应当对未成年人加强爱国主义教育。

根据《爱国主义教育法》第六条的规定，爱国主义教育的主要内容有以下几个方面：（1）马克思列宁主义、毛泽东思想、邓小平理论、"三个代表"重要思想、科学发展观、习近平新时代中国特色社会主义思想；（2）中国共产党史、新中国史、改革开放史、社会主义发展史、中华民族发展史；（3）中国特色社会主义制度，中国共产党带领人民团结奋斗的重大成就、历史经验和生动实践；（4）中华优秀传统文化、革命文化、社会主义先进文化；（5）国旗、国歌、国徽等国家象征和标志；（6）祖国的壮美河山和历史文化遗产；（7）宪法和法律，国家统一和民族团结、国家安全和国防等方面的意识和观念；（8）英雄烈士和先进模范人物的事迹及体现的民族精神、时代精神；（9）其他富有爱国主义精神的内容。

从上述规定可以看出，爱国主义教育主要包括历史与思想的教育、中华民族优秀传统文化的教育、具体国情与社会主义制度的教育等。在进行爱国主义教育时，要纵观历史，吸收我国上下五千年的优秀传统文化与民族精神，同时融合现代先进思想，推进中国特色社会主义文化建设。此外，进行爱国主义教育应当兼容并包，不仅要建立本国的文化自信，还要借鉴吸收人类一切优秀文明成果。

学校作为未成年人接受教育的主要阵地，应当将爱国主义教育贯彻到日常的教学活动中。根据《爱国主义教育法》第十五条至第十七条的规定，学校应当针对各年龄段学生的特点，以丰富适宜的教学方式对学生进行爱国主义教育，通过举办专题活动、校外实践等方式，将爱国主义扎根在学生心中。未成年人的父母也应当在家庭教育中以润物细无声的方式对未成年人进行爱国主义教育，支持、配合学校开展爱国主义教育教学活动，引导、鼓励未成年人参加爱国主义教育社会活动，培养未成年人的民族自豪感与认同感，帮助未成年人树立社会主义核心价值观。

而作为青少年，应当从自身做起，弘扬爱国主义精神，自觉维护国家安全、荣誉和利益。根据《爱国主义教育法》第三十七条的规定，我们坚决不能做以下几种行为：(1) 侮辱国旗、国歌、国徽或者其他有损国旗、国歌、国徽尊严的行为；(2) 歪曲、丑化、亵渎、否定英雄烈士事迹和精神；(3) 宣扬、美化、否认侵略战争、侵略行为和屠杀惨案；(4) 侵占、破坏、污损爱国主义教育设施；(5) 法律、行政法规禁止的其他行为。这些行为侮辱了国家尊严，否定了国家的历史与文化，背离我们对国家的认同感。实施以上行为不仅有违爱国主义精神，还可能触及法律的底线，需要承担相应责任。

法条链接

《中华人民共和国宪法》

第二十四条第二款 国家倡导社会主义核心价值观，提倡爱祖国、爱人民、爱劳动、爱科学、爱社会主义的公德，在人民中进行爱国主义、集体主义和国际主义、共产主义的教育，进行辩证唯物主义和历史唯物主义的教育，反对资本主义的、封建主义的和其他的腐朽思想。

《中华人民共和国未成年人保护法》

第五条 国家、社会、学校和家庭应当对未成年人进行理想教育、道德教育、科学教育、文化教育、法治教育、国家安全教育、健康教育、劳动教育，加强爱国主义、集体主义和中国特色社会主义的教育，培养爱祖国、爱人民、爱劳动、爱科学、爱社会主义的公德，抵制资本主义、封建主义和其他腐朽思想的侵蚀，引导未成年人树立和践行社会主义核心价值观。

《中华人民共和国爱国主义教育法》

第六条 爱国主义教育的主要内容是：

（一）马克思列宁主义、毛泽东思想、邓小平理论、"三个代表"重要思想、科学发展观、习近平新时代中国特色社会主义思想；

（二）中国共产党史、新中国史、改革开放史、社会主义发展史、中华民族发展史；

（三）中国特色社会主义制度，中国共产党带领人民团结奋斗的重大成就、历史经验和生动实践；

（四）中华优秀传统文化、革命文化、社会主义先进文化；

（五）国旗、国歌、国徽等国家象征和标志；

（六）祖国的壮美河山和历史文化遗产；

（七）宪法和法律，国家统一和民族团结、国家安全和国防等方面的意识和观念；

（八）英雄烈士和先进模范人物的事迹及体现的民族精神、时代精神；

（九）其他富有爱国主义精神的内容。

第十五条 国家将爱国主义教育纳入国民教育体系。各级各类学校应当将爱国主义教育贯穿学校教育全过程，办好、讲好思想政治理论课，并将爱国主义教育内容融入各类学科和教材中。

各级各类学校和其他教育机构应当按照国家规定建立爱国主义

教育相关课程联动机制,针对各年龄段学生特点,确定爱国主义教育的重点内容,采取丰富适宜的教学方式,增强爱国主义教育的针对性、系统性和亲和力、感染力。

第十六条 各级各类学校应当将课堂教学与课外实践和体验相结合,把爱国主义教育内容融入校园文化建设和学校各类主题活动,组织学生参观爱国主义教育基地等场馆设施,参加爱国主义教育校外实践活动。

第十七条 未成年人的父母或者其他监护人应当把热爱祖国融入家庭教育,支持、配合学校开展爱国主义教育教学活动,引导、鼓励未成年人参加爱国主义教育社会活动。

第三十七条 任何公民和组织都应当弘扬爱国主义精神,自觉维护国家安全、荣誉和利益,不得有下列行为:

(一)侮辱国旗、国歌、国徽或者其他有损国旗、国歌、国徽尊严的行为;

(二)歪曲、丑化、亵渎、否定英雄烈士事迹和精神;

(三)宣扬、美化、否认侵略战争、侵略行为和屠杀惨案;

(四)侵占、破坏、污损爱国主义教育设施;

(五)法律、行政法规禁止的其他行为。

温馨贴士

爱国主义并不是口号,而是要采取实际行动予以落实。作为青少年,我们要维护自己的国家,勇于与企图分裂国家的恶势力作斗争。当发现与爱国主义精神相违背、不利于国家团结和社会稳定的行为时,我们要予以谴责,并采取报警、投诉等方式,让不法分子得到应有的惩罚。

第一章 学习《宪法》，弘扬宪法精神

第四节 国家机构

1 全国人民代表大会的职权范围是什么？

▷ **案例回放**

小茹的妈妈是一名全国人大代表。今年3月，小茹的妈妈准备到北京去参加全国人民代表大会，小茹为妈妈感到自豪，这也使她对全国人民代表大会相关知识产生了浓厚的兴趣。小茹问妈妈："你们去开会研究的内容都是什么呀？全国人民代表大会主要负责哪些工作呢？"妈妈临走前给她布置了一项任务，让她自己去查阅一下全国人民代表大会的职权。小茹上网查阅了很多资料，也学习了很多关于全国人民代表大会的知识。请问，全国人民代表大会具体有哪些职权呢？

◯ **学法用法**

全国人民代表大会代表的是全体人民的意志和利益，在整个国家范围内行使最高国家权力，决定国家的一切重大事项，在国家权力体系中处于最高地位，主要体现在以下几个方面：（1）全国人民代表大会统一行使宪法规定的最高国家权力，向全国人民负责，受全国人民监督。（2）全国人民代表大会的权力具有全权性，覆盖了国家政治、经济、军事、外交、文化教育以及社会生活的方方面面。（3）全国人民代表大会的权力具有至上性，高于行政权、监察权、审判权、检察权。最高国家行政机关、监察机关、审判机关、检察机关都由它产生，对它负责，向它报告工作，并接受它的监督。(4) 全国人民代表大会制定的法律、通过的决议和决定，一切国家机关和武装力量、各政党和各社会团体、各企业事业组织以及所有公民都必须严格遵守。

《宪法》第六十二条规定了全国人民代表大会的职权范围，具体包括：修改宪法；监督宪法的实施；制定和修改刑事、民事、国家机构的和其他的基本法律；选举中华人民共和国主席、副主席；根据中华人民共和国主席的提名，决定国务院总理的人选；根据国务院总理的提名，决定国务院副总理、国务委员、各部部长、各委员会主任、审计长、秘书长的人选；选举中央军事委员会主席；根据中央军事委员会主席的提名，决定中央军事委员会其他组成人员的人选；选举国家监察委员会主任；选举最高人民法院院长和最高人民检察院检察长；审查和批准国民经济和社会发展计划和计划执行情况的报告；审查和批准国家的预算和预算执行情况的报告；改变或者撤销全国人民代表大会常务委员会不适当的决定；批准省、自治区和直辖市的建置；决定特别行政区的设立及其制度；决定战争和和平的问题；应当由最高国家权力机关行使的其他职权。

法条链接

《中华人民共和国宪法》

第六十二条 全国人民代表大会行使下列职权：

（一）修改宪法；

（二）监督宪法的实施；

（三）制定和修改刑事、民事、国家机构的和其他的基本法律；

（四）选举中华人民共和国主席、副主席；

（五）根据中华人民共和国主席的提名，决定国务院总理的人选；根据国务院总理的提名，决定国务院副总理、国务委员、各部部长、各委员会主任、审计长、秘书长的人选；

（六）选举中央军事委员会主席；根据中央军事委员会主席的提名，决定中央军事委员会其他组成人员的人选；

（七）选举国家监察委员会主任；

（八）选举最高人民法院院长；

（九）选举最高人民检察院检察长；

（十）审查和批准国民经济和社会发展计划和计划执行情况的报告；

（十一）审查和批准国家的预算和预算执行情况的报告；

（十二）改变或者撤销全国人民代表大会常务委员会不适当的决定；

（十三）批准省、自治区和直辖市的建置；

（十四）决定特别行政区的设立及其制度；

（十五）决定战争和和平的问题；

（十六）应当由最高国家权力机关行使的其他职权。

温馨贴士

全国人民代表大会是我国人民民主专政的政权组织形式，是国家最高权力机关。它的常设机关是全国人民代表大会常务委员会，由全国人民代表大会常务委员会每年召集，每年举行一次全国人民代表大会，由全体代表共同商议国家大政方针。

2 全国人民代表大会几年召开一次？

案例回放

欢欢和乐乐是一对双胞胎姐妹，她们是同一所初中不同班级的学生。最近，学校课上讲到了关于全国人民代表大会的知识，回到家中，两姐妹就此问题讨论起来。欢欢说："全国人民代表大会是最高权力机关，大会每年都在北京召开。"乐乐说："你说得不对，全国代表大会因为参会人数众多，每五年才召开一次。"两人争论不休，最后只好向爸爸求助。请问，全国人民代表大会几年召开一次呢？

学法用法

根据《宪法》第六十一条第一款的规定，全国人民代表大会会议每年举行一次。如果全国人民代表大会常务委员会认为必要，或者有五分之一以上的全国人民代表大会代表提议，可以临时召集全国人民代表大会会议。一般情况下，全国人民代表大会每年举行一次会议，并于每年第一季度举行。

法条链接

《中华人民共和国宪法》

第六十一条第一款 全国人民代表大会会议每年举行一次，由全国人民代表大会常务委员会召集。如果全国人民代表大会常务委员会认为必要，或者有五分之一以上的全国人民代表大会代表提议，可以临时召集全国人民代表大会会议。

💡 温馨贴士

全国人民代表大会讨论研究国家重大事项，一年举行一次，于每年第一季度举行。全国人民代表大会常务委员会认为必要，或者有五分之一以上的全国人大代表提议，可以召开全国人民代表大会临时会议。

3 全国人民代表大会是如何组成的？

▷ 案例回放

小路是某初中一年级的学生，学习成绩不错，深受同学和老师的喜欢。小路的班主任刘老师是他们的道德与法治课老师，小路遇到不懂的问题经常向她请教，刘老师都会一一解答。这不，刘老师刚下课，小路就跟了上去。小路告诉刘老师，自己最近在电视上听说要召开全国人民代表大会，很好奇全国人民代表大会是如何组成的，哪些人可以参加全国人民代表大会，刘老师非常耐心地给小路作出了解答。请问，全国人民代表大会是如何组成的？

◯ 学法用法

《宪法》第五十九条规定："全国人民代表大会由省、自治区、直辖市、特别行政区和军队选出的代表组成。各少数民族都应当有适当名额的代表。全国人民代表大会代表的选举由全国人民代表大会常务委员会主持。全国人民代表大会代表名额和代表产生办法由法律规定。"据此可知，全国人民代表大会由省、自治区、直辖市、特别行政区和军队选出的代表组成。各少数民族都应当有适当名额的代表。

那么，哪些人可以参加全国人民代表大会呢？能够参加全国人民代表大会的人一般为全国人大代表。《宪法》第六十条规定："全国人民代表大会每届任期五年。全国人民代表大会任期届满的两个月以前，全国人民代表大会常务委员会必须完成下届全国人民代表大会代表的选举。如果遇到不能进行选举的非常情况，由全国人民代表大会常务委员会以全体组成人员的三分之二以上的多数通过，可以推迟选举，延长本届全国人民代表大会的任期。在非常情况结束后一年内，必须完成下届全国人民代表大会代表的选举。"由此可见，全国人大代表并不是长期任职的，经过一段时间需要重新选举，组成新一届全国人民代表大会。每届全国人大代表的任期为五年。

法条链接

《中华人民共和国宪法》

第五十九条 全国人民代表大会由省、自治区、直辖市、特别行政区和军队选出的代表组成。各少数民族都应当有适当名额的代表。

全国人民代表大会代表的选举由全国人民代表大会常务委员会主持。

全国人民代表大会代表名额和代表产生办法由法律规定。

第六十条 全国人民代表大会每届任期五年。

全国人民代表大会任期届满的两个月以前，全国人民代表大会常务委员会必须完成下届全国人民代表大会代表的选举。如果遇到不能进行选举的非常情况，由全国人民代表大会常务委员会以全体组成人员的三分之二以上的多数通过，可以推迟选举，延长本届全国人民代表大会的任期。在非常情况结束后一年内，必须完成下届全国人民代表大会代表的选举。

温馨贴士

全国人民代表大会是人民行使权力的机关,其所作出的决定需充分考虑到不同人群的需要,因此,其在组成上应包含不同地区、不同民族、不同行业、不同领域的人民。

4 人大代表有哪些权利和义务?

案例回放

小云的父亲是一名科研人员。在小云父亲从业期间,多次带领团队开发出领先行业的新技术,成为大家交口称赞的技术骨干。由于小云父亲作出的贡献十分突出,多次被评为当地的劳动模范。在选举省人大代表时,小云父亲也凭借自身出色的能力与多年来极佳的口碑成功当选。得知父亲当选人大代表后,小云十分自豪。但她同时也有些好奇,不知道人大代表都有哪些权利,需要履行哪些义务。请问,人大代表有哪些权利和义务?

学法用法

人大代表享有一定的权利,也需要履行法律规定的义务。根据《全国人民代表大会和地方各级人民代表大会代表法》第七条的规定,代表享有下列权利:(1)出席本级人民代表大会会议,参加审议各项议案、报告和其他议题,发表意见;(2)依法联名提出议案、质询案、罢免案等;(3)提出对各方面工作的建议、批评和意见;(4)参加本级人民代表大会的各项选举;(5)参加本级人民代表大会的各项表决;(6)参加本级人民代表大会闭会期间统一组织的履职活动；（7）获得依法履职所需的信息资料和各项保障；（8）法律规定的其他权利。

根据该法第八条的规定，代表应当履行下列义务：（1）模范地遵守宪法和法律，保守国家秘密，在自己参加的生产、工作和社会活动中，协助宪法和法律的实施；（2）按时出席本级人民代表大会会议，认真审议各项议案、报告和其他议题，发表意见，参加选举和表决，遵守会议纪律，做好会议期间的各项工作；（3）带头宣传贯彻本级人民代表大会会议精神；（4）积极参加统一组织的视察、专题调研、执法检查等履职活动；（5）加强履职学习和调查研究，不断提高履职能力；（6）与原选区选民或者原选举单位和人民群众保持密切联系，听取和反映他们的意见和要求，努力为人民服务；（7）带头践行社会主义核心价值观，铸牢中华民族共同体意识，自觉遵守社会公德，廉洁自律，公道正派，勤勉尽责；（8）法律规定的其他义务。

在上面的案例中，小云的父亲当选人大代表后，应当依据法律的规定享有权利并履行义务，"从群众中来到群众中去"，更好地为人民服务。

法条链接

《全国人民代表大会和地方各级人民代表大会代表法》

第七条 代表享有下列权利：

（一）出席本级人民代表大会会议，参加审议各项议案、报告和其他议题，发表意见；

（二）依法联名提出议案、质询案、罢免案等；

（三）提出对各方面工作的建议、批评和意见；

第一章 学习《宪法》，弘扬宪法精神

（四）参加本级人民代表大会的各项选举；

（五）参加本级人民代表大会的各项表决；

（六）参加本级人民代表大会闭会期间统一组织的履职活动；

（七）获得依法履职所需的信息资料和各项保障；

（八）法律规定的其他权利。

第八条 代表应当履行下列义务：

（一）模范地遵守宪法和法律，保守国家秘密，在自己参加的生产、工作和社会活动中，协助宪法和法律的实施；

（二）按时出席本级人民代表大会会议，认真审议各项议案、报告和其他议题，发表意见，参加选举和表决，遵守会议纪律，做好会议期间的各项工作；

（三）带头宣传贯彻本级人民代表大会会议精神；

（四）积极参加统一组织的视察、专题调研、执法检查等履职活动；

（五）加强履职学习和调查研究，不断提高履职能力；

（六）与原选区选民或者原选举单位和人民群众保持密切联系，听取和反映他们的意见和要求，努力为人民服务；

（七）带头践行社会主义核心价值观，铸牢中华民族共同体意识，自觉遵守社会公德，廉洁自律，公道正派，勤勉尽责；

（八）法律规定的其他义务。

温馨贴士

人大代表肩负着代表人民、传递民声、为民谋福等一系列神圣的使命。人大代表在享有选举权、表决权等各项权利的同时，也需要履行自己应尽的义务，最大限度地维护人民的合法利益。

5　什么是国务院？其职权有哪些？

案例回放

1954年9月，在我国第一届全国人民代表大会第一次会议中，通过了《中华人民共和国宪法》和《中华人民共和国国务院组织法》等法律。这两部法律的颁布，标志着我国的国务院制度正式形成。国务院制度自设立以来，在几十年间进行了多次变革与发展，但始终坚持中国共产党的领导，坚持以人民为中心、全心全意为人民服务。今天，国务院贯彻新发展理念，坚持依法行政，依照宪法和法律规定，全面正确履行政府职能。请问，什么是国务院？其职权有哪些呢？

学法用法

《宪法》第八十五条规定："中华人民共和国国务院，即中央人民政府，是最高国家权力机关的执行机关，是最高国家行政机关。"国务院是最高国家行政机关，即我国的中央人民政府，在整个国家行政系统中处于最高地位。国务院统一领导所属各部、各委员会的工作和全国地方各级国家行政机关的工作，全国的一切国家行政机关都必须服从它的决定和命令。国务院从属全国人大，由全国人大选举产生，受它监督，对它负责并报告工作，在全国人大闭会期间，受全国人大常委会监督并对全国人大常委会负责。全国人大及其常委会通过的法律和决议要由国务院来执行。

法条链接

《中华人民共和国宪法》

第八十五条 中华人民共和国国务院,即中央人民政府,是最高国家权力机关的执行机关,是最高国家行政机关。

第八十九条 国务院行使下列职权:

(一)根据宪法和法律,规定行政措施,制定行政法规,发布决定和命令;

(二)向全国人民代表大会或者全国人民代表大会常务委员会提出议案;

(三)规定各部和各委员会的任务和职责,统一领导各部和各委员会的工作,并且领导不属于各部和各委员会的全国性的行政工作;

(四)统一领导全国地方各级国家行政机关的工作,规定中央和省、自治区、直辖市的国家行政机关的职权的具体划分;

(五)编制和执行国民经济和社会发展计划和国家预算;

(六)领导和管理经济工作和城乡建设、生态文明建设;

(七)领导和管理教育、科学、文化、卫生、体育和计划生育工作;

(八)领导和管理民政、公安、司法行政等工作;

(九)管理对外事务,同外国缔结条约和协定;

(十)领导和管理国防建设事业;

(十一)领导和管理民族事务,保障少数民族的平等权利和民族自治地方的自治权利;

(十二)保护华侨的正当的权利和利益,保护归侨和侨眷的合法的权利和利益；

（十三）改变或者撤销各部、各委员会发布的不适当的命令、指示和规章；

（十四）改变或者撤销地方各级国家行政机关的不适当的决定和命令；

（十五）批准省、自治区、直辖市的区域划分，批准自治州、县、自治县、市的建置和区域划分；

（十六）依照法律规定决定省、自治区、直辖市的范围内部分地区进入紧急状态；

（十七）审定行政机构的编制，依照法律规定任免、培训、考核和奖惩行政人员；

（十八）全国人民代表大会和全国人民代表大会常务委员会授予的其他职权。

温馨贴士

国务院作为中央政府，是我国最高的行政机关，享有最高的行政领导权。当然，国务院由全国人民代表大会选举产生，应对其负责，受其监督。

6 什么是中央军委？

案例回放

小西的爷爷是一名老军人，曾经上前线打过仗，他的父亲现在也在某部队工作，在小西的心里，爷爷和爸爸一直都是他的骄傲。小西一直朝着爷爷和爸爸的方向努力，希望能考上国防大学，参军入伍,将来也成为一名真正的军人。小西经常在网上收集一些军事类的资料用来学习,这不,最近又研究起了中央军委。请问,到底什么是中央军委?

学法用法

中央军委是中央军事委员会的简称。《宪法》第九十三条第一款规定:"中华人民共和国中央军事委员会领导全国武装力量。"因此,中央军事委员会作为全国武装力量的领导机关,享有对国家武装力量的决策和指挥权。中央军事委员会主席对全国人民代表大会和全国人民代表大会常务委员会负责。同时,中央军事委员会是在中国共产党领导下的统率和领导国家武装力量的国家机关。

法条链接

《中华人民共和国宪法》

第九十三条第一款 中华人民共和国中央军事委员会领导全国武装力量。

第九十四条 中央军事委员会主席对全国人民代表大会和全国人民代表大会常务委员会负责。

温馨贴士

中央军事委员会享有对国家武装力量的决策权和指挥权,时刻维护国家的统一、安定团结和社会公共秩序,始终维护人民的生命财产安全。

7 什么是人民法院？其任务是什么？

案例回放

小董在大学学习的是法律，经过努力通过了法律职业资格考试。大学毕业后，小董没有停止学习，一心想当法官进入法院工作。后来，小董终于如愿，考取了某市人民法院的公务员，成为一名法官。一天，小董去亲戚家做客，被亲戚家的小朋友们追着问来问去，他们都争相让小董讲解什么是人民法院。请问，你知道什么是人民法院吗？人民法院的任务又是什么？

学法用法

《宪法》第一百二十八条明确规定："中华人民共和国人民法院是国家的审判机关。"由此可见，人民法院是我国的审判机关。

人民法院的任务是：通过审判刑事案件、民事案件、行政案件以及法律规定的其他案件，惩罚犯罪，保障无罪的人不受刑事追究，解决民事、行政纠纷，保护个人和组织的合法权益，监督行政机关依法行使职权，维护国家安全和社会秩序，维护社会公平正义，维护国家法律的尊严和权威，保障中国特色社会主义建设顺利进行。此外，人民法院依照法律规定独立行使审判权，不受行政机关、社会团体和个人的干涉。

法条链接

《中华人民共和国宪法》

第一百二十八条　中华人民共和国人民法院是国家的审判机关。

第一百三十一条 人民法院依照法律规定独立行使审判权，不受行政机关、社会团体和个人的干涉。

第一百三十二条 最高人民法院是最高审判机关。

最高人民法院监督地方各级人民法院和专门人民法院的审判工作，上级人民法院监督下级人民法院的审判工作。

第一百三十三条 最高人民法院对全国人民代表大会和全国人民代表大会常务委员会负责。地方各级人民法院对产生它的国家权力机关负责。

💡 温馨贴士

人民法院是我国的审判机关，依照法律规定对案件进行审理，作出公正的判决，并依靠国家强制力保障案件判决结果的执行，维护国家法律权威，以及社会公平与正义。

8 什么是人民检察院？其任务有哪些？

▶ 案例回放

琪琪的妈妈是一名人民检察官，每天都很忙碌。今年，琪琪大学毕业的表姐通过考试进入某县人民检察院工作，也成为一名人民检察官。在琪琪眼中，妈妈和表姐的工作是庄严且神圣的。人民检察院负有检察监督职能，犹如学校的纪律委员，时刻监督法律是否被正确执行，始终守护公平正义。请问，你知道什么是人民检察院吗？人民检察院的任务有哪些？

学法用法

《宪法》第一百三十四条规定："中华人民共和国人民检察院

是国家的法律监督机关。"由此可知，人民检察院的性质是我国的法律监督机关。

人民检察院依照宪法、法律和全国人民代表大会常务委员会的决定设置，其任务是：通过行使检察权，追诉犯罪，维护国家安全和社会秩序，维护个人和组织的合法权益，维护国家利益和社会公共利益，保障法律正确实施，维护社会公平正义，维护国家法制统一、尊严和权威，保障中国特色社会主义建设的顺利进行。同时，人民检察院依照法律规定独立行使检察权，不受行政机关、社会团体和个人的干涉。

法条链接

《中华人民共和国宪法》

第一百三十四条　中华人民共和国人民检察院是国家的法律监督机关。

第一百三十六条　人民检察院依照法律规定独立行使检察权，不受行政机关、社会团体和个人的干涉。

第一百三十七条　最高人民检察院是最高检察机关。

最高人民检察院领导地方各级人民检察院和专门人民检察院的工作，上级人民检察院领导下级人民检察院的工作。

第一百三十八条　最高人民检察院对全国人民代表大会和全国人民代表大会常务委员会负责。地方各级人民检察院对产生它的国家权力机关和上级人民检察院负责。

温馨贴士

人民检察院是国家的法律监督机关，人民检察院与人民法院相

第一章 学习《宪法》，弘扬宪法精神

互配合，共同维护法律尊严，维护社会秩序与稳定。

9 什么是监察委员会？其职责有哪些？

▶ 案例回放

小轩的爸爸是一名监察官，平时工作特别忙。小轩知道，爸爸的工作严肃而神圣，专门负责监督公职人员，遇到"大老虎""小苍蝇"都要一网打尽，绝不留情。并且，爸爸公正无私，他时常嘱咐小轩和妈妈，有送礼的一律不能收。在小轩心里，爸爸始终是他的骄傲。请问，对于小轩爸爸所在的监察委员会，你听说过吗？这个机关是干什么的呢？其职责有哪些？

○ 学法用法

监察委员会是我国的监察机关，是行使国家监察职能的专责机关，依法对所有行使公权力的公职人员进行监察，调查职务违法和职务犯罪，开展廉政建设和反腐败工作，维护宪法和法律的尊严。

监察委员会依照《监察法》和有关法律规定履行监督、调查、处置职责：

（1）对公职人员开展廉政教育，对其依法履职、秉公用权、廉洁从政从业以及道德操守情况进行监督检查；（2）对涉嫌贪污贿赂、滥用职权、玩忽职守、权力寻租、利益输送、徇私舞弊以及浪费国家资财等职务违法和职务犯罪进行调查；（3）对违法的公职人员依法作出政务处分决定；对履行职责不力、失职失责的领导人员进行问责；对涉嫌职务犯罪的，将调查结果移送人民检察院依法审查、提起公诉；向监察对象所在单位提出监察建议。

法条链接

《中华人民共和国宪法》

第一百二十三条 中华人民共和国各级监察委员会是国家的监察机关。

第一百二十五条 中华人民共和国国家监察委员会是最高监察机关。

国家监察委员会领导地方各级监察委员会的工作,上级监察委员会领导下级监察委员会的工作。

第一百二十六条 国家监察委员会对全国人民代表大会和全国人民代表大会常务委员会负责。地方各级监察委员会对产生它的国家权力机关和上一级监察委员会负责。

《中华人民共和国监察法》

第十一条 监察委员会依照本法和有关法律规定履行监督、调查、处置职责:

(一)对公职人员开展廉政教育,对其依法履职、秉公用权、廉洁从政从业以及道德操守情况进行监督检查;

(二)对涉嫌贪污贿赂、滥用职权、玩忽职守、权力寻租、利益输送、徇私舞弊以及浪费国家资财等职务违法和职务犯罪进行调查;

(三)对违法的公职人员依法作出政务处分决定;对履行职责不力、失职失责的领导人员进行问责;对涉嫌职务犯罪的,将调查结果移送人民检察院依法审查、提起公诉;向监察对象所在单位提出监察建议。

> **温馨贴士**

监察委员会不属于审判机关,也不属于检察机关,而是一种独立的国家机关,其独立行使监察权,不受行政机关、社会团体和个人的干涉。同时,监察机关办理职务违法和职务犯罪案件,应当与审判机关、检察机关、执法部门互相配合,互相制约。

第五节 国旗、国歌、国徽

1 学校是否必须举行升国旗仪式?升国旗时应当怎样做?

> **案例回放**

周一,某实验小学像往常一样组织全体师生在操场上参加升国旗仪式。国歌响起后,其他同学都严肃认真地站在原地,只有乐乐在队伍里乱动,还向旁边同学抱怨"天气太热,根本不应该举行升国旗仪式"。老师注意到了乐乐的言行,在升旗仪式结束后将他叫到办公室,对他提出了严肃的批评,并告诉他这样的行为是对国旗的不尊重,乐乐惭愧地低下了头。请问,学校是否必须举行升国旗仪式?在升国旗时,应当怎样做?

> **学法用法**

国旗是一个国家主权的象征,举行升国旗仪式能够从小培养学生的爱国主义情怀,所有人在参加升国旗仪式时必须严肃认真。《国旗法》第十四条明确规定,学校除假期外,应当每周举行一次升旗仪式。举行升旗仪式时，应当奏唱国歌。在国旗升起的过程中，在场人员应当面向国旗肃立，行注目礼或者按照规定要求敬礼，不得有损害国旗尊严的行为。同时，该法第十七条、第十八条还规定，升挂国旗，应当将国旗置于显著的位置。在直立的旗杆上升降国旗应当徐徐进行，国旗升起时，必须将国旗升至杆顶；降下时，不得使国旗落地。所以，升旗手在升降国旗时需要注意以上规定，规范升旗。参加升旗仪式的所有人都应当肃立。

法条链接

《中华人民共和国宪法》

第一百四十一条第一款 中华人民共和国国旗是五星红旗。

《中华人民共和国国旗法》

第十四条 升挂国旗时，可以举行升旗仪式。

举行升旗仪式时，应当奏唱国歌。在国旗升起的过程中，在场人员应当面向国旗肃立，行注目礼或者按照规定要求敬礼，不得有损害国旗尊严的行为。

北京天安门广场每日举行升旗仪式。

学校除假期外，每周举行一次升旗仪式。

第十七条 升挂国旗，应当将国旗置于显著的位置。

列队举持国旗和其他旗帜行进时，国旗应当在其他旗帜之前。

国旗与其他旗帜同时升挂时，应当将国旗置于中心、较高或者突出的位置。

在外事活动中同时升挂两个以上国家的国旗时，应当按照外交部的规定或者国际惯例升挂。

第十八条 在直立的旗杆上升降国旗，应当徐徐升降。升起时，必须将国旗升至杆顶；降下时，不得使国旗落地。

下半旗时，应当先将国旗升至杆顶，然后降至旗顶与杆顶之间的距离为旗杆全长的三分之一处；降下时，应当先将国旗升至杆顶，然后再降下。

温馨贴士

升国旗不仅是一种仪式，更是一种荣耀，我们在参加升国旗仪式时要注意自己的仪表，感受国旗赋予我们青少年的责任和使命。

2 公开踩踏、侮辱国旗的，要承担什么法律责任？

案例回放

某天，小珍在某平台浏览视频时，发现有一名男子刚刚发布了一条视频。在视频中，该男子将商家门口悬挂的国旗扯下，并扔在脚下进行踩踏。该视频发出后，没多久便有了很高的播放量。小珍认为该男子的行为侮辱了国旗，便向平台进行了举报，还将相关情况反映给网警。当地警方接到报警后，很快便将该男子抓获。该男子供述，自己是为了博人眼球、增加视频播放量才实施侮辱国旗的行为的。请问，公开踩踏、侮辱国旗的，要承担什么法律责任？

学法用法

国旗是一个国家的标志，能够反映本国的精神与文化。尤其是我国的五星红旗，还反映出革命先辈为人民独立和建设祖国所作出的贡献。尊重国旗就是尊重我们的国家，尊重革命烈士们的付出。《国旗法》第二十三条规定，在公共场合故意以焚烧、毁损、涂划、玷污、践踏等方式侮辱中华人民共和国国旗的，依法追究刑事责任；情节较轻的，由公安机关处以十五日以下拘留。同时，我国《刑法》第二百九十九条第一款还规定了侮辱国旗罪，在公共场合，故意以焚烧、毁损、涂划、玷污、践踏等方式侮辱中华人民共和国国旗的，处三年以下有期徒刑、拘役、管制或者剥夺政治权利。

在上面的案例中，该男子公开踩踏、侮辱国旗，并且将相关视频发布到网上，其行为性质恶劣，给社会造成了不良影响，应当承担相应的法律责任。

法条链接

《中华人民共和国国旗法》

第二十三条　在公共场合故意以焚烧、毁损、涂划、玷污、践踏等方式侮辱中华人民共和国国旗的，依法追究刑事责任；情节较轻的，由公安机关处以十五日以下拘留。

《中华人民共和国刑法》

第二百九十九条　【侮辱国旗、国徽罪】第一款　在公共场合，故意以焚烧、毁损、涂划、玷污、践踏等方式侮辱中华人民共和国国旗、国徽的，处三年以下有期徒刑、拘役、管制或者剥夺政治权利。

温馨贴士

五星红旗是中国的国旗，代表着国家的尊严和威信，我们作为中华儿女，要对五星红旗怀有敬仰和爱护之心，要时刻维护好五星红旗的尊严与地位。

第一章 学习《宪法》，弘扬宪法精神

3 哪些地方应当升挂国旗？

案例回放

国庆节期间，小强和爸爸妈妈一起来到北京旅游，他们专门到天安门广场观看升旗仪式。一大清早，太阳还没有升起，他们就来到天安门广场等候，就是为了能够更近一点儿目睹国旗升起。早上6时许，熟悉的《义勇军进行曲》响起。在各界人士的军礼、队礼以及注目礼下，五星红旗冉冉升起，小强的内心充满了骄傲与自豪。请问，哪些地方应当升挂国旗呢？

学法用法

众所周知，每一个国家都有国旗，国旗是国家的象征。五星红旗就是我国的国旗，它代表着我们中华人民共和国。国旗是神圣的、庄严的，是不可侵犯的，我们要像爱护自己的生命一样去爱护它。那么，按照法律规定，哪些地方应该升挂国旗呢？对此，《国旗法》有明确的规定。

《国旗法》第五条规定，下列场所或者机构所在地，应当每日升挂国旗：（1）北京天安门广场、新华门；（2）中国共产党中央委员会，全国人民代表大会常务委员会，国务院，中央军事委员会，中国共产党中央纪律检查委员会、国家监察委员会，最高人民法院，最高人民检察院；中国人民政治协商会议全国委员会；（3）外交部；（4）出境入境的机场、港口、火车站和其他边境口岸，边防海防哨所。

《国旗法》第六条规定，下列机构所在地应当在工作日升挂国旗：（1）中国共产党中央各部门和地方各级委员会；（2）国务院

75

各部门；（3）地方各级人民代表大会常务委员会；（4）地方各级人民政府；（5）中国共产党地方各级纪律检查委员会、地方各级监察委员会；（6）地方各级人民法院和专门人民法院；（7）地方各级人民检察院和专门人民检察院；（8）中国人民政治协商会议地方各级委员会；（9）各民主党派、各人民团体；（10）中央人民政府驻香港特别行政区有关机构、中央人民政府驻澳门特别行政区有关机构。

学校除寒假、暑假和休息日外，应当每日升挂国旗。有条件的幼儿园参照学校的规定升挂国旗。

图书馆、博物馆、文化馆、美术馆、科技馆、纪念馆、展览馆、体育馆、青少年宫等公共文化体育设施应当在开放日升挂、悬挂国旗。

法条链接

《中华人民共和国国旗法》

第五条 下列场所或者机构所在地，应当每日升挂国旗：

（一）北京天安门广场、新华门；

（二）中国共产党中央委员会，全国人民代表大会常务委员会，国务院，中央军事委员会，中国共产党中央纪律检查委员会、国家监察委员会，最高人民法院，最高人民检察院；中国人民政治协商会议全国委员会；

（三）外交部；

（四）出境入境的机场、港口、火车站和其他边境口岸，边防海防哨所。

第六条 下列机构所在地应当在工作日升挂国旗：

（一）中国共产党中央各部门和地方各级委员会；

（二）国务院各部门；

（三）地方各级人民代表大会常务委员会；

（四）地方各级人民政府；

（五）中国共产党地方各级纪律检查委员会、地方各级监察委员会；

（六）地方各级人民法院和专门人民法院；

（七）地方各级人民检察院和专门人民检察院；

（八）中国人民政治协商会议地方各级委员会；

（九）各民主党派、各人民团体；

（十）中央人民政府驻香港特别行政区有关机构、中央人民政府驻澳门特别行政区有关机构。

学校除寒假、暑假和休息日外，应当每日升挂国旗。有条件的幼儿园参照学校的规定升挂国旗。

图书馆、博物馆、文化馆、美术馆、科技馆、纪念馆、展览馆、体育馆、青少年宫等公共文化体育设施应当在开放日升挂、悬挂国旗。

温馨贴士

国旗是神圣的。对于法律规定必须升挂国旗的情形，有关单位应该严格遵守。对于我们青少年来说，对升挂国旗的地方，要给予充分的尊重，如不能在旗杆处打闹、不能毁损旗杆等。

4 可以将国旗图案用到广告当中吗？

案例回放

小姜是某小学六年级的学生。一天，小姜去逛学校门口新开的

77

文具店，发现店门口悬挂着国旗图案的横幅，上书"传统文化周边产品热卖中"。原来店中在出售传统文化系列周边产品，包括笔记本、帆布包、钥匙圈等产品，上面印着龙、毛笔、瓷器等象征中国传统文化的图案，而门口的横幅正是为该系列产品所作的广告宣传。除此之外，店外还在分发印有国旗图案的广告宣传单。小姜看见横幅和宣传单后，想起老师曾说过国旗是我们祖国的象征，不可以用作广告宣传。请问，是这样的吗？

学法用法

小姜的老师的说法是正确的，不可以将国旗图案用到广告中。国旗是国家的标志，具有独特的象征意义，因此，我国对国旗的使用场合有着严格的规定。根据《国旗法》第二十条以及《广告法》第九条的规定，国旗及国旗图案不得使用或者变相使用于广告中。

在上面的案例中，文具店使用印有国旗图案的横幅和宣传单，已经违反了《国旗法》和《广告法》的规定，应当及时将横幅和宣传单撤回。

法条链接

《中华人民共和国国旗法》

第二十条　国旗及其图案不得用作商标、授予专利权的外观设计和商业广告，不得用于私人丧事活动等不适宜的情形。

《中华人民共和国广告法》

第九条　广告不得有下列情形：

（一）使用或者变相使用中华人民共和国的国旗、国歌、国徽，军旗、军歌、军徽；

第一章 学习《宪法》，弘扬宪法精神

……

💡 **温馨贴士**

国旗及其图案不得用作商标和广告，如我们在现实生活中遇到国旗被用到广告当中的情况，可立即向学校老师反映或者向有关部门举报。

5 在哪些场合，应当奏唱国歌？

▷ **案例回放**

2024年是中华人民共和国成立75周年。为了庆祝新中国成立75周年，各地区举办了很多庆祝活动，小红所在的城市也不例外。10月1日国庆节这天，在学校的号召下，小红与同学们来到了升旗仪式的现场。当五星红旗迎着风冉冉升起时，在场的人们不约而同地唱起国歌来。听着大家整齐而洪亮的歌声，小红的心中也充满了对祖国的热爱以及对国家繁荣昌盛的自豪感。她想到，在学校时，每周一的升旗仪式上，大家也会奏唱国歌。请问，在哪些场合，应当奏唱国歌呢？

⟳ **学法用法**

根据《国歌法》第四条的规定，在下列场合，应当奏唱国歌：（1）全国人民代表大会会议和地方各级人民代表大会会议的开幕、闭幕；中国人民政治协商会议全国委员会会议和地方各级委员会会议的开幕、闭幕；（2）各政党、各人民团体的各级代表大会等；（3）宪法宣誓仪式；（4）升国旗仪式；（5）各级机关举行或者组织的重大庆典、表彰、纪念仪式等；（6）国家公祭仪式；（7）重

79

大外交活动；（8）重大体育赛事；（9）其他应当奏唱国歌的场合。

此外，《国歌法》第五条、第八条还规定，国家倡导公民和组织在适宜的场合奏唱国歌，但国歌不得用于或者变相用于商标、商业广告。

中华人民共和国国歌是中华人民共和国的象征和标志，展现出中华民族的民族精神，歌颂了中华民族的向心力与凝聚力。我们每个人都应当尊重国歌，共同维护国歌的尊严。

法条链接

《中华人民共和国国歌法》

第四条 在下列场合，应当奏唱国歌：

（一）全国人民代表大会会议和地方各级人民代表大会会议的开幕、闭幕；

中国人民政治协商会议全国委员会会议和地方各级委员会会议的开幕、闭幕；

（二）各政党、各人民团体的各级代表大会等；

（三）宪法宣誓仪式；

（四）升国旗仪式；

（五）各级机关举行或者组织的重大庆典、表彰、纪念仪式等；

（六）国家公祭仪式；

（七）重大外交活动；

（八）重大体育赛事；

（九）其他应当奏唱国歌的场合。

第五条 国家倡导公民和组织在适宜的场合奏唱国歌，表达爱国情感。

第八条 国歌不得用于或者变相用于商标、商业广告，不得在私人丧事活动等不适宜的场合使用，不得作为公共场所的背景音乐等。

第十一条 国歌纳入中小学教育。

中小学应当将国歌作为爱国主义教育的重要内容，组织学生学唱国歌，教育学生了解国歌的历史和精神内涵、遵守国歌奏唱礼仪。

温馨贴士

国歌已纳入中小学教育。青少年应当学唱国歌，了解国歌的历史和精神内涵、遵守国歌奏唱礼仪。爱国就应该从小事做起，从教育的点点滴滴做起，唱国歌就是其中的重要一环。

6 国歌奏唱礼仪是什么？

案例回放

正在上小学三年级的小孙是个调皮的孩子，经常惹老师和家长生气。有一天，在学校的升国旗仪式上，主持人要求全体老师和同学唱国歌，调皮的小孙竟然不按照正确的曲调而用其他的曲调来唱国歌，并且声音很大，其他同学听到都在偷笑，影响很不好。升国旗仪式结束后，小孙被老师叫到办公室，遭到了严肃的批评。小孙自己觉得委屈，认为国歌和普通歌曲一样，这样唱没什么问题。请问，小孙的做法对吗？国歌奏唱礼仪是什么呢？

学法用法

小孙的做法是不正确的。他应该按照国歌正确的曲调来唱，不应该用其他曲调来唱国歌。

关于国歌的奏唱礼仪，根据《国歌法》及《中共中央办公厅、国务院办公厅关于规范国歌奏唱礼仪的实施意见》规定，奏唱国歌，应当按照国歌的歌词和曲谱，不得采取有损国歌尊严的奏唱形式。奏唱国歌时，在场人员应当肃立，举止庄重，不得有不尊重国歌的行为。奏唱国歌时，应当着装得体，精神饱满，肃立致敬，有仪式感和庄重感；自始至终跟唱，吐字清晰，节奏适当，不得改变曲调、配乐、歌词，不得中途停唱或者中途跟唱；不得交语、击节、走动或者鼓掌，不得接打电话或者从事其他无关行为。国歌不得与其他歌曲紧接奏唱。此外，在学校活动中奏唱国歌，除遵守一般要求外，少先队员应当行队礼。

法条链接

《中华人民共和国国歌法》

第六条 奏唱国歌，应当按照本法附件所载国歌的歌词和曲谱，不得采取有损国歌尊严的奏唱形式。

第七条 奏唱国歌时，在场人员应当肃立，举止庄重，不得有不尊重国歌的行为。

《中共中央办公厅、国务院办公厅关于规范国歌奏唱礼仪的实施意见》

二、国歌奏唱礼仪

1. 一般要求。奏唱国歌时，应当着装得体，精神饱满，肃立致敬，有仪式感和庄重感；自始至终跟唱，吐字清晰，节奏适当，不得改变曲调、配乐、歌词，不得中途停唱或者中途跟唱；不得交语、击节、走动或者鼓掌，不得接打电话或者从事其他无关行为。国歌不得与其他歌曲紧接奏唱。

2. 外事活动。除遵守一般要求外，着装应当符合外事活动要求；遇接待国宾仪式或者国际性集会时，可以连奏有关国家国歌或者有关国际组织会歌。

3. 运动赛会。除遵守一般要求外，国歌奏唱仪式开始前应当全体起立；比赛中遇奏国歌的情况，在不违反竞赛规则的前提下，应当遵循裁判指示暂停比赛活动。

4. 学校活动。除遵守一般要求外，少先队员应当行队礼。

温馨贴士

我们青少年要谨记，国歌不同于一般的歌曲，其代表国家，我们要对其致以无比的尊重与敬仰，在唱国歌的时候，要严肃认真，绝不能调皮，更不能擅自改调。

7 国徽图案能否在私人庆典上使用？

案例回放

小姜的爷爷为人民服务了大半辈子，爱国爱党。再过几天就是姜爷爷的八十岁生日，家人们商量着为他过一个难忘的生日。于是，大家将策划布景的任务交给了足智多谋的小姜姑姑。姑姑觉得场景布置应当符合姜爷爷的身份，便在现场的桌子上摆放了国徽的图案。小姜看到摆在桌子上的国徽急忙说道："老师讲过，在私人活动上不能随意使用国徽图案，这是违法的。"请问，小姜的说法正确吗？私人庆典上能使用国徽图案吗？

学法用法

小姜的说法是正确的。爷爷过生日属于私人庆典活动，按照法律规定不得使用国徽图案作为场景布置。

国徽是代表主权国家的徽章,是国家的象征和标志,只有在代表国家意志的国家机关、国家重要文件等载体上,才能依法使用国徽。但是,生活中总有一些人会把国徽用在不恰当的场合,如印在自己的T恤上,用以布置私人会所、私人活动等。对此,我国法律作出了明确的规定,依据《国徽法》第十三条的规定,国徽及其图案不得用于商标、广告,日常用品、日常生活的陈设布置,私人庆吊活动以及其他不得使用国徽及其图案的场合。由此可知,国家对国徽的使用范围是有明确要求的,公民个人不能随意使用。

法条链接

《中华人民共和国国徽法》

第十三条 国徽及其图案不得用于:

(一)商标、授予专利权的外观设计、商业广告;

(二)日常用品、日常生活的陈设布置;

(三)私人庆吊活动;

(四)国务院办公厅规定不得使用国徽及其图案的其他场合。

温馨贴士

我国的国徽的内容为国旗、天安门、齿轮和麦稻穗,象征着中国人民自"五四"运动以来的新民主主义革命斗争和工人阶级领导的以工农联盟为基础的人民民主专政的新中国的诞生。其代表着我们伟大祖国的尊严。为了保持国徽的严肃性,国徽的使用需要符合法律要求,任何人不得随意使用国徽图案。

8 损坏国徽应承担什么法律后果？

▷ 案例回放

倩倩的爸爸与他人发生纠纷后被对方诉至人民法院。因倩倩的爸爸证据不足，被判定败诉。他不服判决，提出上诉，但上诉请求被上一级人民法院驳回。此后，倩倩的爸爸心理便十分不平衡，认为人民法院的判决不公平。某天深夜，倩倩的爸爸独自出门买醉。醉酒回家的路上，他想到自己败诉的事情，气不打一处来，便借着酒劲来到法院门口。见国徽悬挂得不高，倩倩的爸爸便踩着周围的柱子爬上墙将国徽暴力摘下，并扔在地上用脚来回踩踏。请问，倩倩的爸爸应当为他的行为承担什么法律后果？

◎ 学法用法

国徽是以图案为形式的国家标志，是一个国家精神文化的传承，也是一个国家的政体、信仰和政治思想的重要体现。毁损国徽实际上是侮辱国徽的行为，为我国法律所明确禁止。《国徽法》第十八条规定，在公共场合故意以焚烧、毁损、涂划、玷污、践踏等方式侮辱中华人民共和国国徽的，依法追究刑事责任；情节较轻的，由公安机关处以十五日以下拘留。《刑法》还规定了侮辱国徽罪，构成犯罪的，需要承担刑事责任。

在上面的案例中，倩倩的爸爸在公共场所损坏、侮辱国徽的行为违反了法律的规定。虽然他在损坏国徽时正处于夜晚，周围人也不多，没有造成太大影响，但他仍然身处公共场合，符合法律关于侮辱国徽行为的规定。因此，倩倩的爸爸应当承担相应的法律责任。

🔧 法条链接

《中华人民共和国国徽法》

第十八条　在公共场合故意以焚烧、毁损、涂划、玷污、践踏等方式侮辱中华人民共和国国徽的，依法追究刑事责任；情节较轻的，由公安机关处以十五日以下拘留。

《中华人民共和国刑法》

第二百九十九条　【侮辱国旗、国徽罪】第一款　在公共场合，故意以焚烧、毁损、涂划、玷污、践踏等方式侮辱中华人民共和国国旗、国徽的，处三年以下有期徒刑、拘役、管制或者剥夺政治权利。

💡 温馨贴士

国徽与国旗一样，都是主权国家的重要象征，不容许任何人亵渎。任何人不得实施焚烧、毁损、涂划、玷污、践踏等侮辱国徽的行为。

第二章

学习《民法典》，悦享多彩生活

第二章　学习《民法典》，悦享多彩生活

第一节　和谐家庭，有法有爱

1 孩子取名时，可以跟随父母以外的人的姓氏吗？

▷ **案例回放**

小成是一个刚刚出生不久的小婴儿，小成的爸爸姓牛，妈妈姓雷。小成的爸爸妈妈为了让孩子的名字更有辨识度，让小成既不跟随爸爸姓牛，也不跟随妈妈姓雷，而是让他随奶奶姓"欧阳"。就在一家人欢天喜地去给小成上户口时，却遇到了困难，派出所拒绝给小成上户口，理由是孩子的姓氏必须与父母一方姓氏保持一致才能进行户籍登记。请问，派出所的说法有道理吗？孩子可不可以跟随除了父母以外的其他人的姓氏？

○ **学法用法**

派出所的说法是没有道理的。孩子不仅可以跟随父姓或母姓，也可以跟随除了父母以外的其他人的姓氏，但是，选择孩子的姓氏必须符合法律规定的条件。《民法典》第一千零一十五条规定，自然人应当随父姓或者母姓，但是有下列情形之一的，可以在父姓和母姓之外选取姓氏：（1）选取其他直系长辈血亲的姓氏；（2）因由法定扶养人以外的人扶养而选取扶养人姓氏；（3）有不违背公序良俗的其他正当理由。少数民族自然人的姓氏可以遵从本民族的文化传统和风俗习惯。从法律上看，人人享有姓名权，有依法使用和变更

姓名的权利，子女既可以随父姓，也可以随母姓。也就是说，一般情况下，子女要么随父姓，要么随母姓，只有在具有上述情形之一时，才可以选取其他姓氏。

在上面的案例中，小成的奶奶属于小成的直系长辈血亲，符合法律规定的第一种情形。所以，小成是可以跟随奶奶的姓氏的，派出所应该给小成办理户口登记。

法条链接

《中华人民共和国民法典》

第一千零一十五条 自然人应当随父姓或者母姓，但是有下列情形之一的，可以在父姓和母姓之外选取姓氏：

（一）选取其他直系长辈血亲的姓氏；

（二）因由法定扶养人以外的人扶养而选取扶养人姓氏；

（三）有不违背公序良俗的其他正当理由。

少数民族自然人的姓氏可以遵从本民族的文化传统和风俗习惯。

温馨贴士

每一个公民都有选择自己姓氏的权利。但是，一般情况下，孩子出生后应该随父姓或者母姓，只有在符合法律规定的情形时，才可以选取其他姓氏。

2 父亲去世后孩子跟随母亲一起生活，爷爷奶奶有权利探望孙女吗？

▷ 案例回放

小珠6周岁时，父亲因突发疾病去世。父亲去世后，小珠一直跟随母亲一起生活，由母亲独自抚养。小珠的爷爷奶奶多次提出想来看望孙女，但小珠母亲想到以前丈夫还在世时，自己与公公婆婆之间的关系很紧张，如今丈夫已经去世，她更没有必要与公婆维持表面上的和谐，便拒绝了二老的提议。爷爷奶奶为了见到孙女，只能悄悄来到学校门口，在放学时与小珠见上一面。小珠母亲得知后，为了彻底断绝与公公婆婆的联系，甚至给小珠办理了转学。无奈之下，爷爷奶奶只能到人民法院提起诉讼，要求行使对小珠的探望权。请问，小珠的爷爷奶奶是否有权利探望孙女呢？

◯ 学法用法

根据《民法典》第一千零八十六条第一款的规定可知，探望权是指离婚后不直接抚养子女的父或者母探望子女的权利。一般来说，探望权是未成年子女的父母所享有的权利。法律并未对祖父母或者外祖父母是否享有隔代探望权作出明确规定。但探望权是基于血缘关系产生的，祖父母与孙子女之间、外祖父母与外孙子女之间存在无法割舍的血缘关系，在孩子的父或母去世后，探望权延伸到祖父母、外祖父母身上符合我国传统家庭伦理观念、社会主义核心价值观及公序良俗。此外，《民法典》第一千零四十三条第一款规定，家庭应当树立优良家风，弘扬家庭美德，重视家庭文明建设。

允许祖父母、外祖父母行使探望权更有利于优良家风的弘扬。

在上面的案例中，虽然小珠的母亲与小珠的爷爷奶奶有矛盾，但这并不代表小珠与爷爷奶奶之间没有感情。爷爷奶奶在经历丧子之痛后，对小珠的思念必然更为强烈。为了照顾两位老人的心情，让两位老人对小珠行使探望权更符合法理和情理。根据《民法典》第十条的规定，在处理民事纠纷时，如果没有具体的法律规定，可以在遵守公序良俗的情况下，按照习惯处理。因此，人民法院在受理爷爷奶奶的诉讼请求后，可以根据习惯与公序良俗原则，作出小珠母亲应当配合爷爷奶奶探望小珠的判决。

法条链接

《中华人民共和国民法典》

第十条 处理民事纠纷，应当依照法律；法律没有规定的，可以适用习惯，但是不得违背公序良俗。

第一千零四十三条第一款 家庭应当树立优良家风，弘扬家庭美德，重视家庭文明建设。

第一千零八十六条第一款 离婚后，不直接抚养子女的父或者母，有探望子女的权利，另一方有协助的义务。

温馨贴士

即使父母离婚，亲人之间的血脉亲情也是割不断的。父母不能只考虑大人之间的恩怨，也要顾及孩子的心情。直接抚养孩子的一方不配合另一方行使探望权，所侵害的不仅仅是另一方的权利，还会对孩子的心理健康造成不良影响。

3 父母死亡后，祖父母是否有抚养孙子女的义务？

▶ 案例回放

小梅今年15周岁，正在读高一。今年暑假，小梅和爸爸妈妈一起去某旅游景区游玩时遭遇了泥石流，爸爸妈妈都在这次自然灾害中不幸遇难，只有小梅一人活了下来。经历了这场意外，小梅的性格变得孤僻起来。爷爷奶奶看到小梅的状态很是心疼，就想和小梅一起生活，方便照顾小梅。小梅认为，自己已经15周岁了，有独立生活的能力，不想再麻烦别人了，想一个人生活。爷爷告诉小梅："照顾你是我们法律上的义务。"请问，祖父母是否有抚养孙子女的义务呢？

⊙ 学法用法

父母死亡后，有抚养能力的祖父母是有义务抚养孙子女的。天有不测风云，人有旦夕祸福。在父母因为各种事故去世或者丧失抚养子女的能力时，根据《民法典》第一千零七十四条第一款的规定，有负担能力的祖父母、外祖父母，对于父母已经死亡或者父母无力抚养的未成年孙子女、外孙子女，有抚养的义务。具体到上面的案例中，小梅的爸爸妈妈因为意外去世后，小梅的爷爷奶奶如果有负担能力，在法律上是有义务抚养小梅的。小梅可以将对父母的思念放在心里，打开心扉，接纳爷爷奶奶。

⚙ 法条链接

《中华人民共和国民法典》

第一千零七十四条第一款 有负担能力的祖父母、外祖父母，对于父母已经死亡或者父母无力抚养的未成年孙子女、外孙子女，有抚养的义务。

温馨贴士

我国非常重视家庭伦理道德，尊老爱幼是我国的优良传统。当未成年人失去父母、无人抚养时，作为未成年人的直系亲属，有负担能力的祖父母、外祖父母就应当承担起责任，抚养孙子女、外孙子女，为他们提供一个健康成长的环境。

4 父母死亡后，成年兄姐需要扶养未成年的弟妹吗？

案例回放

小张今年25周岁，年初的时候和自己相爱多年的女友结婚了，生活平淡且幸福。今年7月，小张的爸爸妈妈发生了交通事故，不幸离世，只留下了小张和其6周岁的弟弟。小张的弟弟是父母在小张上大学后，瞒着小张生下来的。为此，小张和父母的感情日渐疏远。父母去世后，小张想着自己和弟弟也不亲近，不如将弟弟送养给其他家庭。小张的妻子告诉小张，感情是可以培养的，小张的弟弟年龄尚小，需要有人关心爱护，而且小张也有义务扶养弟弟。请问，父母死亡后，成年的哥哥需要扶养未成年的弟弟吗？

学法用法

父母因故离世后，成年的有负担能力的哥哥是有义务扶养未成年的弟弟的。在父母死亡后，由哥哥姐姐承担起扶养弟弟妹妹的责任，这是我国法律明确规定的。兄弟姐妹之间有着血缘关系，天然就比较亲近，由哥哥姐姐扶养弟弟妹妹，弟弟妹妹更能够得到足够的关爱和照料。《民法典》第一千零七十五条第一款中以法律的形式确认了有负担能力的兄、姐，对于父母已经死亡或者父母无力抚养的未成年弟、妹，有扶养的义务。

具体到上面的案例中，小张的爸爸妈妈去世了，小张作为哥哥，已经成年且有负担能力，而小张的弟弟才6周岁，在法律上，小张是有义务扶养自己的弟弟的。

法条链接

《中华人民共和国民法典》

第一千零七十五条第一款 有负担能力的兄、姐，对于父母已经死亡或者父母无力抚养的未成年弟、妹，有扶养的义务。

温馨贴士

由哥哥姐姐扶养长大的有负担能力的弟弟妹妹，对于缺乏劳动能力又缺乏生活来源的哥哥姐姐，有扶养的义务。

5 离婚时，子女有权决定自己的抚养权归谁吗？

案例回放

小江今年10周岁，一直跟随爸爸在B市生活，而妈妈常年在C市工作。今年7月，爸爸妈妈决定离婚，但两人就小江的抚养权问题争执不下。妈妈认为，爸爸现在已经有女朋友了，迟早会再婚，而自己独自一人，更能照顾好小江。而爸爸认为，孩子一直以来都和自己一起生活，自己和孩子关系更好，孩子跟着自己合适。小江也有自己的想法，他想跟着妈妈一起生活。请问，小江能决定自己由谁抚养吗？

学法用法

父母在商量小江抚养权的归属时,应当尊重小江的真实意愿。《民法典》第一千零八十四条第三款规定,如果子女已满 8 周岁,应当尊重子女的意愿。换言之,对于 8 周岁及以上的未成年人而言,其自身的意愿是确定抚养权归属的决定性因素。

具体到上面这个案例中,小江已经 10 周岁了,小江的爸爸妈妈在协商确定小江的抚养权时,应当充分尊重小江自己的意愿。如果两人不能协商确定小江的抚养问题,在起诉离婚时,人民法院也会尊重小江的真实意愿。

法条链接

《中华人民共和国民法典》

第一千零八十四条第三款 离婚后,不满两周岁的子女,以由母亲直接抚养为原则。已满两周岁的子女,父母双方对抚养问题协议不成的,由人民法院根据双方的具体情况,按照最有利于未成年子女的原则判决。子女已满八周岁的,应当尊重其真实意愿。

温馨贴士

对于未满 2 周岁的未成年人来说,将其交由母亲抚养更有利于他的健康。但是,已满 8 周岁的未成年人,其已经具有一定的自我认知,应充分尊重其自我意愿,在了解其真实意愿的情况下决定抚养权的归属,这样可以为其提供一个更加适宜的成长环境。

6　父母没有离婚，未成年子女是否可以向父母主张抚养费？

▷ 案例回放

小宁今年14岁，正在读初中。在小学的时候，小宁就一直和爷爷奶奶生活在一起，由爷爷奶奶抚养长大。上了初中后，小宁开始住校，一个月才回家一次。由于爷爷奶奶已经上了年纪，没有劳动能力，不能给小宁生活费了，而爸爸妈妈从小宁出生起，就没管过小宁，更没有给过抚养费。走投无路的小宁只好向爸爸妈妈要钱，但爸爸妈妈让小宁自己想办法。请问，在父母没有离婚的情况下，未成年子女是否可以向父母主张抚养费？

◯ 学法用法

小宁可以向爸爸妈妈主张抚养费。父母对子女有抚养、教育和保护的义务，这是《民法典》第二十六条第一款明确规定的。这种义务表现为陪伴子女成长，保护子女，承担子女成长、教育、医疗的费用等。《民法典》第一千零六十七条第一款也明确规定了父母不履行抚养义务的，未成年子女或者不能独立生活的成年子女，有要求父母给付抚养费的权利。由此可见，未成年子女向父母主张抚养费，并不以父母离婚为前提。只要父母不履行抚养义务，就可以主张抚养费。

具体到上面的案例中，小宁父母有义务抚养小宁，支付包括生活费用、教育费用、医疗费用等在内的抚养费用，小宁父母让小宁自己想办法，是不负责任的行为，也是违法的。

法条链接

《中华人民共和国民法典》

第二十六条第一款 父母对未成年子女负有抚养、教育和保护的义务。

第一千零六十七条第一款 父母不履行抚养义务的,未成年子女或者不能独立生活的成年子女,有要求父母给付抚养费的权利。

《最高人民法院关于适用〈中华人民共和国民法典〉婚姻家庭编的解释(一)》

第四十三条 婚姻关系存续期间,父母双方或者一方拒不履行抚养子女义务,未成年子女或者不能独立生活的成年子女请求支付抚养费的,人民法院应予支持。

温馨贴士

抚养孩子,是父母的责任。即使不能陪伴孩子成长,也应当为孩子提供最基本的保障,给孩子足够的抚养费,这不仅是道德上的要求,也是法律规定的义务。如果父母怠于履行抚养的义务,未成年子女是可以向人民法院起诉要求父母给付抚养费的。

7 非婚生子女有权要求生父母给付抚养费吗?

案例回放

三年前,小张和小刘相恋,尚未结婚便生下一子,取名小宁。后来,小张发现小刘早在八年前就已经结婚了,小刘一直在欺骗自己,于是果断和小刘分手,带着孩子一起生活。今年,小张身患重病,已经时日无多,便准备将孩子小宁交给自己的爸爸妈妈抚养。

但是，小张的父母已经上了年纪，靠领养老金维持生活，也没有多余的积蓄来抚养孩子。于是，小张带着小宁找到小刘，以小宁的名义要求小刘履行抚养义务，支付小宁的抚养费。请问，非婚生子女有权要求生父母给付抚养费吗？

学法用法

非婚生子女有权要求生父母给付抚养费。在现实中，非婚生子女的地位十分尴尬，不仅可能得不到生父母的关心，甚至可能连生活都没有保障。未成年的非婚生子女和婚生子女，应当受到同样的保护，《民法典》在第一千零七十一条中明确规定了非婚生子女享有与婚生子女同等的权利，不直接抚养非婚生子女的生父或者生母，应当负担未成年子女或者不能独立生活的成年子女的抚养费。我国在立法上保护了非婚生子女的合法权益不受侵害。

具体到上面这个案例中，小张虽然没有和小刘结婚，但小宁是小刘的非婚生子女，小宁有权利要求小刘支付抚养费用。

法条链接

《中华人民共和国民法典》

第二十六条第一款 父母对未成年子女负有抚养、教育和保护的义务。

第一千零六十七条第一款 父母不履行抚养义务的，未成年子女或者不能独立生活的成年子女，有要求父母给付抚养费的权利。

第一千零七十一条 非婚生子女享有与婚生子女同等的权利，任何组织或者个人不得加以危害和歧视。

不直接抚养非婚生子女的生父或者生母，应当负担未成年子女或者不能独立生活的成年子女的抚养费。

💡 温馨贴士

在法律层面，非婚生子女与婚生子女享有同等的权利。不仅仅是未成年的子女，成年后不能独立生活的子女，也有权要求生父母支付抚养费，履行抚养的义务，这是生父母必须承担的责任。

8 遗弃未成年子女的父母能够被撤销监护权吗？

▶ 案例回放

小姜在和小陈订婚之后就怀孕了，正打算领结婚证的时候，小陈却发生车祸去世了。小姜强忍悲痛把孩子生了下来并取名小念，不幸的是，小念出生后被医院诊断为地中海贫血。小姜觉得单凭自己无法养活这个孩子，于是就把小念放在了中央公园，任由孩子自生自灭。后来，小念被人发现并最终安置在某儿童福利院。请问，小姜的行为违法吗？她的监护权能够被撤销吗？

↻ 学法用法

根据《民法典》第三十六条的规定，怠于履行监护职责导致被监护人处于危困状态，人民法院有权根据个人或组织的申请，撤销其监护人资格。根据《刑法》第二百六十一条的规定，对于年幼的人，负有扶养义务而拒绝扶养，情节恶劣的，构成遗弃罪，处五年以下有期徒刑、拘役或者管制。可见，监护人的遗弃行为不仅会导致其被撤销监护资格，还可能会触犯刑法，承担刑事责任。

在上面的案例中，虽然小姜没有抚养小念的能力，但是作为父母，可以向有关部门申请救助，而不能抛弃自己的孩子。小姜应当积极向妇联、居委会或者其他组织寻求帮助，履行育儿的责任。

法条链接

《中华人民共和国民法典》

第三十六条　监护人有下列情形之一的，人民法院根据有关个人或者组织的申请，撤销其监护人资格，安排必要的临时监护措施，并按照最有利于被监护人的原则依法指定监护人：

（一）实施严重损害被监护人身心健康的行为；

（二）怠于履行监护职责，或者无法履行监护职责且拒绝将监护职责部分或者全部委托给他人，导致被监护人处于危困状态；

（三）实施严重侵害被监护人合法权益的其他行为。

本条规定的有关个人、组织包括：其他依法具有监护资格的人，居民委员会、村民委员会、学校、医疗机构、妇女联合会、残疾人联合会、未成年人保护组织、依法设立的老年人组织、民政部门等。

前款规定的个人和民政部门以外的组织未及时向人民法院申请撤销监护人资格的，民政部门应当向人民法院申请。

《中华人民共和国刑法》

第二百六十一条　【遗弃罪】对于年老、年幼、患病或者其他没有独立生活能力的人，负有扶养义务而拒绝扶养，情节恶劣的，处五年以下有期徒刑、拘役或者管制。

温馨贴士

父亲、母亲不仅是一个称谓，还意味着一份沉甸甸的责任。我们的成长离不开父母的关爱和呵护，如果不幸被自己的至亲遗弃，要坚信，我们身后还有社会这个大家庭，要积极寻求救济。

9 紧急情况导致小孩无人照料，谁应当承担起这个责任？

▷ 案例回放

小兰今年3周岁，自去年爸爸因病去世后，小兰便与妈妈相依为命。小兰的妈妈一个人扛起家庭的重担，一边工作，一边照顾她，过得非常辛苦。前不久，妈妈把小兰送进了幼儿园。一天下班后，小兰妈妈由于赶时间去幼儿园接孩子，不幸发生了交通事故，虽然及时被送去医院抢救挽回了生命，但手术后一直处于昏迷状态。妈妈昏迷期间，小兰无人照料。请问，在这种情况下，谁应当承担起照料小兰的责任？

◯ 学法用法

每个人都不是单独的个体，或多或少都会遇到需要他人帮助的时刻。就每一个小家庭来说，也可能存在一时无法渡过的难关。在上面的案例中，小兰才3周岁，不能够照顾自己。作为小兰的监护人、日常照料小兰生活的妈妈却因为突发事故陷入昏迷，暂时无法照料小兰。在这种紧急情况下，根据《民法典》第三十四条第四款的规定，小兰的生活应当由其住所地的居委会、村委会或者民政部门来照料，为其提供必要的临时生活照料措施。

⚙ 法条链接

《中华人民共和国民法典》

第三十四条第四款 因发生突发事件等紧急情况，监护人暂时无法履行监护职责，被监护人的生活处于无人照料状态的，被监护人住所地的居民委员会、村民委员会或者民政部门应当为被监护人安排必要的临时生活照料措施。

💡 温馨贴士

有一些弱势群体不能独自生活,如年幼的儿童、身患重疾的老人。当发生紧急情况导致监护人暂时无法照顾他们时,国家也不会对他们置之不理。法律规定居委会、村委会、民政部门将承担起相应的责任,暂时照料他们的生活。就个人而言,一方有难,八方支援,我们每个人都应当向他人伸出援手。

10 离婚后的父母均怠于履行对孩子的抚养、教育职责,应该怎么办?

▶ 案例回放

婉婉今年8周岁,是一名三年级的小学生。两年前,她的父母离婚后,她便跟随母亲一起生活。去年,母亲再婚,并在不久前给她生下了一个小妹妹。自从小妹妹出生后,全家人都围着她转,婉婉自然而然就被忽略了。而正在月子期间的母亲也顾不上婉婉,无暇送她上学,便替她向学校请了两个星期的假。婉婉的父亲得知此事后,认为婉婉母亲照顾不好婉婉,主动把婉婉接到自己身边。但他工作较为繁忙,便在学校附近租了一间公寓供婉婉自己居住,并雇用了一名住家保姆,照顾婉婉的生活,而自己则在公司附近居住。在此期间,婉婉的父母都很少过问她的生活。两个月后,婉婉的父亲向人民法院提起诉讼,要求将婉婉的抚养权变更给自己。在审理过程中,婉婉表示自己更愿意与母亲一起生活。请问,在这种情况下应该怎么办？

学法用法

父母是孩子的第一任老师，应当对孩子尽到教育与管理职责，为孩子保驾护航。根据《民法典》第一千零八十四条第一款、第二款与《家庭教育促进法》第二十条的规定，父母在离婚后，无论是否直接抚养子女，都对子女负有抚养、教育、保护的权利与义务，应当相互配合履行家庭教育责任，任何一方不得拒绝或怠于履行。对于怠于履行责任的父或者母，另一方有权向人民法院提起诉讼，请求变更抚养关系，以保证未成年人受到良好的保护和教育。

当父母双方均怠于对未成年人履行教育职责时，公安机关、人民检察院、人民法院在办理案件的过程中，有权根据《家庭教育促进法》的规定，对父母或其他监护人予以训诫，并可以责令其接受家庭教育指导，确保未成年人的权益不受损害。

在上面的案例中，婉婉的父母离婚后，她虽然跟随母亲一起生活，但母亲因家事繁忙便不让婉婉去上学，损害了她受教育的权利，没能尽到身为母亲的职责。而婉婉的父亲则让年幼的婉婉脱离父母单独居住，虽然有保姆照顾婉婉的饮食起居，但这无法替代父母的陪伴。在婉婉愿意跟随母亲一起生活的情况下，人民法院应当尊重她的意愿，判决由母亲直接抚养婉婉。同时，人民法院也可以发出家庭教育令，责令婉婉的父母履行家庭教育责任。

法条链接

《中华人民共和国民法典》

第一千零八十四条 父母与子女间的关系，不因父母离婚而消除。离婚后，子女无论由父或者母直接抚养，仍是父母双方的子女。

离婚后，父母对于子女仍有抚养、教育、保护的权利和义务。

离婚后，不满两周岁的子女，以由母亲直接抚养为原则。已满两周岁的子女，父母双方对抚养问题协议不成的，由人民法院根据双方的具体情况，按照最有利于未成年子女的原则判决。子女已满八周岁的，应当尊重其真实意愿。

《中华人民共和国家庭教育促进法》

第二十条　未成年人的父母分居或者离异的，应当相互配合履行家庭教育责任，任何一方不得拒绝或者怠于履行；除法律另有规定外，不得阻碍另一方实施家庭教育。

第四十九条　公安机关、人民检察院、人民法院在办理案件过程中，发现未成年人存在严重不良行为或者实施犯罪行为，或者未成年人的父母或者其他监护人不正确实施家庭教育侵害未成年人合法权益的，根据情况对父母或者其他监护人予以训诫，并可以责令其接受家庭教育指导。

💡 温馨贴士

家庭是第一个课堂，家长是第一任老师。父母应当加强亲子陪伴，认真履行为人父母的重大责任，即使离异，也应当相互配合履行好家庭教育的责任，努力为未成年人健康成长营造良好的家庭环境。

11 非婚生子女能否继承父母的遗产?

▷ 案例回放

米某（男）与纪某（女）经媒人介绍于2021年举办了婚礼，但一直没有办理结婚登记手续。两年后，纪某生下一个孩子，取名为小石。2024年2月26日，米某在上班途中突遇车祸，经抢救无效后死亡。在分割米某的遗产时，小石的爷爷和妈妈（纪某）产生了巨大的分歧。小石的爷爷认为，小石是非婚生子女，无权继承其父亲的遗产。小石的妈妈却认为，虽然小石是非婚生子女，但是也有权继承其父亲的遗产。请问，谁说得有道理？非婚生子女能否继承父母的遗产？

◎ 学法用法

小石的妈妈说得有道理，非婚生子女也能继承其父母的遗产。《民法典》第一千零七十一条第一款规定，非婚生子女享有与婚生子女同等的权利，任何组织或者个人不得加以危害和歧视。这里所说的"同等的权利"，包括继承权。此外，该法第一千一百二十七条也规定，在法定继承中，子女是第一顺序继承人，而此处所说的子女包括婚生子女与非婚生子女。由此可知，非婚生子女和婚生子女在法律上拥有平等的继承权，非婚生子女同婚生子女一样在父母的遗产继承上都属于第一顺序继承人。

在上面的案例中，小石虽然是非婚生子女，但是，根据法律规定可知，小石仍然享有对其父亲遗产的继承权。

法条链接

《中华人民共和国民法典》

第一千零七十一条第一款 非婚生子女享有与婚生子女同等的权利,任何组织或者个人不得加以危害和歧视。

第一千一百二十七条 遗产按照下列顺序继承:

(一) 第一顺序:配偶、子女、父母;

(二) 第二顺序:兄弟姐妹、祖父母、外祖父母。

继承开始后,由第一顺序继承人继承,第二顺序继承人不继承;没有第一顺序继承人继承的,由第二顺序继承人继承。

本编所称子女,包括婚生子女、非婚生子女、养子女和有扶养关系的继子女。

……

温馨贴士

非婚生子女与婚生子女在法律地位上是平等的,他们享有同等的权利,不能加以区别对待。他们在法定继承上均属第一顺序继承人,非婚生子女同样具有遗产继承权。对于非婚生子女依法享有的权利,任何人都不得侵犯。

12 继子女是否有权继承继父母的遗产?

案例回放

小学生小爽的爸爸好吃懒做,经常赌博、酗酒,有时还打骂小爽和妈妈。小爽的妈妈忍无可忍,选择和小爽的爸爸离婚,独自抚养小爽。韩先生的妻子因病去世,孤身一人。小爽的妈妈和韩先生经人介绍认识后,通过不断接触,彼此间产生了好感,并最终结婚。结婚后,韩先生把小爽当作亲生女儿一样对待。韩先生在工厂里上班赚钱供养小爽学习、生活。可世事难料,韩先生的工厂发生爆炸事故,韩先生遇难。在分割韩先生遗产的时候,大家对继女小爽是否享有继承权产生了疑问。请问,继子女是否有权继承继父母的遗产?

学法用法

受继父或继母抚养教育的继子女可以继承继父或继母的财产。《民法典》第一千零七十二条规定,继父母与继子女间,不得虐待或歧视。继父或继母和受其抚养教育的继子女间的权利和义务,适用该法对父母子女关系的有关规定。另外,该法第一千一百二十七条规定,子女是法定第一顺序继承人,其中的子女包括有抚养关系的继子女。因此,在继父母与继子女之间存在抚养关系时,继子女是可以继承继父母的遗产的。法律规定形成抚养关系的继父母与继子女之间享有继承权,保护了继父母与继子女的合法权益。

在上面的案例中,小爽的妈妈与韩先生再婚后,韩先生对小爽尽到了抚养义务,所以,小爽与韩先生之间形成了抚养关系。因此,根据上述法律的规定,小爽可以继承韩先生的遗产。

法条链接

《中华人民共和国民法典》

第一千零七十二条 继父母与继子女间,不得虐待或者歧视。

继父或者继母和受其抚养教育的继子女间的权利义务关系,适用本法关于父母子女关系的规定。

第一千一百二十七条 遗产按照下列顺序继承:

（一）第一顺序：配偶、子女、父母；

（二）第二顺序：兄弟姐妹、祖父母、外祖父母。

继承开始后，由第一顺序继承人继承，第二顺序继承人不继承；没有第一顺序继承人继承的，由第二顺序继承人继承。

本编所称子女，包括婚生子女、非婚生子女、养子女和有扶养关系的继子女。

本编所称父母，包括生父母、养父母和有扶养关系的继父母。

本编所称兄弟姐妹，包括同父母的兄弟姐妹、同父异母或者同母异父的兄弟姐妹、养兄弟姐妹、有扶养关系的继兄弟姐妹。

温馨贴士

继子女是否有权继承继父母的遗产要看他们之间是否形成了抚养关系。如果继子女没有受继父或继母的抚养，那么继子女无权继承继父或继母的遗产；如果继子女受继父或继母的抚养，那么继子女就有权继承继父或继母的遗产。

13 外甥可以继承姨妈的遗产吗？

案例回放

小宇的姨妈张女士今年67岁，是某国有公司的一名退休职工。张女士是丁克一族，一辈子没有要孩子，其丈夫在2017年3月因病去世。此后，张女士唯一的继承人就是她的妹妹，也就是小宇的妈妈。小宇的妈妈是某纺织厂的一名职工，2023年1月，某纺织厂发生火灾，小宇的妈妈当场死亡。2023年2月，悲痛之余的张女士因为身体不适去医院检查，被诊断为癌症晚期，不久后去世。张女士生前有一套房子、一辆汽车和80万元银行存款。张女士生前没有留下遗嘱。请问，小宇作为张女士的外甥，可以继承这些遗产吗？

学法用法

小宇作为张女士的外甥可以继承姨妈的遗产。《民法典》第一千一百二十七条规定："遗产按照下列顺序继承：（一）第一顺序：配偶、子女、父母；（二）第二顺序：兄弟姐妹、祖父母、外祖父母。继承开始后，由第一顺序继承人继承，第二顺序继承人不继承；没有第一顺序继承人继承的，由第二顺序继承人继承……"第一千一百二十八条规定："被继承人的子女先于被继承人死亡的，由被继承人的子女的直系晚辈血亲代位继承。被继承人的兄弟姐妹先于被继承人死亡的，由被继承人的兄弟姐妹的子女代位继承……"换句话说，遗产应当按照一定的顺序继承，被继承人在没有子女、配偶、父母或者以上继承人放弃继承的情况下，才会由第二顺序的兄弟姐妹、祖父母、外祖父母继承遗产。同时，如果被继承人的兄弟姐妹先于被继承人死亡的，由被继承人的兄弟姐妹的子女代位继承。

在上面的案例中，张女士的丈夫已死亡，又没有孩子，只有其妹妹——小宇的妈妈这一位继承人。在妹妹先于自己死亡的情况下，妹妹的儿子小宇可以代位继承张女士的遗产。

法条链接

《中华人民共和国民法典》

第一千一百二十七条 遗产按照下列顺序继承：

（一）第一顺序：配偶、子女、父母；

（二）第二顺序：兄弟姐妹、祖父母、外祖父母。

继承开始后，由第一顺序继承人继承，第二顺序继承人不继承；没有第一顺序继承人继承的，由第二顺序继承人继承。

……

第一千一百二十八条 被继承人的子女先于被继承人死亡的，由被继承人的子女的直系晚辈血亲代位继承。

被继承人的兄弟姐妹先于被继承人死亡的，由被继承人的兄弟姐妹的子女代位继承。

代位继承人一般只能继承被代位继承人有权继承的遗产份额。

温馨贴士

在《民法典》生效之后，侄子（女）与外甥（女）可以继承叔伯姑姨舅的财产，但需要基于代位继承，且叔伯姑姨舅无第一顺序的继承人，否则，不会发生侄子（女）与外甥（女）继承叔伯姑姨舅的财产的情形。

14 未成年人所立的遗嘱有法律效力吗？

案例回放

童童一出生便被医生诊断出患有极为罕见的先天性疾病。医生表示，患有此种疾病的孩子一般很难活过20周岁。童童的父母决定，要在童童有限的时间里好好爱他。童童从小就表现出极高的音乐天赋，父母也全力支持他，不仅请来名师教他声乐，还为他争取各种表演和比赛的机会。童童天籁般的歌声也让他斩获了不少奖项，小小年纪就存下了几万元奖金。童童16周岁升上高中后，病情越来越严重，他知道自己也许快到了与这个世界告别的那天。于是，他偷偷地写下了一纸遗嘱，对他的奖金作了分配。请问，童童立的遗嘱有法律效力吗？

学法用法

《民法典》第一千一百四十三条第一款明确规定，无民事行为能力人、限制民事行为能力人设立的遗嘱是没有法律效力的。对于未成年人来说，除了年满16周岁，依靠自己的劳动赚钱养活自己的人可以算完全民事行为能力人外，其余未满18周岁的未成年人，都属于限制民事行为能力人或无民事行为能力人。对于作为限制民事行为能力人或无民事行为能力人的未成年人来说，他们在思想上还不成熟，对事物的认识能力还不够，不具备立遗嘱分配遗产所需要的民事行为能力，即使立下遗嘱，该遗嘱也是没有法律效力的。

在上面的案例中，童童16周岁，刚刚上高中，是一名限制民事行为能力人。虽然其所立遗嘱能够体现他对自己遗产进行分配的真实意愿，但该遗嘱并不能生效。当童童去世后，他的遗产将按照法定继承的方式进行分配。

法条链接

《中华人民共和国民法典》

第一千一百四十三条第一款 无民事行为能力人或者限制民事行为能力人所立的遗嘱无效。

温馨贴士

立遗嘱人必须具备完全民事行为能力，限制民事行为能力人和无民事行为能力人不具有立遗嘱的能力，所立遗嘱无法律效力。

15 违法犯罪的青少年有没有继承权？

▶ 案例回放

小成今年 17 岁，是某实验高中二年级的一名学生。从小就被父母惯坏的小成不仅学习成绩不好，还经常在学校里惹事。有一次，小成在放学回家的路上与同学小春发生了矛盾，激愤之下，小成将小春打成重伤。后来，小成因涉嫌故意伤害罪被人民法院判处刑罚。小成出狱后没多久，爸爸因突发心肌梗塞经抢救无效后不幸离世。小成与姐姐小欢因遗产继承的问题发生了争议。小欢认为弟弟小成被判过刑丧失了继承权。小成认为自己被判刑与是否丧失继承权无关，自己是父亲的儿子，当然享有继承权。请问，违法犯罪的青少年有没有继承权呢？

◯ 学法用法

违法犯罪的青少年有没有继承权，不能一概而论，要具体情况具体分析。《民法典》第一千一百二十五条规定了继承人丧失继承权的几种情况：（1）故意杀害被继承人；（2）为争夺遗产而杀害其他继承人；（3）遗弃被继承人，或者虐待被继承人情节严重；（4）伪造、篡改、隐匿或者销毁遗嘱，情节严重；（5）以欺诈、胁迫手段迫使或者妨碍被继承人设立、变更或者撤回遗嘱，情节严重。也就是说，即使在继承人存在犯罪的情况下，只要不存在上述五种情形之一的，继承权就不会丧失。

在上面的案例中，小成因为与同学小春发生矛盾，将小春打成

113

重伤，并因此被判处刑罚。但是小成的违法犯罪行为并不属于《民法典》第一千一百二十五条规定的五种情形之一，所以小成对其父亲的遗产继承权并不会因此而丧失。

法条链接

《中华人民共和国民法典》

第一千一百二十五条　继承人有下列行为之一的，丧失继承权：

（一）故意杀害被继承人；

（二）为争夺遗产而杀害其他继承人；

（三）遗弃被继承人，或者虐待被继承人情节严重；

（四）伪造、篡改、隐匿或者销毁遗嘱，情节严重；

（五）以欺诈、胁迫手段迫使或者妨碍被继承人设立、变更或者撤回遗嘱，情节严重。

继承人有前款第三项至第五项行为，确有悔改表现，被继承人表示宽恕或者事后在遗嘱中将其列为继承人的，该继承人不丧失继承权。

受遗赠人有本条第一款规定行为的，丧失受遗赠权。

温馨贴士

违法犯罪的青少年还有没有继承权，主要看其违法犯罪行为是否属于我国《民法典》第一千一百二十五条所列举的五项情形。此外，除了故意杀害被继承人和为争夺遗产而杀害其他继承人以外，如果"浪子回头"并得到宽恕，不丧失继承权。

16 遗弃过老人的，是否还能继承其遗产?

▷ 案例回放

大刚三十出头，单身，与父亲一起生活。去年，大刚的父亲突发中风，经医院抢救之后，虽然保住了性命，但是从此瘫痪在床。大刚一边工作，一边照顾瘫痪在床的父亲，每天焦头烂额，他犹豫许久，一狠心，抛下父亲，远走他乡。好在大刚的妹妹听说哥哥跑了，放弃了自己在大城市的工作，回来照顾父亲。两年后，父亲去世。大刚听说父亲去世，又回来想要继承遗产。请问，遗弃过老人的，是否还能继承其遗产?

○ 学法用法

我们在上一篇案例当中也讲到过，继承人的继承资格并不是一成不变的，根据《民法典》第一千一百二十五条的规定，继承人具有某些行为之一的，将丧失继承资格，不再享有继承遗产的权利，其中包括遗弃被继承人。如果继承人遗弃被继承人，确有悔改表现，被继承人表示宽恕或者事后在遗嘱中将其列为继承人的，该继承人不丧失继承权，仍然可以按照规定继承遗产。也就是说，如果继承人遗弃过被继承人的，将会丧失继承资格，但例外情况有两种：一是该继承人确有悔改表现且被宽恕了；二是被继承人在遗嘱中列明会分给该继承人遗产。在本案中，大刚在父亲艰难之际遗弃了父亲，且并没有满足法律所规定的例外条件，所以已经丧失了继承资格，不能再继承父亲的遗产。

法条链接

《中华人民共和国民法典》

第一千一百二十五条 继承人有下列行为之一的，丧失继承权：

……

(三) 遗弃被继承人，或者虐待被继承人情节严重；

……

继承人有前款第三项至第五项行为，确有悔改表现，被继承人表示宽恕或者事后在遗嘱中将其列为继承人的，该继承人不丧失继承权。

受遗赠人有本条第一款规定行为的，丧失受遗赠权。

温馨贴士

《民法典》对于丧失继承权的规定，充分地保护了被继承人的权益。继承人在对被继承人作出法律条文所列举的行为时，就会丧失继承权。同时，法律还对具有悔改表现的继承人设置了可以挽回继承资格的情形，引导继承人向善。

17 死者遗产资不抵债的，其年幼的孩子是否还能分到遗产？

案例回放

小澈今年8周岁，来自单亲家庭，只有爸爸和奶奶照顾他的生活。三年前，小澈的爸爸开始自主创业，因为经营不善，欠下了许多债务。上个月，小澈的爸爸在外被人追债时，因闯红灯出了交通事故，不幸身亡。小澈的爸爸生前在家里藏了一些存款。债主们听闻小澈的爸爸去世后纷纷找上门来，要求用遗产还债。然而，那些钱根本不够偿债。奶奶年纪大了，每月只有几百块钱退休金，而小澈还这么小，这个家仿佛要垮了。请问，死者遗产资不抵债的，其年幼的孩子是否还能分到遗产？

学法用法

死者的遗产首先应当用于偿还税款和债务。但是，《民法典》第一千一百五十九条以但书形式规定，在分割遗产时，应当为缺乏劳动能力又没有生活来源的继承人保留必要的份额，这是我国法律对于弱势群体的保护。在本案中，由于小澈年仅8周岁，缺乏劳动能力又没有生活来源，所以，虽然小澈父亲的遗产资不抵债，但是小澈仍然可以分到生活所需的必要遗产份额。

法条链接

《中华人民共和国民法典》

第一千一百五十九条 分割遗产，应当清偿被继承人依法应当缴纳的税款和债务；但是，应当为缺乏劳动能力又没有生活来源的继承人保留必要的遗产。

温馨贴士

出于人道主义和保护弱势群体的考虑，在遗产分割中，我国法律明确要求为缺乏劳动能力又没有生活来源的继承人保留必要的份额。因此，即使遇到类似的情况，弱势的继承人也不会因分不到任何遗产而难以生存。

18 被收养人应当符合哪些条件？

▷ 案例回放

小卓今年9周岁，是家里的第三个孩子。小卓的父母一味地相信"多子多福"的旧思想，先后生了四个孩子。可小卓的爸爸好吃懒做，整日不务正业，家里的日子过得一天比一天艰难。小卓的妈妈受不了这样的日子，坚持与小卓的爸爸离了婚，并带走了大儿子。小卓的爸爸的收入都用来打牌和买酒了，完全没有余力养剩下的三个孩子。于是，小卓的爸爸联系到同村没有孩子的申某夫妇，想将其中一个孩子送给他们抚养。申某夫妇一眼就相中了性格安静乖巧的小卓，决定收养他。请问，小卓的爸爸能将孩子送给申某夫妇收养吗？被收养人应当符合哪些条件？

◯ 学法用法

根据《民法典》第一千零九十三条的规定，下列未成年人，可以被收养：（1）丧失父母的孤儿；（2）查找不到生父母的未成年人；（3）生父母有特殊困难无力抚养的子女。由此可见，抚养未成年人的义务主要应当由生父母来承担，只有遇到生父母死亡、无法找到生父母或生父母有特殊困难无力抚养的情况，才能由他人收养未成年人。不满足这些条件的未成年人是不能被收养的。同时，《民法典》第一千一百零四条还规定，如果未成年人在8周岁以上，送养时还需要征得未成年人本人的同意。这是因为8周岁以上的未成年人已经具备了一定表达自己意愿的能力，可以对自己是否被收养发表意见。如果该未成年人不愿意被收养，应当尊重其本人的意愿。

在上面的案例中,小卓的父亲好吃懒做、游手好闲,才导致家中经济困难,没有多余的积蓄抚养三个孩子。但这并不属于可以将孩子送养的特殊困难,小卓父亲应当承担起作为父亲对孩子的抚养义务,而不能通过送养孩子的方式来减轻自己的负担。因此,小卓的父亲不能将小卓送给申某夫妇领养。

法条链接

《中华人民共和国民法典》

第一千零九十三条 下列未成年人,可以被收养:

(一)丧失父母的孤儿;

(二)查找不到生父母的未成年人;

(三)生父母有特殊困难无力抚养的子女。

第一千一百零四条 收养人收养与送养人送养,应当双方自愿。收养八周岁以上未成年人的,应当征得被收养人的同意。

温馨贴士

法律对被收养人的条件进行了严格限制。所以,在收养子女时,不但要明确收养人是否符合法律规定的条件,更要了解被收养的对象是否符合法律的规定。未成年人只有在符合法律规定的条件时,才能被收养。

19 哪些情况下可以解除收养关系?

案例回放

新新的爸爸妈妈都是残疾人,因身体原因加上经济特别困难,无力抚养新新，于是将新新送给武某夫妇收养。新新的父母和武某夫妇一起到当地民政局办理了收养手续。刚开始，武某夫妇把新新照顾得特别好，每天给他洗衣、做饭、送他上学等，新新的爸爸妈妈也很欣慰。可是好景不长，新新在学校里与同学发生了矛盾，不小心将同学的鼻梁打骨折了。同学的家长找上门来并让武某夫妇赔钱。从这之后，武某夫妇对新新的态度发生了极大的转变，动不动就打骂他，给他的身心造成了深深的伤害。新新的亲生父母知道后要求解除收养关系。请问，哪些情况下可以解除收养关系？

学法用法

收养人有虐待、遗弃等侵害未成年养子女合法权益行为的，收养关系可以解除。《民法典》第一千一百一十四条第二款规定，收养人不履行抚养义务，有虐待、遗弃等侵害未成年养子女合法权益行为的，送养人有权要求解除养父母与养子女间的收养关系。送养人、收养人不能达成解除收养关系协议的，可以向人民法院提起诉讼。

在上面的案例中，武某夫妇收养新新后，因为新新做错了事就时常打骂他，这属于虐待未成年养子女的行为。根据上述法律规定，新新的亲生父母可以与武某夫妇协商解除收养关系。如果武某夫妇不同意，新新的亲生父母可以向人民法院提起诉讼。

法条链接

《中华人民共和国民法典》

第一千一百一十四条第二款　收养人不履行抚养义务，有虐待、遗弃等侵害未成年养子女合法权益行为的，送养人有权要求解除养父母与养子女间的收养关系。送养人、收养人不能达成解除收养关系协议的,可以向人民法院提起诉讼。

💡 温馨贴士

收养人收养子女后,应当履行对养子女的照顾、教育、抚养、保护义务,不能虐待、遗弃或以其他方式侵害未成年养子女的合法权益。当未成年人被养父母虐待时,可以向当地的村委会或居委会求助,或者向学校反映,请求老师予以帮助。

20 被人收养后对生父母还有赡养义务吗?

▷ 案例回放

慧慧是一名弃婴,亲生父母因重男轻女思想将她遗弃。后来,慧慧被好心人送到当地的孤儿院。慧慧5周岁那年被陈某夫妇依法收养。陈某夫妇没有自己的亲生孩子,一直把慧慧当成亲生女儿看待。陈某夫妇虽然不富裕,但还是竭尽全力供慧慧上学。时间过得非常快,转眼间,十几年过去了,慧慧大学毕业后在某公司上班,工作稳定,收入不错。一次偶然的机会,慧慧的亲生父母找到慧慧,要求她尽赡养义务。请问,孩子被人收养,长大后对生父母还有赡养义务吗?

◯ 学法用法

孩子被人收养,长大后对生父母没有赡养义务。根据《民法典》第一千一百一十一条的规定,养子女与生父母以及其他近亲属间的权利义务关系,因收养关系的成立而消除。子女被他人收养后,虽然和生父母仍有血缘上的联系,但是,他们之间在法律上的权利义务已经完全消除了。生父母对被他人收养的子女不再有抚养、教育、保护的义务，同样，被收养的子女对生父母也没有赡养的义务。当然，法律不禁止养子女自愿对生父母尽赡养义务。

在上面的案例中，陈某夫妇通过合法途径收养慧慧后，慧慧与生父母之间的关系就已经消除，她长大后对生父母不再承担赡养义务，因此生父母无权要求慧慧来赡养自己。当然，如果慧慧自愿赡养生父母，法律并不禁止。

法条链接

《中华人民共和国民法典》

第一千一百一十一条 自收养关系成立之日起，养父母与养子女间的权利义务关系，适用本法关于父母子女关系的规定；养子女与养父母的近亲属间的权利义务关系，适用本法关于子女与父母的近亲属关系的规定。

养子女与生父母以及其他近亲属间的权利义务关系，因收养关系的成立而消除。

温馨贴士

养子女在被人合法收养后，其与生父母以及其他近亲属间的权利义务关系就消除了，养子女长大后可以根据自己的意愿来决定是否赡养亲生父母。

21 单身女性收养男童，有年龄差距的限制吗？

案例回放

柳某今年37周岁了，在被问及恋情或婚事的时候，她总是说

"工作太忙没空恋爱或结婚",是个典型的不婚主义者,但是柳某又非常喜欢小孩,一直很想领养一个孩子。某日,柳某来到孤儿院,看见一名叫小维的男孩非常可爱,于是打算收养他。但是懂法的朋友告诉她,她今年才37周岁,还是单身,不符合收养男孩子的条件。请问,朋友的说法对吗?单身女性收养男童,有年龄差距的限制吗?

学法用法

柳某朋友的说法是正确的。柳某现在是不可以收养小维的。《民法典》第一千一百零二条规定,无配偶者收养异性子女的,收养人与被收养人的年龄应当相差40周岁以上。在《民法典》出台前,我国法律仅仅规定单身男子在收养异性子女的时候,年龄差距要满足40周岁,在《民法典》出台后,法律同样要求单身女子在收养异性子女时,年龄差距要满足40周岁。也就是说,无配偶者,无论男女,收养异性子女除了一般的收养人应当具备的条件以外,还要具备年龄相差40周岁以上的条件。

在上面的案例中,柳某是单身,如果要收养男童,其与被收养的男童年龄必须相差40周岁以上。但是由于柳某才37周岁,不符合法定要求,所以不能收养小维。

法条链接

《中华人民共和国民法典》

第一千一百零二条 无配偶者收养异性子女的,收养人与被收养人的年龄应当相差四十周岁以上。

温馨贴士

法律之所以作出此规定,主要是为了保护未成年人的合法权益，同时，也有利于维护家庭伦理关系的稳定。我们在遇到单身男女想要收养孩子的情形时，一定要多加留意其是否符合法定的年龄差。

第二节　文明守纪，依法维权

1 什么是公序良俗？为什么要尊重公序良俗？

▶ **案例回放**

小徐是某政法大学的一名大二学生。今年放暑假的时候，小徐听说邻居家李阿姨准备离婚，很是诧异，李阿姨和其老公是远近闻名的恩爱夫妻，感情一直很好，怎么会走到这一步？仔细了解之后，小徐才知道，原来李阿姨所在的小区有消息说要拆迁，李阿姨为多分得一点儿拆迁费，想和老公先离婚，待分得拆迁款后再复婚。小徐给李阿姨看了"为占用拆迁款，一家11口人半月内结婚、离婚23次，被采取刑事强制措施"的新闻，告诉李阿姨，通过离婚之后复婚的方式占用拆迁款违背公序良俗。请问，什么是公序良俗？为什么要尊重公序良俗？

↻ **学法用法**

公序良俗是社会公共秩序和善良风俗的简称。公序，即社会公共秩序，主要指社会、国家的存在和发展所需的一般秩序，包括政治、经济、文化秩序等。良俗是指善良风俗，也就是一般的社会道德观念，包括商业道德、社会公德等。《民法典》在第八条中明确规定了守法与公序良俗原则，希望通过维护社会公共秩序和善良风俗，用法治的力量弘扬社会主义核心价值观，引导人们向善。

具体到本案，李阿姨希望通过离婚、结婚的方式占用拆迁款，如果成真，这种行为属于违背公序良俗。因此，李阿姨需要慎重考虑，可以因为夫妻感情破裂而选择离婚，但不可以因为其他外在条件而"假离婚"。

法条链接

《中华人民共和国民法典》

第八条　民事主体从事民事活动，不得违反法律，不得违背公序良俗。

温馨贴士

公序良俗原则是社会主义核心价值观在《民法典》中的重要体现，没有了公序良俗，经济社会就很难正常运转。因此，我们青少年更应该以身作则，遵守社会秩序，践行善良风俗，将公序良俗作为自己从事民事活动的重要准则之一，以自己的行动弘扬社会主义核心价值观。

2　要"诚信"也是法律规定吗？

案例回放

小王是一名初中生，也是班里的卫生委员。为了丰富班容班貌，学校给每个班级都发了几盆花。小王身为卫生委员，自然担负起了照顾花的重任。在悉心照料花朵的过程中，小王爱上了种植。

她在网上购买了几株尚未开花的植物，打算种在家里。收到植物后，小王抱着对开花的期待，十分用心地照顾了好多天。但当植物最终开花后，小王却失望地发现，她收到的与当初自己在网上购买页面上看到的并不是同一个品种的植物。小王想找商家理论，却发现商家早已关店。她对商家这种不诚信的行为十分气愤。请问，要"诚信"也是法律规定吗？

学法用法

《民法典》明文规定了诚信原则。作为青少年，我们应当认识到，在社会交往中，诚信是为人处世的第一要义。诚信作为公民个人层面的价值取向，也被纳入社会主义核心价值观。诚实是中华优秀传统美德，是公民应当遵守的基本道德准则。

在当今的市场经济活动中，个人的信用很可能直接影响其他市场交易主体所从事的经济活动。因此，诚信原则成为我们从事民事活动应当遵守的基本原则之一。对此，《民法典》第七条也以法律的形式进行了确认：民事主体从事民事活动，应当遵循诚信原则，秉持诚实，恪守承诺。换言之，在民事活动中，秉持诚实，恪守承诺，不仅仅是道德准则，也是法律明确规定的原则。

在上面的案例中，该商家应当按照商品描述，向消费者发出与描述相符合的商品。该商家"挂羊头卖狗肉"的行为违背了诚信原则的要求。在商家已经关店的情况下，小王可以向购物平台反映情况进行维权。

法条链接

《中华人民共和国民法典》

第七条 民事主体从事民事活动，应当遵循诚信原则，秉持诚实，恪守承诺。

温馨贴士

诚信是公民基本的道德规范，是个人精神层面的价值准则，同时，也是法律明文规定的我们在从事民事活动时应当遵守的原则。作为新时代的青少年，我们应当以诚实守信为荣，将诚信内化于心，外化于行，做诚实守信之人。

3 未成年人大额打赏主播，家长可以追回款项吗？

案例回放

阿炳今年14周岁，是一名初中生。暑假在家的时候，阿炳迷上了一款手机游戏，为了提高自己的技术，他时常看一些游戏主播的直播。渐渐地，阿炳对主播阿刚心生崇拜，觉得他的技术简直太厉害了，秒杀自己所有的队友。出于对阿刚的崇拜，阿炳对其进行打赏。直播平台的打赏区会根据打赏数额的多少对打赏者进行排名，为了排到前列，让阿刚关注到自己，阿炳打赏给阿刚1.6万元礼物。请问，阿炳的父母可以追回这笔钱吗？

学法用法

对于未成年人来说，由于其心智尚未发育成熟，因此对很多事还不具有完全的辨认和判断能力。《民法典》第十九条规定，八周岁以上的未成年人是限制民事行为能力人。也就是说，八周岁以上的未成年人只具备一部分的民事行为能力，只能独立完成一些纯获利益的民事法律行为，如接受他人赠与、继承遗产等，以及和他们的年龄、智力、精神健康状况相适应的民事法律行为，如到超市进行小额消费，将自己价值不高的文具、玩具赠送给他人等。对于除此以外的民事法律行为，则需要由其父母等法定代理人代理实施或者进行同意、追认。根据《民法典》第一百四十五条第一款的规定，如果八周岁以上的未成年人擅自实施了超出其能力范围的民事法律行为，该行为则需要经过法定代理人的同意才能生效。

在上面的案例中，阿炳是一名限制民事行为能力人。阿炳擅自向游戏主播打赏1.6万元，这一数额远远超出了他作为未成年人的消费能力。如果没有阿炳父母事后的同意或追认，阿炳的这一打赏行为就是无效的。同时，《国家广播电视总局关于加强网络秀场直播和电商直播管理的通知》指出，网络直播平台应当对打赏功能进行实名制管理，禁止未成年用户打赏。该直播平台并未尽到合理的监管义务，应当承担退还阿炳打赏费用的责任。

法条链接

《中华人民共和国民法典》

第十九条 八周岁以上的未成年人为限制民事行为能力人，实施民事法律行为由其法定代理人代理或者经其法定代理人同意、追认；但是，可以独立实施纯获利益的民事法律行为或者与其年龄、智力相适应的民事法律行为。

第一百四十五条 限制民事行为能力人实施的纯获利益的民事法律行为或者与其年龄、智力、精神健康状况相适应的民事法律行为有效；实施的其他民事法律行为经法定代理人同意或者追认后有效。

相对人可以催告法定代理人自收到通知之日起三十日内予以追认。法定代理人未作表示的，视为拒绝追认。民事法律行为被追认前，善意相对人有撤销的权利。撤销应当以通知的方式作出。

《国家广播电视总局关于加强网络秀场直播和电商直播管理的通知》

六、网络秀场直播平台要对网络主播和"打赏"用户实行实名制管理。未实名制注册的用户不能打赏，未成年用户不能打赏。要通过实名验证、人脸识别、人工审核等措施，确保实名制要求落到实处，封禁未成年用户的打赏功能……

温馨贴士

"一粥一饭当思来之不易，半丝半缕恒念物力维艰。"这句话不仅告诉我们要懂得珍惜劳动成果，还告诉我们要慎重对待每一笔财富。我们青少年应当珍惜父母提供的物质基础，丰富自己的精神生活，好好学习，提升自己的修养和品格。

4 店家应在多长期限内催告未成年人父母追认未成年人的购买行为？

案例回放

小黄今年12周岁。和朋友逛街时，小黄发现商城开了一家卖颈部按摩仪的新店。该颈部按摩仪正在促销中，活动价为1299元，导购员推销得绘声绘色，周围围了不少人。小黄想起前段时间爸爸的颈椎又不舒服了，于是决定给爸爸买一台按摩仪。小黄和导购员沟通后，导购员表示小黄年纪太小，如果要买颈部按摩仪这样的商品，需要经过爸爸妈妈的同意才可以。请问，如果店家催告小黄的爸爸妈妈确认小黄的购买行为，该确认期限为多久？

学法用法

虽然每个人都有权支配自己的财产，但是这一权利应当和自己的民事行为能力相适应。小黄今年12周岁，属于限制民事行为能力人，其所作出的一些交易决定可能会受到年龄的限制而显得不够成熟、理智。为了保护限制民事行为能力人的权利，《民法典》第一百四十五条规定，限制民事行为能力人在实施与自身年龄、智力、精神健康状况等不相匹配的民事行为时，需要其法定代理人同意或追认。小黄才12周岁，并不能对1299元的颈部按摩仪的价值和质量产生明确的认识。只有在其父母对小黄的购买行为表示同意或者追认后，小黄的购买行为才能有效。根据《民法典》第一百四十五条第二款的规定，这一表示同意的期限是三十日，如果期限届满小黄父母仍未明确回复，视为拒绝追认，则小黄的交易行为不成立。

法条链接

《中华人民共和国民法典》

第十九条 八周岁以上的未成年人为限制民事行为能力人，实施民事法律行为由其法定代理人代理或者经其法定代理人同意、追认；但是，可以独立实施纯获利益的民事法律行为或者与其年龄、智力相适应的民事法律行为。

第一百四十五条 限制民事行为能力人实施的纯获利益的民事

法律行为或者与其年龄、智力、精神健康状况相适应的民事法律行为有效；实施的其他民事法律行为经法定代理人同意或者追认后有效。

相对人可以催告法定代理人自收到通知之日起三十日内予以追认。法定代理人未作表示的，视为拒绝追认。民事法律行为被追认前，善意相对人有撤销的权利。撤销应当以通知的方式作出。

💡温馨贴士

由于年龄、智力等自身条件所限，法律划分了无民事行为能力人、限制民事行为能力人、完全民事行为能力人三种范围。具有不同民事行为能力的人应相应地实施和自己行为能力相适应的民事行为，常见的购买行为就是其中一种，需要行为人购买某物的行为与自己的心智相匹配。

5 乘坐高铁时不按照座位号乘坐，是否违法？

▷ 案例回放

李奶奶去青岛旅游，让儿子在手机上购买了高铁票（二等座）。当日，李奶奶按照高铁票的时间和班次到火车站乘车。上车后，她发现旁边车厢是一等座车厢，座位更加宽敞，坐上去更加舒服，而且还有空位置。李奶奶心想，有便宜不占白不占，于是坐到了一等座车厢的空位置上。乘务员查票时发现李奶奶购买的是二等座，而她所坐的座位却是一等座，就礼貌地请她回到自己的位置。但李奶奶认为，反正这个位置现在也没人坐，自己坐了也没什么。请问，李奶奶没有按照购买的座位号乘坐，是否违法？

学法用法

李奶奶的想法是不对的,她的行为已经违反了法律的规定,她应当按照购买车票的座位号乘坐。

火车、高铁、飞机等方便了我们的出行,为人们的生活提供了不少便利。但是,我们在享受这些便利的时候,也需要注意遵守相应的规则,做文明的公民。根据《民法典》第八百一十五条第一款的规定,作为乘客,我们应当按照购买车票的座位号乘坐,如果越级乘坐,就需要补交票款。具体到上面的案例中,李奶奶为求舒适,没有在自己购买的座位上坐着,而是坐到一等座上,已经违反了法律的规定。在这种情况下,李奶奶应当听从劝说,回到自己的座位上,否则,李奶奶需要补交一等座和二等座之间的差价。

法条链接

《中华人民共和国民法典》

第八百一十五条第一款 旅客应当按照有效客票记载的时间、班次和座位号乘坐。旅客无票乘坐、超程乘坐、越级乘坐或者持不符合减价条件的优惠客票乘坐的,应当补交票款,承运人可以按照规定加收票款;旅客不支付票款的,承运人可以拒绝运输。

温馨贴士

我们青少年在购买汽车、火车、轮船、飞机票时可以注意自己是否符合相应的优惠条件。同时,不管是乘坐高铁动车,还是乘坐飞机、轮船,我们都应当遵守相应的规则,按照自己的实际需求购买客票,并且按照客票记载的时间、班次和座位号乘坐。

6 地下埋藏的文物，谁挖到就是谁的吗?

▶ 案例回放

小豪家的宅基地被泥石流冲毁了，村委会给他家新批了一块地用于建房。小豪的爸爸找来施工队，开始给房屋挖地基，正在放假的小豪也来帮忙挖土、搬运。意外的是，小豪在挖土的过程中，发现了一个瓶子，这瓶子全身裹着泥土，特别破旧。机灵的小豪觉得这可能是个好东西，于是偷偷收了起来。晚上，小豪把瓶子擦洗干净后，拿出来交给爸爸妈妈。爸爸虽然是地地道道的农民，但是非常喜欢历史，对文物收藏类的节目颇感兴趣。爸爸仔细打量着瓶子，越看越觉得像花瓶，于是上网一查，发现其可能为明代花瓶。爸爸特别开心，心想，这回可发财了，这花瓶是自己家的了。请问，小豪爸爸的想法对吗？花瓶应该归他家吗？

◎ 学法用法

小豪爸爸的想法是不对的。根据《民法典》第三百一十四条和第三百一十九条的规定，发现埋藏物的，应当及时通知权利人领取，或者送交公安等有关部门。同时，《文物保护法》第四十六条规定，地下埋藏的文物应属于国家所有，在进行建设工程或者在农业生产中，任何单位或者个人发现文物，应当保护现场，立即报告当地文物行政部门。因此，如果发现地下埋藏的文物，我们应该主动上交国家，而不能以自己捡的、自己发现的为由拒不交还。

在上面的案例中，小豪爸爸应该将挖到花瓶一事及时上报当地文物行政部门，如果确定是文物，应收归国有。

🏛 法条链接

《中华人民共和国民法典》

第三百一十四条　拾得遗失物，应当返还权利人。拾得人应当及时通知权利人领取，或者送交公安等有关部门。

第三百一十九条　拾得漂流物、发现埋藏物或者隐藏物的，参照适用拾得遗失物的有关规定。法律另有规定的，依照其规定。

《中华人民共和国文物保护法》

第五条第一款　中华人民共和国境内地下、内水和领海中遗存的一切文物，以及中国管辖的其他海域内遗存的起源于中国的和起源国不明的文物，属于国家所有。

第四十六条　在建设工程、农业生产等活动中，任何单位或者个人发现文物或者疑似文物的，应当保护现场，立即报告当地文物行政部门；文物行政部门应当在接到报告后二十四小时内赶赴现场，并在七日内提出处理意见。文物行政部门应当采取措施保护现场，必要时可以通知公安机关或者海上执法机关协助；发现重要文物的，应当立即上报国务院文物行政部门，国务院文物行政部门应当在接到报告后十五日内提出处理意见。

依照前款规定发现的文物属于国家所有，任何单位或者个人不得哄抢、私分、藏匿。

💡 温馨贴士

君子爱财，取之有道。我们青少年应当从小树立正确的金钱观和价值观，不属于我们的东西我们不能要。发现的文物属于国家所有，我们在发现文物的时候要及时上交给国家。保护文物就是保护历史、保护文明。

7 捡到东西交公是守法的表现吗？

▷ 案例回放

一天，小学生欢欢在放学回家的路上捡到了一个钱包，打开一看，有几张卡还有好多现金。欢欢记得妈妈和她说过，捡到别人的东西要交公，不能自己偷偷藏起来。但是欢欢看到钱包里有那么多现金，拿出来一数，足足有3000元。欢欢心想，如果把这些钱给妈妈，妈妈就可以歇一歇，不用每天晚上去饭店做小时工了。于是，欢欢将钱包带回家，并把事情的原委告诉了妈妈。妈妈听闻孩子心疼自己，心里很暖，但她告诉欢欢，捡到财物不归还终究是不对的，于是带着欢欢一起去了派出所，将钱包交给警察。警察叔叔夸赞欢欢捡到东西交公，是个守法的好公民。请问，捡到东西交公是守法的表现吗？

◯ 学法用法

捡到东西交公是一种守法行为。捡到东西要交还给丢东西的人，拾金不昧既是中华优秀传统美德之一，也是我国法律对公民的一项要求。根据《民法典》第三百一十二条、第三百一十四条的规定，失主有权追回遗失物。拾得遗失物，应当返还权利人。拾得人应当及时通知权利人领取，或者送交公安等有关部门。

即使是丢失的东西，也是有主人的，它属于失主，只是暂时脱离了失主的控制范围，别人是没有权利将其占为己有的。拾得东西的人，应当及时寻找失主，如果找不到失主就要交给学校、警察或其他机关，这样，丢失东西的人就可以通过有关人员领回自己丢失的东西。

在上面的案例中，欢欢捡到钱包后，在妈妈的教导下，将钱包交给警察叔叔，是遵纪守法的表现。

法条链接

《中华人民共和国民法典》

第三百一十二条 所有权人或者其他权利人有权追回遗失物。该遗失物通过转让被他人占有的，权利人有权向无处分权人请求损害赔偿，或者自知道或者应当知道受让人之日起二年内向受让人请求返还原物；但是，受让人通过拍卖或者向具有经营资格的经营者购得该遗失物的，权利人请求返还原物时应当支付受让人所付的费用。权利人向受让人支付所付费用后，有权向无处分权人追偿。

第三百一十四条 拾得遗失物，应当返还权利人。拾得人应当及时通知权利人领取，或者送交公安等有关部门。

温馨贴士

拾金不昧是中华民族的传统美德，也是法律规定遗失物拾得人的义务。捡拾他人丢失的东西后拒不归还的，属于侵占行为，严重的会涉嫌违法犯罪。

8 未经同意擅自查看孩子聊天记录，是否侵犯了未成年人的权利？

▷ 案例回放

小娅小的时候是一名留守儿童，父母长年在外打工，她与父母的感情并不亲近。上初中后，父母将她接到身边上学。原本性格就比较内向的小娅平时不爱和父母交流，有什么事情都憋在心里不说。最近，小娅的妈妈发现她的精神状态不太对劲，经常表现出一副紧张、害怕的样子，还对上学产生了抵触情绪。小娅妈妈试图向小娅了解情况，但小娅始终闭口不言。小娅妈妈担心她在学校遇到了霸凌，便偷偷查看了小娅手机上的微信聊天记录，这才知道小娅最近的异常是因为与好朋友吵架了。请问，小娅妈妈擅自查看小娅手机聊天记录的行为是否侵犯了小娅的权利？

◎ 学法用法

《民法典》第一千零三十二条规定："自然人享有隐私权。任何组织或者个人不得以刺探、侵扰、泄露、公开等方式侵害他人的隐私权。隐私是自然人的私人生活安宁和不愿为他人知晓的私密空间、私密活动、私密信息。"未成年人的隐私权也受到法律保护，在未经允许的情况下，任何人私自查看未成年人的通讯内容都是侵犯未成年人隐私权的。《未成年人保护法》第六十三条对此也作了相应规定，同时，考虑到未成年人尚不具备完全的民事行为能力，在下列特殊情况下有所例外：（1）无民事行为能力未成年人的父母或者其他监护人代未成年人开拆、查阅；（2）因国家安全或者追查

137

刑事犯罪依法进行检查；（3）紧急情况下为了保护未成年人本人的人身安全。

在上面的案例中，小娅是一名初中生，不是无民事行为能力人，而是限制民事行为能力人，一般情况下，她的父母不能擅自开拆、查阅她的通讯内容。虽然小娅的妈妈是因为担心小娅在学校遇到霸凌才查看小娅的微信聊天记录的，但她还可以采取与学校老师进行沟通，询问小娅在学校的情况等方式，了解小娅情绪异常的原因。因此，这并不属于可以查看未成年人通讯内容的紧急情况，小娅妈妈的行为侵犯了小娅的隐私权，应当向小娅道歉。

法条链接

《中华人民共和国民法典》

第一千零三十二条 自然人享有隐私权。任何组织或者个人不得以刺探、侵扰、泄露、公开等方式侵害他人的隐私权。

隐私是自然人的私人生活安宁和不愿为他人知晓的私密空间、私密活动、私密信息。

第一千零三十三条 除法律另有规定或者权利人明确同意外，任何组织或者个人不得实施下列行为：

（一）以电话、短信、即时通讯工具、电子邮件、传单等方式侵扰他人的私人生活安宁；

（二）进入、拍摄、窥视他人的住宅、宾馆房间等私密空间；

（三）拍摄、窥视、窃听、公开他人的私密活动；

（四）拍摄、窥视他人身体的私密部位；

（五）处理他人的私密信息；

（六）以其他方式侵害他人的隐私权。

《中华人民共和国未成年人保护法》

第六十三条 任何组织或者个人不得隐匿、毁弃、非法删除未成年人的信件、日记、电子邮件或者其他网络通讯内容。

除下列情形外,任何组织或者个人不得开拆、查阅未成年人的信件、日记、电子邮件或者其他网络通讯内容:

(一)无民事行为能力未成年人的父母或者其他监护人代未成年人开拆、查阅;

(二)因国家安全或者追查刑事犯罪依法进行检查;

(三)紧急情况下为了保护未成年人本人的人身安全。

温馨贴士

我国公民的隐私权任何人不得侵犯。我们不应当随意截留他人的信件、私自查看他人的手机等,这些都是侵犯他人隐私权的行为。我们应当尊重他人的通讯自由权和通讯秘密权。

9 未征得他人同意披露其家庭隐私,是否构成侵权?

案例回放

小绿是某中学"小小新闻播报员"的一名成员,在学校和小宫、小红关系非常好。最近,小宫的爸爸因为意外事故,左腿进行了截肢,高额的医疗费用和迷茫的未来让小宫的家庭愁云密布。小绿听说这件事后,感到十分心疼,便擅自将小宫的情况发布在学校论坛的新闻栏上,建议大家捐款。小红得知后,就和小绿说:"虽然你是好心,但你不经过小宫的同意,随意公开他家的情况和信息,已经侵犯到了小宫的隐私权。"小绿听后不以为然,认为自己都是为了帮小宫，小宫为了自己的家庭不必在乎自己的隐私。请问，小绿的说法对吗？

学法用法

根据《民法典》第一千零三十二条的规定，我们每个人都享有隐私权。凡是不愿意为他人所知晓的私密空间、私密活动、私密信息以及私人生活安宁，如家庭情况、信件内容、日常行动轨迹等，都属于隐私的范围，任何组织和个人都不得侵害他人的隐私权。如果侵害他人的隐私权给他人造成损害的，受害人有权依据《民法典》第九百九十五条规定，要求侵权人承担停止侵害、排除妨碍、消除危险、消除影响、恢复名誉、赔礼道歉等民事责任。

在上面的案例中，小宫的家庭情况属于他的个人隐私，他人不得刺探、侵扰、泄露、公开。即使小绿是出于帮助小宫的好意，也不能在未经小宫同意的情况下，擅自将小宫的家庭情况公之于众。小绿的行为侵害了小宫的隐私权，应当及时停止，并向小宫道歉。

法条链接

《中华人民共和国民法典》

第九百九十五条 人格权受到侵害的，受害人有权依照本法和其他法律的规定请求行为人承担民事责任。受害人的停止侵害、排除妨碍、消除危险、消除影响、恢复名誉、赔礼道歉请求权，不适用诉讼时效的规定。

第一千零三十二条 自然人享有隐私权。任何组织或者个人不得以刺探、侵扰、泄露、公开等方式侵害他人的隐私权。

第二章 学习《民法典》，悦享多彩生活

隐私是自然人的私人生活安宁和不愿为他人知晓的私密空间、私密活动、私密信息。

💡 温馨贴士

隐私权是人格权的一种，尊重和保护他人的隐私权就是尊重和保护他人的人格尊严。除了要注意不侵害他人的隐私权外，我们还要注意保护好自己的隐私，不要轻易向他人泄露自己的隐私信息，避免自身的权利受到侵害。

10 冒用他人笔名侵犯人格权吗？

▷ 案例回放

小智一直以"阿知"为笔名在网络上发表原创小说，多年占据知名小说网站榜单前十，具有非常高的知名度，粉丝数量极大。A书店是一家贩卖盗版书的书店，依附于众多二手货交易网站，生意做得很大。近来，A书店准备转型做正版书生意，在网上看到"阿知"的热度之后，决定蹭一下热度。于是，A书店将书店名改为"作家阿知的书店"，在销售正版书的同时，也销售一些之前剩余的盗版书。某日，网友小张逛网站时发现了这家书店，便在微博上说"阿知"身为知名作家居然做盗版生意。舆论很快在网上发酵，"阿知"被众多网友骂得狗血喷头。请问，A书店冒用"阿知"的名字是否侵犯了小智的权利？

◯ 学法用法

当今社会是信息社会，有时，笔名、网名等线上名称甚至可能比真名的知名度更高。根据《民法典》第一千零一十七条的规定，

141

如果他人使用足以造成公众混淆的、具有一定知名度的笔名，应参照适用姓名权保护的有关规定。而法律同时规定，自然人有权决定自己的姓名，任何人不得侵害他人的姓名权。这也就意味着，具有影响力的笔名、网名，对于所有者来说具有人身利益，法律会对这部分名称予以保护，任何人同样不得侵犯。

在上面的案例中，A书店擅自使用"阿知"这一笔名，并对其造成了不良的影响，已经侵犯到了小智的人格权利，小智可以参照姓名权的保护规定，拿起法律武器维护自己的权益。

法条链接

《中华人民共和国民法典》

第一千零一十二条　自然人享有姓名权，有权依法决定、使用、变更或者许可他人使用自己的姓名，但是不得违背公序良俗。

第一千零一十四条　任何组织或者个人不得以干涉、盗用、假冒等方式侵害他人的姓名权或者名称权。

第一千零一十七条　具有一定社会知名度，被他人使用足以造成公众混淆的笔名、艺名、网名、译名、字号、姓名和名称的简称等，参照适用姓名权和名称权保护的有关规定。

温馨贴士

笔名、网名、艺名等虽然并非真名，但对于所有者来说，这些名称仍然是其身份的象征，与其有着不可分割的人身联系。因此，不能因为这些名称并非真名就随意使用、污化，否则，将承担相应的民事责任。

第二章　学习《民法典》，悦享多彩生活

11 大学生能否捐献自己的器官？

▷ 案例回放

小毅今年20周岁，是一名大学生。小毅非常有爱心，一有空闲，就会去社区参加看望孤寡老人、照顾自闭症少年等志愿者活动。有一次，学校的医学院举办了一次关于器官捐献的讲座。讲座中，教授为大家讲解了器官捐献的相关知识，并分享了一些病人因器官捐赠重获新生的事例。小毅听后大为感动，决定立下书面遗嘱，在死后捐献自己的器官，为社会作贡献。然而，小毅的父母却不同意。请问，小毅能否捐献自己的器官？

◯ 学法用法

器官捐献能够挽救许多人的生命，使逝者的生命在生者身上延续。器官捐献行为不但会得到道德上的鼓励与肯定，也有法律上的依据和支持，根据《民法典》第一千零六条第一款和第二款的规定，完全民事行为能力人能够自主地以书面形式作出无偿捐献其人体细胞、人体组织、人体器官、遗体的决定，任何组织和个人都不得强迫、欺骗、利诱其捐献。在上面的案例中，小毅已经年满18周岁，作为完全民事行为能力人，可以自己决定是否捐献器官。而且，其所采纳的订立书面遗嘱的形式也是合法有效的，小毅的父母并不能随意反对。

◎ 法条链接

《中华人民共和国民法典》

第十八条 成年人为完全民事行为能力人，可以独立实施民事法律行为。

十六周岁以上的未成年人,以自己的劳动收入为主要生活来源的,视为完全民事行为能力人。

第一千零六条第一款、第二款 完全民事行为能力人有权依法自主决定无偿捐献其人体细胞、人体组织、人体器官、遗体。任何组织或者个人不得强迫、欺骗、利诱其捐献。

完全民事行为能力人依据前款规定同意捐献的,应当采用书面形式,也可以订立遗嘱。

温馨贴士

器官捐献的意义重大,不仅可以促进医学事业的发展,还能拯救许多人的生命。只要是完全民事行为能力人,就可以自主作出捐献决定。值得注意的是,器官捐献应当由本人自愿作出,不能强迫、欺骗、利诱他人捐献器官。

12 发表丑化他人形象的视频,是否构成肖像权侵权?

案例回放

小王是一名大学生,同时也是网上的一名搞笑博主。有一次,上游泳课时,小王看到身材比较肥胖的同学小方在水里笨拙地游泳,小王觉得非常好笑,于是将小方游泳的画面录成视频,并通过修图技术,将小方的身子修成一只猪,头部却还是小方的样貌。由于小王把视频做得非常有喜感,这个视频在网上的热度逐渐增加。后来,有个网友留言指出,博主这样的行为有点侮辱人,可能涉嫌侵犯小方的肖像权。请问,该网友的说法是否正确?小王的行为是否侵犯了小方的肖像权？

学法用法

肖像权是我们每个人所固有的人身权利，是人格权的重要组成部分，任何人都不得随意侵犯，法律对此也作出了明文规定。根据《民法典》第一千零一十九条第一款的规定，任何组织或者个人不得以丑化、污损，或者利用信息技术手段伪造等方式侵害他人的肖像权。在上面的案例中，小王利用修图技术丑化小方的形象，并且在网上公开发表，已经侵害到了小方的肖像权。小王应当及时删除相关视频并向小方道歉。

法条链接

《中华人民共和国民法典》

第一千零一十九条第一款 任何组织或者个人不得以丑化、污损，或者利用信息技术手段伪造等方式侵害他人的肖像权。未经肖像权人同意，不得制作、使用、公开肖像权人的肖像，但是法律另有规定的除外。

温馨贴士

网络时代让信息传播变得容易起来，但并非任何信息都可以随意传播。在网络上，我们也应当注意自己的言行。也许有时自认为发到网络平台上的信息只是因为好笑，但这对于当事人来说可能已经涉及侵权。

13 AI换脸是否侵犯他人肖像权？

案例回放

一天，小夏刷到一个很火的小视频，便突发奇想，用这个视频来尝试一下新学的 AI 换脸技术。于是，小夏成功将视频中女生的脸换成同学小范的脸，之后就发到了网上。小范发现这个视频后很生气，冲小夏喊道："你为什么没有经过我的同意，就私自把我的脸换到别人的脸上？你这样做侵犯了我的肖像权。"小夏说："我只是觉得新奇好玩，这也没什么，你别小题大做了。"请问，小夏的说法正确吗？AI 换脸是否侵犯他人肖像权？

学法用法

小夏的说法是不正确的，他的行为已经侵犯了小范的肖像权。如今，AI 换脸技术被广泛应用于游戏角色替换、试妆试衣等场景，不少换脸软件操作简单，给人们带来了全新的娱乐体验。但是，当我们利用 AI 换脸技术娱乐放松时，要注意这有可能会侵犯到他人的肖像权。《民法典》第一千零一十九条明确规定："……未经肖像权人同意，不得制作、使用、公开肖像权人的肖像，但是法律另有规定的除外。"也就是说，如果未征得肖像权人的同意，也没有法定的正当理由，擅自制作、使用、公开他人肖像的，就侵犯了他人的肖像权。

在上面的案例中，小夏在未征得小范的同意且没有法定理由的情况下，擅自利用 AI 技术将视频中的人物的脸更换成小范的脸，其行为已经侵犯小范的肖像权，他应该立即删除在网上发布的视频,同时还应向小范赔礼道歉。

法条链接

《中华人民共和国民法典》

第一千零一十九条 任何组织或者个人不得以丑化、污损,或者利用信息技术手段伪造等方式侵害他人的肖像权。未经肖像权人同意,不得制作、使用、公开肖像权人的肖像,但是法律另有规定的除外。

未经肖像权人同意,肖像作品权利人不得以发表、复制、发行、出租、展览等方式使用或者公开肖像权人的肖像。

温馨贴士

现代社会,人们越来越重视肖像权的保护,法律也对肖像权的合理使用作出了规定。作为青少年,我们需要学习并谨记法律的规定,不能因为好玩、新奇就随意丑化、污损或者利用信息技术手段侵犯他人的肖像权,更不能在没有经过肖像权人的同意下,就擅自利用 AI 技术进行换脸。

14 使用他人已经公开的肖像进行绘画创作,是侵权行为吗?

案例回放

小月是某高中二年级的一名美术特长生。她有一门课程叫《肖像艺术》,这门课的主要内容之一是了解人物肖像画"以形写神"的重要特征,并要积极实践,通过"多画"去学习欣赏肖像艺术作品。小月学习特别勤奋,为了学习画画,她经常在课余时间使用一些明星和艺术家已经公开的肖像进行创作。请问,小月这样做算侵犯他人的肖像权吗?

学法用法

小月的行为并不属于侵犯他人肖像权的行为。一般情况下,使用他人的肖像需要经过肖像所有权人同意。但是,如果是在特定条件下的合理使用,则无须经过肖像权人同意。《民法典》第一千零二十条规定,为个人学习、艺术欣赏、课堂教学或者科学研究,在必要范围内合理使用肖像权人已经公开的肖像可以不经肖像权人同意。据此可知,虽然公民享有肖像权,但是在特定情况下,当事人的行为属于合理使用肖像行为时,法律允许其可以不经过肖像权人的同意而使用其肖像。

在上面的案例中,小月为个人学习、艺术欣赏,在必要范围内使用肖像权人已经公开的肖像进行绘画创作,属于合理使用肖像的行为,不构成侵权,也不会因此而承担法律责任。

法条链接

《中华人民共和国民法典》

第一千零二十条 合理实施下列行为的,可以不经肖像权人同意:

(一)为个人学习、艺术欣赏、课堂教学或者科学研究,在必要范围内使用肖像权人已经公开的肖像;

(二)为实施新闻报道,不可避免地制作、使用、公开肖像权人的肖像;

(三)为依法履行职责,国家机关在必要范围内制作、使用、公开肖像权人的肖像；

（四）为展示特定公共环境，不可避免地制作、使用、公开肖像权人的肖像；

（五）为维护公共利益或者肖像权人合法权益，制作、使用、公开肖像权人的肖像的其他行为。

温馨贴士

虽然法律规定在某些情形下，使用他人肖像可以不经肖像权人同意，但我们在使用时，也要注意"合理"二字，不能对肖像进行恶搞。

15 侵犯他人隐私权的行为有哪些？

案例回放

一天，小海去同学小贝家玩，恰巧赶上小贝要出门买东西，于是小贝让小海在家等一会儿，自己马上就回来。小海在等待小贝的过程中觉得实在无聊，便在没有经过小贝同意的情况下，擅自打开了小贝的电脑。见小贝的QQ自动登录，小海一时兴起，偷偷地看了小贝跟其他人的聊天记录，以及小贝电脑桌面上的"心情日记"。请问，小海的做法对吗？他侵犯到小贝的隐私权了吗？侵犯他人隐私权的行为有哪些？

学法用法

小海的行为属于侵犯他人隐私权的行为。《民法典》第一千零三十二条规定，隐私是自然人的私人生活安宁和不愿为他人知晓的私密空间、私密活动、私密信息。自然人享有隐私权，国家依法保护公民的隐私权。任何组织或者个人不得以刺探、侵扰、泄露、公开等方式侵害他人的隐私权。同时，该法第一千零三十三条具体列举了侵害他人隐私权的行为表现，具体为：（1）以电话、短信、即时通讯工具、电子邮件、传单等方式侵扰他人的私人生活安宁；（2）进入、拍摄、窥视他人的住宅、宾馆房间等私密空间；（3）拍摄、窥视、窃听、公开他人的私密活动；（4）拍摄、窥视他人身体的私密部位；（5）处理他人的私密信息；（6）以其他方式侵害他人的隐私权。

在上面的案例中，小海未经同学小贝的同意，擅自打开小贝的电脑，查看其聊天信息和日记，其行为已经侵扰了小贝的私密信息，属于侵犯小贝隐私权的行为。小海应该立即停止偷看，并向小贝道歉，以取得小贝的谅解。

法条链接

《中华人民共和国民法典》

第一千零三十二条 自然人享有隐私权。任何组织或者个人不得以刺探、侵扰、泄露、公开等方式侵害他人的隐私权。

隐私是自然人的私人生活安宁和不愿为他人知晓的私密空间、私密活动、私密信息。

第一千零三十三条 除法律另有规定或者权利人明确同意外，任何组织或者个人不得实施下列行为：

（一）以电话、短信、即时通讯工具、电子邮件、传单等方式侵扰他人的私人生活安宁；

（二）进入、拍摄、窥视他人的住宅、宾馆房间等私密空间；

（三）拍摄、窥视、窃听、公开他人的私密活动；

（四）拍摄、窥视他人身体的私密部位；

（五）处理他人的私密信息；

（六）以其他方式侵害他人的隐私权。

温馨贴士

我们一定不要去侵犯别人的隐私，因为那是违法行为。我们不仅要树立尊重他人隐私的意识，还要注意保护自己的隐私，掌握网络安全知识，避免自己和他人的隐私在网上扩散。

16 哪些信息属于法律保护的个人信息？

案例回放

乔某是某中学教务处的一名老师。石某是乔某的大学同学，是某教育培训机构的老板。在一次聚会上，石某得知乔某有很多学生及家长的相关信息，便希望乔某能帮忙给他提供一份，约定事成之后给乔某"好处费"。乔某禁不住金钱的诱惑，在随后的两年间，先后将其获取的包含本学校学生姓名、性别、年级、班级、家庭住址、家长姓名、联系方式等内容的个人信息千余条出售给石某，用于教育培训机构招生。请问，乔某出售的这些信息属于法律保护的个人信息吗？

学法用法

个人信息受法律保护，出售、非法提供公民个人信息和非法获取公民个人信息的，均属于民事侵权行为，并且可能构成侵犯公民个人信息罪。那么，哪些属于法律保护的个人信息呢？《民法典》第一千零三十四条第二款规定："个人信息是以电子或者其他方式记录的能够单独或者与其他信息结合识别特定自然人的各种信息，包括自然人的姓名、出生日期、身份证件号码、生物识别信息、住址、电话号码、电子邮箱、健康信息、行踪信息等。"也就是说，姓名、出生日期、身份证件号码、生物识别信息、住址、电话号码、电子邮箱、健康信息、行踪信息等，均属于法律保护的个人信息的范畴。

在上面的案例中，乔某将学生的姓名、性别、年级、班级、家庭住址、家长姓名、联系方式等个人信息出售给某教育培训机构，属于侵犯公民个人信息的行为，应承担民事责任，严重的还可能构成侵犯公民个人信息罪。

法条链接

《中华人民共和国民法典》

第一千零三十二条 自然人享有隐私权。任何组织或者个人不得以刺探、侵扰、泄露、公开等方式侵害他人的隐私权。

隐私是自然人的私人生活安宁和不愿为他人知晓的私密空间、私密活动、私密信息。

第一千零三十四条 自然人的个人信息受法律保护。

个人信息是以电子或者其他方式记录的能够单独或者与其他信息结合识别特定自然人的各种信息，包括自然人的姓名、出生日期、身份证件号码、生物识别信息、住址、电话号码、电子邮箱、健康信息、行踪信息等。

个人信息中的私密信息，适用有关隐私权的规定；没有规定的，适用有关个人信息保护的规定。

《中华人民共和国刑法》

第二百五十三条之一 【侵犯公民个人信息罪】违反国家有关规定，向他人出售或者提供公民个人信息，情节严重的，处三年以下有期徒刑或者拘役，并处或者单处罚金；情节特别严重的，处三年以上七年以下有期徒刑，并处罚金。

违反国家有关规定，将在履行职责或者提供服务过程中获得的公民个人信息，出售或者提供给他人的，依照前款的规定从重处罚。

窃取或者以其他方法非法获取公民个人信息的，依照第一款的规定处罚。

单位犯前三款罪的，对单位判处罚金，并对其直接负责的主管人员和其他直接责任人员，依照各该款的规定处罚。

温馨贴士

近年来，侵犯公民个人信息的案件时有发生。作为青少年，我们应当主动增强个人信息保护意识，提高个人信息自我保护能力，不随意泄露自己和他人的信息，填写个人信息时，应当主动征询父母或者其他监护人的意见。当发现有人侵犯我们的个人信息时，应立即向爸爸妈妈、老师反映，必要时还可以直接拨打 110 报警。

17 因见义勇为受伤，医药费该由谁出？

案例回放

小强今年 16 周岁，是某高中一年级的学生。小强是个热心肠，从小就喜欢帮助别人。某日，小强和同学在公园里玩耍，突然看见一位老人不慎落入河中，老人在河里大声呼救，当时情况十分危急，会游泳的小强想都没想就脱下衣服和鞋子，跳入河中，费了好大力气最终把落水老人救上了岸。不幸的是，小强在跳水的过程中，碰到河内的暗礁，导致脚踝和膝盖损伤。小强救人心切，没有感到疼痛，直到把老人救上来才发现自己受伤。小强家因此花去检查和医治费用近 5000 元。小强的父母要求落水老人承担医药费，但是被老人拒绝了，老人认为是小强自己受的伤，应由他自己承担医药费。请问，因见义勇为而受伤，医药费该由谁出？

学法用法

小强花去的医疗费应当由落水老人适当补偿。见义勇为是中华民族的传统美德。《民法典》第一百八十三条规定："因保护他人民事权益使自己受到损害的，由侵权人承担民事责任，受益人可以给予适当补偿。没有侵权人、侵权人逃逸或者无力承担民事责任，受害人请求补偿的，受益人应当给予适当补偿。"也就是说，对于见义勇为者来说，在见义勇为的同时受到伤害，如果有侵权人，应该由侵权人承担民事责任，此时，被救的人可以给予适当补偿；如果属没有侵权人或无法得到侵权人赔偿等情形，则应由被救的人给予适当补偿。

在上面的案例中，老人失足落水，没有侵权人，那么见义勇为人小强则可以请求获救老人承担自己的医疗费用，老人应当给予适当补偿。这是基于公平责任的一种体现，不能让好人心寒，不能让英雄流血又流泪。

法条链接

《中华人民共和国民法典》

第一百八十三条　因保护他人民事权益使自己受到损害的,由侵权人承担民事责任,受益人可以给予适当补偿。没有侵权人、侵权人逃逸或者无力承担民事责任,受害人请求补偿的,受益人应当给予适当补偿。

温馨贴士

见义勇为是中华民族的传统美德,为他人挺身而出是一种高尚的行为。我们作为青少年,应在自己的能力范围内去帮助别人,如果我们在保护他人民事权益时自己受到了损害,可以向受益人要求补偿。

18 高空抛物砸伤人,谁来承担责任?

案例回放

一天早晨,萍萍像往常一样去学校上学,可没想到的是,刚出楼门,就被楼上坠落的烟灰缸砸伤了肩膀。事情发生后,萍萍的爸爸妈妈感到非常愤怒,逐层逐户地询问是谁扔的烟灰缸,但是没有一个住户承认。同时,萍萍的爸爸妈妈找到物业,要求物业调查是谁扔的烟灰缸,但是物业通过询问、查看监控等方式调查了多日也没有结果。无奈之下,萍萍的爸爸妈妈选择报警,请求警察帮忙调查,但是警察也无法确定肇事者。请问,在这种情况下,应当由谁来承担责任?

学法用法

高空抛物是我国法律所明确禁止的。高空抛物案件在近年来时有发生,为了强化对人们"头顶上的安全"的保护,《民法典》第一千二百五十四条对高空抛物问题作出了相应的规定。根据该规定可知:首先,禁止从建筑物中抛掷物品,如果造成了他人损害,要承担责任;其次,物业服务企业等建筑物管理人负有安全保障义务,物业可以通过增设摄像头、加强宣传等方式,尽可能防止高空抛物坠物事件的发生,物业如果没有尽到该义务则应当依法承担未履行安全保障义务的侵权责任;再次,经调查难以确定具体侵权人的,除能够证明自己不是侵权人的外,由可能加害的建筑物使用人给予补偿;最后,发生高空抛物致人损害事件时,公安机关应当依法及时调查,查清责任人。

在上面的案例中,萍萍被高空抛下的烟灰缸砸伤,因无法确定具体的侵权人,这时应该由可能实施加害行为的住户们给予补偿,但是能够证明自己不是侵权人的除外。如果物业尽到了安全保障义务,则无须承担责任。

此外,需要特别注意的是,高空抛物不仅有可能伤人,引发民事赔偿,还有可能招致刑事责任。根据《刑法》第二百九十一条之二的规定,从建筑物或者其他高空抛掷物品,情节严重的,处一年以下有期徒刑、拘役或者管制,并处或者单处罚金。

法条链接

《中华人民共和国民法典》

第一千二百五十四条 禁止从建筑物中抛掷物品。从建筑物中抛掷物品或者从建筑物上坠落的物品造成他人损害的，由侵权人依法承担侵权责任；经调查难以确定具体侵权人的，除能够证明自己不是侵权人的外，由可能加害的建筑物使用人给予补偿。可能加害的建筑物使用人补偿后，有权向侵权人追偿。

物业服务企业等建筑物管理人应当采取必要的安全保障措施防止前款规定情形的发生；未采取必要的安全保障措施的，应当依法承担未履行安全保障义务的侵权责任。

发生本条第一款规定的情形的，公安等机关应当依法及时调查，查清责任人。

《中华人民共和国刑法》

第二百九十一条之二　【高空抛物罪】从建筑物或者其他高空抛掷物品，情节严重的，处一年以下有期徒刑、拘役或者管制，并处或者单处罚金。

有前款行为，同时构成其他犯罪的，依照处罚较重的规定定罪处罚。

温馨贴士

近年来，因高空坠物致人损害的案件层出不穷。作为青少年，首先，我们要注意警示牌，尽量避免走在高层建筑正下方；其次，要做到不在高层建筑上向楼下抛物；最后，如果发生了高空坠物案件，我们要学会依法维护自己的权益。

19 他人因逗狗被咬伤,未做防护措施的狗主人是否可以减轻责任?

▷ 案例回放

小糖今年14岁,刚上初二。小糖有一个大学生表姐阿晨,暑假在家放松休息。一天,阿晨带着自己的宠物狗"Lucky"和小糖一起到外面逛街。由于"Lucky"一直都比较乖,阿晨就没有给它拴上狗绳。在街上走着走着,小糖看见了自己的同学小翔。小翔和小糖闲聊了两句,看到了可爱的"Lucky",顿时眼睛一亮,伸出手来摸了摸"Lucky"的头,觉得很可爱,又摸了摸。"Lucky"可能感到有陌生人靠近很不舒服,一直在躲,但小翔并没有注意到还是一直摸它。最后,"Lucky"就扑过来咬伤了小翔的手。请问,他人因逗狗被咬伤,未做防护措施的狗主人是否可以减轻责任?

◯ 学法用法

宠物的主人应当对宠物做好相应的防护措施,根据《民法典》第一千二百四十六条的规定,如果宠物主人没有对宠物采取防护措施,导致宠物伤害到他人,宠物主人就需要承担侵权责任。但是,如果能够证明受害者是故意的,则可以减轻宠物主人的责任。在上面的案例中,虽然阿晨没有对"Lucky"采取防护措施,需要对小翔承担侵权责任,但是,小翔被"Lucky"咬伤,是因为小翔不顾"Lucky"的意愿一直逗它。因此,如果阿晨能够证明小翔的逗狗行为不当,则可以减轻责任。

法条链接

《中华人民共和国民法典》

第一千二百四十六条 违反管理规定,未对动物采取安全措施造成他人损害的,动物饲养人或者管理人应当承担侵权责任;但是,能够证明损害是因被侵权人故意造成的,可以减轻责任。

温馨贴士

如果我们养宠物,就需要对自己的宠物做好防护措施,以防宠物伤害到他人。如果在路上看到别人的宠物,不要随意逗弄,以免自己受伤。

20 跟同学一起踢足球,被对方撞到受了伤,能不能要求对方承担赔偿责任?

案例回放

一天下午,学校组织足球联赛,邀请同学们自愿参加,鹏鹏十分积极地报了名。可没承想,在比赛过程中,鹏鹏在与同学小华抢球时被小华无意撞摔在地,由于当时情况比较严重,鹏鹏立即被送到医院救治。后经鉴定,鹏鹏致残程度等级为十级。鹏鹏的父母将小华诉至法院,要求小华支付医疗费、残疾赔偿金等费用。请问,跟同学一起踢足球,被对方碰到受了伤,能不能要求对方承担赔偿责任?

学法用法

在现实生活中,参加者在文体活动中受伤的情况时有发生。《民法典》第一千一百七十六条第一款规定,自愿参加具有一定风险的文体活动，因其他参加者的行为受到损害的，受害人不得请求其他参加者承担侵权责任；但是，其他参加者对损害的发生有故意或者重大过失的除外。这就是"自甘风险原则"。也就是说，在具有一定风险的文体活动中，因与他人的对抗而造成受害人损害的，如果他人对受害人损害的发生没有故意或者重大过失行为，受害人应该自己承担损失。

结合本案，足球比赛是一种激烈的对抗性竞技运动，具有一定的危险性。鹏鹏明知有风险仍选择参与其中，属于自愿承担风险。鹏鹏的伤不是小华故意或重大过失造成的，因此他不能要求小华承担赔偿责任。

法条链接

《中华人民共和国民法典》

第一千一百七十六条第一款　自愿参加具有一定风险的文体活动，因其他参加者的行为受到损害的，受害人不得请求其他参加者承担侵权责任；但是，其他参加者对损害的发生有故意或者重大过失的除外。

温馨贴士

我们在参加打篮球、踢足球等具有一定风险的文体活动时，一定要注意安全，保护好自己。一旦受伤，如果他人对损害的发生没有故意或者重大过失，我们是不可以要求其赔偿的。

21 在商场购物时滑倒摔伤，可以要求商场赔偿吗？

案例回放

某个周末，秋秋和爸爸妈妈开开心心地一起去某商场购物。秋秋看见一件外套特别漂亮，于是拿到试衣间试穿。当她走进试衣间时，由于地板十分光滑，不慎摔倒，造成头部损伤。秋秋被送到医院进行治疗，由此花去医疗费近2万元。事后，秋秋的爸爸妈妈多次找到商场要求其承担赔偿责任，均被商场拒绝。理由是商场没有过错，是秋秋自己疏忽大意，只能责任自负。无奈之下，秋秋的爸爸妈妈将商场告上法院，要求商场承担秋秋的医疗费、营养费以及陪护费等。请问，商场应该赔偿秋秋吗？

学法用法

根据《民法典》第一千一百九十八条第一款的规定，宾馆、商场、银行、车站、机场、体育场馆、娱乐场所等经营场所、公共场所的经营者、管理者或者群众性活动的组织者，未尽到安全保障义务，造成他人损害的，应当承担侵权责任。这是因为公共场所的管理人或者组织者对其管辖领域有一定的统领力，理应对不特定多数人的利益尽到一定的安全保障义务，从而保障公共场所中人们的生命健康与财产权。商场作为一个开放性的公共场所，其管理人应尽合理限度使他人免受人身及财产损害的义务，采取必要的措施防止损害的发生或者减轻损害。

在上面的案例中，商场在试衣间地板光滑的情况下没有设置任何警示标志并提供安全防护措施，这说明商场未尽到安全保障义务，应当承担赔偿责任。

📜 法条链接

《中华人民共和国民法典》

第一千一百七十九条 侵害他人造成人身损害的，应当赔偿医疗费、护理费、交通费、营养费、住院伙食补助费等为治疗和康复支出的合理费用，以及因误工减少的收入。造成残疾的，还应当赔偿辅助器具费和残疾赔偿金；造成死亡的，还应当赔偿丧葬费和死亡赔偿金。

第一千一百九十八条第一款 宾馆、商场、银行、车站、机场、体育场馆、娱乐场所等经营场所、公共场所的经营者、管理者或者群众性活动的组织者，未尽到安全保障义务，造成他人损害的，应当承担侵权责任。

💡 温馨贴士

虽然法律规定在商场、车站、体育场馆、娱乐场所等场所，经营者、管理者或者活动的组织者具有安全保障义务，但是，作为个人，我们在活动时还是要小心谨慎，避免受伤。

22 被动物园的动物咬伤，动物园应该负责任吗?

▶ 案例回放

周末，琴琴和爸爸妈妈一起去动物园玩耍。当走到猴子所在的区域时，琴琴发现围住猴子的笼子有个洞，正好能把手伸进去，于是便伸手喂食，结果被猴子咬伤，经治疗后花去医疗费数千元。琴琴的爸爸妈妈找到动物园的负责人，认为是动物园没有管好动物，笼子有漏洞也不及时修补，动物园应该承担责任。动物园负责人则认为是琴琴的爸爸妈妈没有看管好自己的孩子，动物园不应承担责任。请问，被动物园的动物咬伤，动物园应该负责任吗？

学法用法

被动物园的动物咬伤，动物园承担或不承担责任，要视具体情况而定。根据《民法典》第一千二百四十八条的规定，动物园的动物造成他人损害的，动物园应当承担侵权责任；但是，能够证明尽到管理职责的，不承担侵权责任。也就是说，动物园饲养的动物致人损害的，首先推定动物园有过错，但动物园能够举证证明其尽到管理职责的，则不承担侵权责任。在上面的案例中，动物园有保证游客安全的义务。猴子的笼子出现破洞，动物园却没有及时进行修补，是造成琴琴受伤的原因之一。基于此，动物园很难证明自己已经尽到了管理职责，所以要承担赔偿责任。当然，琴琴的爸爸妈妈没有及时制止琴琴的危险行为，也要承担部分责任。

法条链接

《中华人民共和国民法典》

第一千二百四十八条 动物园的动物造成他人损害的，动物园应当承担侵权责任；但是，能够证明尽到管理职责的，不承担侵权责任。

温馨贴士

我们去动物园的时候一定要认真阅读动物园的告知书，时刻保护自身安全，不要随意喂食动物，更不能随意挑逗动物，尽量远离那些比较危险的动物，也不要去恐吓正在吃东西的动物。一旦我们在动物园受到伤害，先分清是自己的责任还是动物园的责任，再去维权。

23 因搬家遗失重要遗物，可以要求精神损害赔偿吗？

▶ 案例回放

小易小的时候，因父母工作忙，一直和奶奶一起生活，与奶奶之间的感情十分深厚。几年前奶奶去世，她留下的遗物小易一直妥善保存，留作念想。后因父母工作调动，需要跨城搬家，小易将奶奶的遗物收拾好以后，特意叮嘱搬家公司：这些东西非常重要，一定要保护好。但是，在搬家过程中，搬家工人因索要额外的"服务费"不成，心怀不满，并没有理会小易的叮嘱。到达新家后，小易在整理东西时发现，许多东西在搬家过程中遗失，其中就包括奶奶的遗物。由于搬家路程较长，遗失的东西已经无法找回。请问，小易是否能向该搬家公司要求精神损害赔偿？

○ 学法用法

在每个人的生活中，总会有一些承载着精神价值、具有人身意义的物品，如婚礼录像光盘、婚纱照、近亲属的遗像、骨灰盒、遗物等，这类物品一旦受损，会给受害人带来极大的精神痛苦。对此，法律扩大了精神损害赔偿的适用范围，但也进行了一定限制。《民法典》第一千一百八十三条第二款规定，因故意或者重大过失侵害自然人具有人身意义的特定物造成严重精神损害的，被侵权人有权请求精神损害赔偿。言外之意，如果损害是因非重大过失或意外造成的，或者未造成严重精神损害的，侵权人无须进行精神损害赔偿。

在上面的案例中,对于小易来说,奶奶留下的遗物是一种精神寄托,是具有特殊意义的。该搬家公司的工人因索要"服务费"不成,心怀不满,未履行应尽的注意义务,导致小易奶奶的遗物丢失,存在较为重大的过失。根据《民法典》第一千一百九十一条第一款的规定,小易有权向搬家公司要求赔偿。该搬家公司在承担赔偿责任后,有权向搬家工人追偿。而小易是否能够要求精神损害赔偿,则在于他是否因此受到严重精神损害,如果没有,则无权请求精神损害赔偿。

法条链接

《中华人民共和国民法典》

第一千一百八十三条第二款 因故意或者重大过失侵害自然人具有人身意义的特定物造成严重精神损害的,被侵权人有权请求精神损害赔偿。

第一千一百九十一条第一款 用人单位的工作人员因执行工作任务造成他人损害的,由用人单位承担侵权责任。用人单位承担侵权责任后,可以向有故意或者重大过失的工作人员追偿。

温馨贴士

我们要尊重对他人有纪念意义的物品,去同学、朋友家做客的时候,要小心触碰有纪念意义的物品,避免不小心造成损坏。

24　委托监护的小孩伤害他人，由谁来承担侵权责任？

▷ 案例回放

小强是一名小学二年级学生，今年8周岁。一直以来，小强的爸爸在外地工作，家里只有小强和妈妈两个人。去年，小强的妈妈决定去国外深造，于是将小强托付给了自己的妹妹陈小姐照顾，并签订了委托监护协议。委托监护协议上写明，由陈小姐暂代小强的监护人，小强的父母每月支付生活费等5000元。前几天，小强在学校与人发生口角，将同学小晓打伤。后来，小晓的父母找到陈小姐要求赔偿小晓的医药费。陈小姐说这一责任应当由小强的父母承担。请问，委托监护的小孩伤害他人，由谁来承担侵权责任？

↻ 学法用法

监护人可以以合同的形式将自己全部或部分的监护职责委托给他人，但这一合同并不能当然地免除监护人的监护职责。根据《民法典》第一千一百八十九条的规定，委托监护的小孩伤害他人，监护人仍然应当承担侵权责任，受托人只需要承担与自己过错相适应的责任。因此，在上面的案例中，小强打伤了同学小晓，应当由小强的监护人，也就是小强的父母承担侵权责任。此外，受托人陈小姐如果没有尽到监护职责，应当在自己的过错范围内承担相应的责任。

⚙ 法条链接

《中华人民共和国民法典》

第一千一百八十九条　无民事行为能力人、限制民事行为能力人造成他人损害，监护人将监护职责委托给他人的，监护人应当承担侵权责任；受托人有过错的，承担相应的责任。

> **温馨贴士**

有时，父母基于各种原因会将孩子委托给旁人看管，但这并不意味着孩子侵犯他人权利时父母就无须承担责任。因此，即使父母不在孩子身边照顾他，也应当尽力教养孩子。另外，受托人也应当尽力履行监护职责，否则也可能要为孩子的行为承担一定的责任。

25 被网络用户侵权时，应当怎样维权？

> **案例回放**

小笑今年15岁，是一名中学生。虽然小笑年纪小，但文笔出众，已经出版过好几本小说，是学校里的风云人物。有一次，小笑参加了一个作文大赛，获得了第一名。取得第二名成绩的小武看了小笑的文章，认为写得不如自己。出于愤怒和嫉妒，小武在微博发文，称小笑得奖都是因为她的校长母亲每次都给她走后门、找关系。小武把故事写得绘声绘色，使得网络上、学校里谣言四起，对小笑造成了许多负面影响。请问，被网络用户侵权时，应当怎样维权？

> **学法用法**

现在是信息时代，信息传播变得更加容易，这也导致网络侵权频发，相应的维权措施也日渐完善。根据《民法典》第一千一百九十五条的规定，权利人在被网络用户侵权后，可以通知网络服务提供者采取删除、屏蔽、断开链接等必要措施。需要注意的是，权利人在通知时，需要表明自己的身份，并提供侵权的初步证据。对于网络侵权行为，实施侵权行为的网络用户应承担责任，同时，如果网络服务提供者拒不提供技术措施，对损害扩大部分则与该网络用户承担连带责任。在上面的案例中，小笑发现小武在微博上造谣后，可以向微博平台表明自己的身份，提供小武造谣的初步证据，并要求微博删文。当然，小笑的父母还可以代小笑通过法律途径追究小武的侵权责任。

法条链接

《中华人民共和国民法典》

第一千一百九十五条 网络用户利用网络服务实施侵权行为的，权利人有权通知网络服务提供者采取删除、屏蔽、断开链接等必要措施。通知应当包括构成侵权的初步证据及权利人的真实身份信息。

网络服务提供者接到通知后，应当及时将该通知转送相关网络用户，并根据构成侵权的初步证据和服务类型采取必要措施；未及时采取必要措施的，对损害的扩大部分与该网络用户承担连带责任。

权利人因错误通知造成网络用户或者网络服务提供者损害的，应当承担侵权责任。法律另有规定的，依照其规定。

温馨贴士

发生网络侵权后，我们应当收集掌握初步证据，根据事实来维权。

26 未经核实为未成年人文身的，需要承担什么法律后果？

案例回放

小正 15 岁初中毕业后没有考上高中，整日无所事事，有时会与几个社会上的朋友到某步行街游玩。时间一长，小正便认识了在某步行街开文身店的店主周某。因小正平时打扮得较为成熟，与他结伴的几名社会青年年龄也在 20 多岁，周某便想当然地认为小正也已经成年。当小正提出想要文身时，周某没多想便同意了。一年后，小正应父母要求，到某职校就读。在入学体检时，父母才得知小正擅自在背部进行文身的事情。小正父母十分气愤，找到周某要求赔偿。但周某表示，自己对小正未成年一事并不知情，对此事没有责任。请问，未经核实为未成年人文身的，需要承担什么法律后果？

学法用法

未成年人的世界观、人生观、价值观尚未成熟，对很多事情仍然没有完整的认知，无法全面判断。文身多样的图案对未成年人有着一定的吸引力，但实际上可能会造成皮肤感染的结果，且难以复原，对未成年人日后的就业、入学、参军等都有着不利的影响。就算想要文身，也应当在成年以后，具有完全民事行为能力、能够认清文身后果后再进行。同时，社会应当对未成年人进行正面引导。根据《未成年人文身治理工作办法》第五条的规定，文身服务提供者有义务要求顾客出示身份证件，以确认其是否为未成年人，如果为未成年人的，不得向其提供服务。

在上面的案例中，周某在未对小正的身份进行核实的情况下，擅自为小正进行文身，其并未尽到应尽的注意义务，根据《民法典》第一千零三条与第一千零四条的规定，侵犯了小正的身体权与健康权，应当承担侵权责任，并对小正进行赔偿。同时，小正属于限制民事行为能力人，其文身的行为未经其法定代理人追认，周某作为经营者应当依法返还价款。小正父母不仅可以要求周某赔偿，还可以要求返还文身的价款。

法条链接

《未成年人文身治理工作办法》

第四条 任何企业、组织和个人不得向未成年人提供文身服务，不得胁迫、引诱、教唆未成年人文身。

第五条 文身服务提供者应当在显著位置标明不向未成年人提供文身服务。对难以判明是否是未成年人的，应当要求其出示身份证件。

本办法所称文身服务提供者，主要是指专业文身机构、提供文身服务的医疗卫生机构（含医疗美容机构）和美容美发机构等各类主体，也包括提供文身服务的社会组织。

《中华人民共和国民法典》

第一百四十五条 限制民事行为能力人实施的纯获利益的民事法律行为或者与其年龄、智力、精神健康状况相适应的民事法律行为有效；实施的其他民事法律行为经法定代理人同意或者追认后有效。

相对人可以催告法定代理人自收到通知之日起三十日内予以追认。法定代理人未作表示的，视为拒绝追认。民事法律行为被追认前，善意相对人有撤销的权利。撤销应当以通知的方式作出。

第一千零三条 自然人享有身体权。自然人的身体完整和行动自由受法律保护。任何组织或者个人不得侵害他人的身体权。

第一千零四条 自然人享有健康权。自然人的身心健康受法律保护。任何组织或者个人不得侵害他人的健康权。

温馨贴士

青少年应当树立和践行社会主义核心价值观，培养健康的兴趣爱好，进行有益身心健康的活动。对于文身的危害，我们应当理性看待和拒绝，增强自我保护的能力，避免因受到他人的教唆或引诱而一时冲动作出可能会影响一生的决定。

27 给学校提供的午餐因储存不当出现质量问题，食品公司应承担什么责任？

案例回放

某小学每天中午给学生们发放的营养午餐由某食品公司提供。某日中午午餐过后，一部分学生出现腹痛、呕吐、腹泻的情况。老师们拨打了急救电话，将出现症状的学生送往医院治疗。经过医生的诊断，确定这些学生的症状均是轻微的食物中毒引起的。学校认为，这样群体性的食物中毒事件一定是食品安全问题导致的，于是将情况报告给市场监督管理局。经过调查，市场监督管理局发现，该食品公司在对午餐的储存和配送过程中，存在常温储存时间较长、储存条件不卫生等多种违规情况，并因此导致食物发生不同程度的变质。请问，给学校提供的午餐因储存不当出现质量问题，该

食品公司应承担什么责任?

学法用法

俗话说"病从口入",食品安全问题与我们的生命健康息息相关。作为食品生产者、经营者,应当确保食品的生产、加工、储存、运输过程符合法律的规定,确保食品质量合格和安全。根据《食品安全法》第三十三条第一款第六项规定,食品生产经营应当符合食品安全标准,贮存、运输和装卸食品的容器、工具和设备应当安全、无害,保持清洁,防止食品污染,并符合保证食品安全所需的温度、湿度等特殊要求,不得将食品与有毒、有害物品一同贮存、运输。

在上面的案例中,该食品公司在食物的储存和配送过程中,违反了《食品安全法》的要求,导致其生产的食物变质,造成学校多名学生食物中毒的结果。因此,根据《食品安全法》第一百二十四条和第一百三十二条的规定,应承担责令改正违法行为,给予警告、罚款等行政处罚。

除此以外,根据《民法典》第一千二百零一条的规定,未成年人在学校遭受学校以外的第三人造成的人身损害的,应当由第三人承担侵权责任。学校未尽到管理职责的,应当承担补充责任。在上面的案例中,学生们食物中毒是由该食品公司生产的食品不合格导致的,应当由该食品公司对遭受损害的学生进行赔偿。同时,如果学校在食物的派发、检查等过程中有未尽到职责的情况,也应当承担相应的补充责任。学校在承担补充责任后,有权向该食品公司进行追偿。

法条链接

《中华人民共和国食品安全法》

第三十三条第一款 食品生产经营应当符合食品安全标准,并符合下列要求:

……

(六)贮存、运输和装卸食品的容器、工具和设备应当安全、无害,保持清洁,防止食品污染,并符合保证食品安全所需的温度、湿度等特殊要求,不得将食品与有毒、有害物品一同贮存、运输;

……

第一百二十四条 违反本法规定,有下列情形之一,尚不构成犯罪的,由县级以上人民政府食品安全监督管理部门没收违法所得和违法生产经营的食品、食品添加剂,并可以没收用于违法生产经营的工具、设备、原料等物品;违法生产经营的食品、食品添加剂货值金额不足一万元的,并处五万元以上十万元以下罚款;货值金额一万元以上的,并处货值金额十倍以上二十倍以下罚款;情节严重的,吊销许可证:

(一)生产经营致病性微生物,农药残留、兽药残留、生物毒素、重金属等污染物质以及其他危害人体健康的物质含量超过食品安全标准限量的食品、食品添加剂;

(二)用超过保质期的食品原料、食品添加剂生产食品、食品添加剂,或者经营上述食品、食品添加剂;

……

第一百三十二条 违反本法规定,未按要求进行食品贮存、运输和装卸的，由县级以上人民政府食品安全监督管理等部门按照各自职责分工责令改正，给予警告；拒不改正的，责令停产停业，并处一万元以上五万元以下罚款；情节严重的，吊销许可证。

《中华人民共和国民法典》

第一千二百零一条 无民事行为能力人或者限制民事行为能力人在幼儿园、学校或者其他教育机构学习、生活期间，受到幼儿园、学校或者其他教育机构以外的第三人人身损害的，由第三人承担侵权责任；幼儿园、学校或者其他教育机构未尽到管理职责的，承担相应的补充责任。幼儿园、学校或者其他教育机构承担补充责任后，可以向第三人追偿。

温馨贴士

食品安全关乎民生，应当严格规定、严厉处罚。我们作为未成年人，在日常生活中遇到商家存在违反食品安全规定的行为时，要勇于维权，与违法行为作斗争。同时，我们也可以对商家的食品安全进行监督，及时将违反食品安全规定的行为向市场监督管理局等部门反映。

第三章

学习《未成年人保护法》,护航成长

第三章 学习《未成年人保护法》，护航成长

第一节 家庭保护

1 监护人的职责有哪些？

▶ **案例回放**

在某山区农村某小路上，大柳树村的村支书小刘正在前往村民王麻子家。王麻子家里有两个正在上小学的孩子，父亲王麻子是他们唯一的亲人。但是，自从孩子母亲去世后，作为父亲的王麻子一蹶不振，整日酗酒，对两个孩子不管不问，两个孩子几乎成了村里的流浪儿。村主任多次上门劝说无果。小刘上任后，决定解决这个难题，让王麻子振作起来，履行好一名监护人的责任。请问，监护人应当履行哪些监护职责呢？

↻ **学法用法**

根据《未成年人保护法》第十六条的规定，未成年人的父母或者其他监护人应当履行下列监护职责：（1）为未成年人提供生活、健康、安全等方面的保障；（2）关注未成年人的生理、心理状况和情感需求；（3）教育和引导未成年人遵纪守法、勤俭节约，养成良好的思想品德和行为习惯；（4）对未成年人进行安全教育，提高未成年人的自我保护意识和能力；（5）尊重未成年人受教育的权利，保障适龄未成年人依法接受并完成义务教育；（6）保障未成年人休息、娱乐和体育锻炼的时间，引导未成年人进行有益身心健康的活

动；(7) 妥善管理和保护未成年人的财产；(8) 依法代理未成年人实施民事法律行为；(9) 预防和制止未成年人的不良行为和违法犯罪行为，并进行合理管教；(10) 其他应当履行的监护职责。

在上面的案例中，王麻子对两个孩子不管不问，没有履行一名监护人对未成年人的保障、保护和教育责任，是不对的，其应当及时改正，当好一名监护人，更要当好一名父亲。

法条链接

《中华人民共和国未成年人保护法》

第十六条 未成年人的父母或者其他监护人应当履行下列监护职责：

（一）为未成年人提供生活、健康、安全等方面的保障；

（二）关注未成年人的生理、心理状况和情感需求；

（三）教育和引导未成年人遵纪守法、勤俭节约，养成良好的思想品德和行为习惯；

（四）对未成年人进行安全教育，提高未成年人的自我保护意识和能力；

（五）尊重未成年人受教育的权利，保障适龄未成年人依法接受并完成义务教育；

（六）保障未成年人休息、娱乐和体育锻炼的时间，引导未成年人进行有益身心健康的活动；

（七）妥善管理和保护未成年人的财产；

（八）依法代理未成年人实施民事法律行为；

（九）预防和制止未成年人的不良行为和违法犯罪行为，并进行合理管教；

（十）其他应当履行的监护职责。

💡 温馨贴士

监护人作为未成年人的保护者和教育者，应当履行好自己的责任和义务。一般情况下，未成年人有父母的，父母当然为孩子的监护人。如果父母不履行监护职责，孩子可以向其他亲属或居委会、村委会等寻求帮助，必要时，可以通过法律的途径来维护自己的合法权益。

2 监护人不得实施哪些行为？

▷ 案例回放

欢欢的父母因意外去世，留下欢欢一人。由于欢欢没有爷爷奶奶、姥姥姥爷，只有一个姑姑，于是，姑姑便成了她的监护人。一开始，姑姑没有结婚，对她照顾有加。后来，姑姑结婚了，有了自己的孩子。姑姑一边忙于工作，一边忙于照顾孩子，对欢欢的关心越来越少。有邻居向姑姑反映，欢欢经常跟一些不三不四的人混在一起，抽烟、喝酒，还参与赌博。可是，姑姑听闻后，并没有生气，也没有对欢欢加以管教，而是睁一只眼闭一只眼，任由她去。请问，姑姑作为欢欢的监护人，这样做对吗？监护人不得实施哪些行为？

学法用法

姑姑作为欢欢的监护人，对欢欢抽烟、喝酒、参与赌博等行为放任不管，是不对的，违反了作为一名监护人应当履行的职责，也违背了法律对于监护人行为的禁止性规定。

根据《未成年人保护法》第十七条的规定，未成年人的父母或者其他监护人不得实施下列行为：（1）虐待、遗弃、非法送养未成年人或者对未成年人实施家庭暴力；（2）放任、教唆或者利用未成年人实施违法犯罪行为；（3）放任、唆使未成年人参与邪教、迷信活动或者接受恐怖主义、分裂主义、极端主义等侵害；（4）放任、唆使未成年人吸烟（含电子烟，下同）、饮酒、赌博、流浪乞讨或者欺凌他人；（5）放任或者迫使应当接受义务教育的未成年人失学、辍学；（6）放任未成年人沉迷网络，接触危害或者可能影响其身心健康的图书、报刊、电影、广播电视节目、音像制品、电子出版物和网络信息等；（7）放任未成年人进入营业性娱乐场所、酒吧、互联网上网服务营业场所等不适宜未成年人活动的场所；（8）允许或者迫使未成年人从事国家规定以外的劳动；（9）允许、迫使未成年人结婚或者为未成年人订立婚约；（10）违法处分、侵吞未成年人的财产或者利用未成年人牟取不正当利益；（11）其他侵犯未成年人身心健康、财产权益或者不依法履行未成年人保护义务的行为。

法条链接

《中华人民共和国未成年人保护法》

第十七条 未成年人的父母或者其他监护人不得实施下列行为：

（一）虐待、遗弃、非法送养未成年人或者对未成年人实施家庭暴力；

（二）放任、教唆或者利用未成年人实施违法犯罪行为；

（三）放任、唆使未成年人参与邪教、迷信活动或者接受恐怖主义、分裂主义、极端主义等侵害；

（四）放任、唆使未成年人吸烟（含电子烟，下同）、饮酒、赌博、流浪乞讨或者欺凌他人；

（五）放任或者迫使应当接受义务教育的未成年人失学、辍学；

（六）放任未成年人沉迷网络，接触危害或者可能影响其身心健康的图书、报刊、电影、广播电视节目、音像制品、电子出版物和网络信息等；

（七）放任未成年人进入营业性娱乐场所、酒吧、互联网上网服务营业场所等不适宜未成年人活动的场所；

（八）允许或者迫使未成年人从事国家规定以外的劳动；

（九）允许、迫使未成年人结婚或者为未成年人订立婚约；

（十）违法处分、侵吞未成年人的财产或者利用未成年人牟取不正当利益；

（十一）其他侵犯未成年人身心健康、财产权益或者不依法履行未成年人保护义务的行为。

温馨贴士

为了更好地促使监护人履行对未成年人的监护义务，法律列明了"监护人禁止行为"的十一项规定。对于这些规定，青少年可以多加了解，若存在不良行为，应该及时改正；若权利被侵犯，也要懂得依法维权。

3 一起居住的姑姑有教育侄女的义务吗？

案例回放

小美今年8周岁，爸爸妈妈都在外打工，和爷爷奶奶住在一起，由爷爷奶奶照看着长大。小美的姑姑莉莉今年上大二，也和爷爷奶奶住在一起。今年寒假,老师布置了家庭作业,要求家长每天都给孩子听写英语单词,并在作业本上签字。小美的爷爷奶奶不会英语,也看不懂书上的字,就让姑姑莉莉给小美做听写。姑姑莉莉却很不情愿,觉得每天都要给小美听写英语耽误自己的时间,就说:"我只是你的姑姑,又不是你的爸爸妈妈,没有教育你的义务。"请问,姑姑的话对吗?一起居住的姑姑有教育侄女的义务吗?

学法用法

姑姑的话是错误的,一起居住的姑姑有协助监护人教育侄女的义务。家庭是社会生活的基本单位,家庭的稳定、和睦有利于青少年发展健全的人格,对于青少年的成长十分重要。因此,创造一个良好、和睦、文明的家庭环境,是监护人应当履行的责任。根据《未成年人保护法》第十五条第二款的规定,共同生活的其他成年家庭成员也应当肩负起一定的协助监护人抚养、教育和保护未成年人的责任,帮助未成年人健康、快乐地成长。

具体到上面这个案例,小美的姑姑莉莉虽然不是小美的监护人,但和小美一起生活,作为一起居住的家庭成员,有协助教育小美的义务。虽然给小美听写英语单词只是一件小事,上升不到是否履行协助教育小美的高度,但是姑姑也不应该说出"没有教育小美的义务"之类的话。作为家庭的一员,大家相互帮助、相互鼓励,家庭才能和睦、温馨。

法条链接

《中华人民共和国未成年人保护法》

第十五条第二款 共同生活的其他成年家庭成员应当协助未成

年人的父母或者其他监护人抚养、教育和保护未成年人。

温馨贴士

家，对于我们所有人来说，都是一个温馨的字眼，是我们力量的源泉。在家庭中，家庭成员之间应当互帮互助。特别是对于未成年人来说，父母和其他监护人应当尽到抚养、教育、保护的义务。与未成年人共同生活的其他家庭成员，也应当爱护未成年人，为未成年人的成长提供良好的环境。

4 监护人应当如何预防未成年人出现安全事故？

案例回放

小明今年3周岁。最近，小明家刚买了一辆车，一家三口在周末准备自驾出行，没想到的是，还没走到高速公路入口就被交警拦下了。交警提醒爸爸："孩子还小，为了安全，应当在车上配备儿童安全座椅，要注意呀。"小明爸爸连连答应。请问，监护人应当如何预防未成年人出现安全事故呢？

学法用法

少年强则国强，未成年人是祖国未来的希望。而保护未成年人的安全，防止未成年人发生安全事故，是监护人义不容辞的责任，对此，《未成年人保护法》在第十六条中以法律的形式明确了监护人应当承担起保障未成年人生活、健康、安全的职责，还应当对未成年人进行安全教育，让孩子们拥有自我保护的意识和能力。此外，该法第十八条还具体明确列举了未成年人的父母或者其他监护人应当提供的安全防护措施，如监护人应当及时排除引发触电、烫伤、跌落等伤害的安全隐患以及配备儿童安全座椅、教育未成年人遵守交通规则等。

具体到上面的案例，小明的爸爸刚买车，可能不太清楚应当为小孩子配备儿童安全座椅的规定。这里提醒未成年人的监护人，应当关注未成年人保护的相关知识，有意识地为家里的小朋友提供安全的成长环境。

法条链接

《中华人民共和国未成年人保护法》

第十六条 未成年人的父母或者其他监护人应当履行下列监护职责：

（一）为未成年人提供生活、健康、安全等方面的保障；

……

（四）对未成年人进行安全教育，提高未成年人的自我保护意识和能力；

……

第十八条 未成年人的父母或者其他监护人应当为未成年人提供安全的家庭生活环境，及时排除引发触电、烫伤、跌落等伤害的安全隐患；采取配备儿童安全座椅、教育未成年人遵守交通规则等措施，防止未成年人受到交通事故的伤害；提高户外安全保护意识，避免未成年人发生溺水、动物伤害等事故。

温馨贴士

作为监护人，应当掌握相关的安全知识，为孩子提供健康、安全的成长环境。同时，我们青少年也要有意识地接触、学习这些安全知识，提高自我保护能力。

5 孩子被伤害，家长推脱不管是违法的吗?

▷ 案例回放

小梅今年10周岁了，在某小学读四年级，由于家离学校比较近，她经常一个人走路回家。一天放学，小梅和往常一样往家走，途中，一个看起来精神不正常的人忽然对小梅诡异地笑，小梅有点害怕，就跑了起来。没想到，那人追了上来，一把抓过小梅的头发，往嘴里塞，说："海带，好吃!"路过的人看到后，连忙将两人分开。小梅吓得瘫坐在地上。好心人给小梅的爸爸打电话，让他来接孩子。但是，接到电话的小梅爸爸正在打麻将，他认为女儿不过是被人抓了一下头发，没出什么大事情，便让小梅自己走回家。请问，爸爸的做法正确吗?孩子被伤害，家长推脱不管是违法的吗?

◯ 学法用法

根据《未成年人保护法》第二十条的规定，在未成年人身心健康受到伤害或者疑似受到伤害后，未成年人的监护人应当及时了解情况并采取保护措施;情况严重的，还应当及时报告公安、民政、教育等部门。也就是说，未成年人的监护人在未成年人受到身心伤害后，是不能置之不理的。

具体到上面的案例，小梅被精神不正常的人抓头发，受到了惊吓，而小梅的爸爸因为在打麻将，不想管这件事情，是严重的不负责任的表现。虽然这可能没有对小梅造成大的身体伤害，但其精神上受到了惊吓，小梅的爸爸应当立即赶到现场，安抚小梅的情绪，处理后续事宜。

🏛 法条链接

《中华人民共和国未成年人保护法》

第二十条　未成年人的父母或者其他监护人发现未成年人身心健康受到侵害、疑似受到侵害或者其他合法权益受到侵犯的,应当及时了解情况并采取保护措施;情况严重的,应当立即向公安、民政、教育等部门报告。

💡 温馨贴士

作为孩子的监护人,父母有保障未成年人的身体健康、照顾其生活、教育和保护未成年人的法定职责。在孩子受到伤害时,父母更应该承担起责任,主动关心孩子的心理和身体健康,处理相关事宜,确保孩子健康成长。

6 父母将未成年的孩子独自留在家,这种行为合法吗?

▶ 案例回放

小果今年 14 周岁,她还有个妹妹小花,今年 7 周岁。放暑假后,姥姥生病了,妈妈忙于照顾姥姥,将姐妹两人留给小果爸爸照顾。8 月初,爸爸的工作开始忙碌起来,经常加班到很晚,小果便自己学着做饭、洗衣、打扫,照顾妹妹。爸爸看到小果越来越能干,很是开心。8 月 20 日,爸爸临时接到通知,需要去外地出差,虽然妈妈还没从姥姥家回来,但是爸爸想到小果会做一些简单的家务,可以照顾妹妹小花,让小果和妹妹独自生活几天应该也不会出事,就放心地出差了。请问,爸爸可以将未成年的小果和小花留在家吗？可以让小果照顾小花吗？

学法用法

小果爸爸的做法是错误的，爸爸不能让未成年的小果照顾妹妹小花。根据《未成年人保护法》第二十一条第一款的规定，对于未满8周岁或者由于身体、心理原因需要特别照顾的未成年人，监护人不可以将其交由不适宜的人员临时照护，这些不适宜的人员中就有无民事行为能力人和限制民事行为能力人。换言之，监护人不得将未满8周岁的未成年人交由未成年人临时照顾。

具体到上述案例，虽然小果能简单地做一些家务，但爸爸也不能完全地将未满8周岁的妹妹托付给小果照看。爸爸出差期间，应当委托合适的人选照顾姐妹俩的生活起居和安全。

法条链接

《中华人民共和国未成年人保护法》

第二十一条第一款 未成年人的父母或者其他监护人不得使未满八周岁或者由于身体、心理原因需要特别照顾的未成年人处于无人看护状态，或者将其交由无民事行为能力、限制民事行为能力、患有严重传染性疾病或者其他不适宜的人员临时照护。

温馨贴士

未满8周岁的孩子，由于其生理和心理不是很成熟，基于此特点，更需要监护人细心照料，对于监护人的要求也就更高。在监护人无法看护的情况下，监护人也要对临时照管的人格外注意，其应当有相应的能力照顾好孩子，并且不能有不适宜照顾的情形。

7 15周岁的少年可以独居吗?

案例回放

小江今年15周岁,正在读高一。在小江6周岁那年,小江的爸爸妈妈因感情破裂而离婚,爸爸获得了小江的抚养权,小江一直跟着爸爸一起生活。去年,小江的爸爸又结婚了。爸爸认为小江已经长大了,可以独立生活了,再和自己一起生活可能会影响夫妻感情,就另外买了一套新房,和新婚妻子搬进去住,只是周末的时候让小江来新居做客,顺便关心一下小江的生活。最近,小江妈妈从国外回来看望小江,才知道小江已经独自生活一年了。小江妈妈很是气愤,认为小江爸爸很不负责,让小江一个人生活。请问,监护人可以让15周岁的少年独自生活吗?

学法用法

小江爸爸的做法是错误的,不能让15岁的小江独自生活。青少年是国家的未来,由于未成年人在心理和生理上都不成熟,认识能力和控制能力有限,自我保护的能力也不足,需要监护人的照顾。《未成年人保护法》第二十一条第二款明确规定,未成年人的父母或者其他监护人不得使未满16周岁的未成年人脱离监护单独生活。对于未满16周岁的未成年人,监护人应当与其共同生活,给予照料、保护。

具体到上述案例,小江今年15周岁,属于未满16周岁的未成年人,小江的爸爸是不能让他独自生活的。

法条链接

《中华人民共和国未成年人保护法》

第二十一条第二款 未成年人的父母或者其他监护人不得使未满十六周岁的未成年人脱离监护单独生活。

温馨贴士

未满16周岁的青少年，即使已经能做简单的家务劳动，其心理还是和成年人有很大区别的，需要监护人在生活中予以关注和照料，父母应当给予其足够的关心，不能为了自己生活方便而让其单独生活。

8 父母外出打工，应该怎样给孩子选照护人？

案例回放

小阳爸爸今年做生意失败，欠下了一大笔外债，找工作也很不顺利，能找到的工作薪资都很低，偿还借款遥遥无期。于是，小阳的爸爸妈妈商量，准备一起去深圳找工作，工资可能要高很多。但是，小阳今年12周岁，正在读六年级，爸爸妈妈还没在深圳安顿下来，把小阳带过去读书很不现实。请问，应该将小阳交给谁照顾呢？小阳的爷爷有酗酒的恶习，姥姥爱打牌，都不适合带着小阳一起生活。小阳的姑姑家还有一个孩子，可以将小阳托付给姑姑吗？

学法用法

小阳的爸爸妈妈能否将小阳托付给姑姑，不仅应当考虑到姑姑家是否有条件和能力照顾小阳，还应当听取小阳的意见。

父母由于各种原因，需要外出务工，可能在一定时间内都无法陪伴在孩子身边，关心照顾孩子，根据《未成年人保护法》第二十二条的规定，其是可以委托有照护能力的完全民事行为能力人代为照护的。但不是所有人都可以成为被委托的照护人的。父母在选择照护人的时候，应当综合考虑其道德品质、家庭状况、身心健康状况、与未成年人生活情感上的联系等情况，并听取有表达意愿能力未成年人的意见。同时，有下列情形的，也不能委托为照护人：（1）曾实施性侵害、虐待、遗弃、拐卖、暴力伤害等违法犯罪行为；（2）有吸毒、酗酒、赌博等恶习；（3）曾拒不履行或者长期怠于履行监护、照护职责；（4）其他不适宜担任被委托人的情形。

具体到上面的案例，小阳的爷爷有酗酒的恶习，姥姥爱打牌，存在不能作为被委托人的情形，小阳的爸爸妈妈不能将小阳委托给爷爷、姥姥照护。小阳的爸爸妈妈可以问问小阳的意见，综合考虑小阳姑姑家是否适合小阳成长，再决定由谁代为照护小阳。

法条链接

《中华人民共和国未成年人保护法》

第二十二条　未成年人的父母或者其他监护人因外出务工等原因在一定期限内不能完全履行监护职责的，应当委托具有照护能力的完全民事行为能力人代为照护；无正当理由的，不得委托他人代为照护。

未成年人的父母或者其他监护人在确定被委托人时，应当综合考虑其道德品质、家庭状况、身心健康状况、与未成年人生活情感上的联系等情况，并听取有表达意愿能力未成年人的意见。

具有下列情形之一的，不得作为被委托人：

（一）曾实施性侵害、虐待、遗弃、拐卖、暴力伤害等违法犯

罪行为;

（二）有吸毒、酗酒、赌博等恶习;

（三）曾拒不履行或者长期怠于履行监护、照护职责;

（四）其他不适宜担任被委托人的情形。

温馨贴士

父母可能因为各种原因,不能陪伴在孩子身边,找到一个合适的人照护孩子就显得格外重要。在确定被委托人的时候,父母应当谨慎考虑,尊重孩子的意愿,选择最适合的人照顾孩子。

9 父母外出打工后，对孩子的学习和生活等可以抛诸脑后吗？

案例回放

小朱今年12周岁。小朱的爸爸妈妈从小朱2周岁起就外出务工,在经济比较发达的省会城市工作,赚钱养家。小朱一直跟着爷爷奶奶长大。去年8月,小朱的爸爸妈妈给小朱生了一个弟弟,弟弟还小,爸爸妈妈就带着弟弟一起在省会城市生活。但是,自从爸爸妈妈生下弟弟之后,就很少回来看小朱了,也很少打电话问小朱的生活、学习情况。小朱心里感到很委屈,难道爸爸妈妈将自己交给爷爷奶奶照顾后,就可以不关心自己了吗?

学法用法

一些家庭的父母为了赚钱养家而背井离乡,将孩子留在家中由老人照料。即使不能在孩子身边陪伴孩子成长,父母也应当经常关心孩子的生活和学习状况,给予孩子父爱和母爱。对此,《未成年人保护法》第二十三条明确规定，未成年人的父母与未成年人、被委托人至少每周联系和交流一次，了解未成年人的生活、学习、心理等情况，并给予未成年人亲情关爱。

具体到上面的案例，小朱的爸爸妈妈外出务工，将小朱留给爷爷奶奶照顾，虽然平时工作很忙，但还是应当抽出时间来关心小朱的学习、生活情况，给予小朱足够的关心和爱。

法条链接

《中华人民共和国未成年人保护法》

第二十三条第一款 未成年人的父母或者其他监护人应当及时将委托照护情况书面告知未成年人所在学校、幼儿园和实际居住地的居民委员会、村民委员会，加强和未成年人所在学校、幼儿园的沟通；与未成年人、被委托人至少每周联系和交流一次，了解未成年人的生活、学习、心理等情况，并给予未成年人亲情关爱。

温馨贴士

孩子的健康成长不仅需要父母经济上的支持，更需要父母精神上的关爱。父母即使将孩子委托给他人照顾，也应当经常和孩子联系，关心孩子的生活和学习情况，给予孩子足够的爱，让孩子在关爱中成长。

10 父母离婚后，一方可以不通知对方直接将孩子带走吗？

案例回放

小明今年6周岁了，一直和妈妈在A市生活，爸爸则在200公里之外的B市上班，每个月才回家一次。由于常年聚少离多，爸爸妈妈的感情出现了问题，爸爸向法院起诉离婚，最终，爸爸以妈妈没有经济来源为由取得了小明的抚养权。小明被爸爸带到了B市一起生活。由于爸爸平时工作很忙，没有太多时间照顾小明，小明到了一个新环境也需要时间适应，小明很不开心，经常和妈妈打电话倾诉。妈妈认为小明不适合和爸爸在一起生活，没有通知小明的爸爸，赶到B市在小明放学时将他接走并带回A市，想夺回小明的抚养权。请问，小明妈妈的做法正确吗？父母离婚后，一方可以不通知对方直接将孩子带走吗？

学法用法

妈妈的做法是错误的，妈妈不能不通知小明的爸爸就私自带走小明。有孩子的夫妻离婚时，应当按照最有利于未成年人的原则，妥善处理好未成年子女的抚养、教育事宜。根据《未成年人保护法》第二十四条的规定，未成年人的父母不得以抢夺、藏匿未成年子女等方式争夺抚养权；离婚后，不直接抚养未成年子女的一方应当依照协议、人民法院判决或者调解确定的时间和方式，在不影响未成年人学习、生活的情况下探望未成年子女。

具体到上面的案例，妈妈关心小明的生活情况在情理之中，但应当以合理的方式处理与小明爸爸之间的关系，不能在没有通知小明爸爸的情况下直接带走小明，这是不合法的。

法条链接

《中华人民共和国未成年人保护法》

第二十四条 未成年人的父母离婚时，应当妥善处理未成年子女的抚养、教育、探望、财产等事宜，听取有表达意愿能力未成年人的意见。不得以抢夺、藏匿未成年子女等方式争夺抚养权。

　　未成年人的父母离婚后，不直接抚养未成年子女的一方应当依照协议、人民法院判决或者调解确定的时间和方式，在不影响未成年人学习、生活的情况下探望未成年子女，直接抚养的一方应当配合，但被人民法院依法中止探望权的除外。

温馨贴士

　　在确定了抚养人之后，不直接抚养孩子的一方应当充分尊重对方的抚养权，按照约定或者判决的时间和方式行使探望孩子的权利，切不可不告知对方，就直接带走孩子，影响孩子的学习和生活。

第二节　学校保护

1　学校应当为残疾学生提供专用的学习生活设施吗？

案例回放

　　小虎在4周岁的时候因为一场车祸失去了双腿，由于行动不便，家人一直将他照顾得无微不至。转眼间，小虎到了该上小学的年纪，他对跟其他小朋友一起进入小学读书满怀憧憬。但是，开学之后没有几天小虎便不愿意再去学校，并且闷闷不乐。后来，经过妈妈耐心询问才得知，小虎上厕所非常不便。于是，小虎的妈妈找到班主任老师，希望老师能多给予小虎一些帮助，同时建议学校在厕所加装一些残疾人专用设施。老师答应可以对小虎给予更多关心和帮助，但对于改造加装厕所设施表示很为难。请问，学校应当为残疾学生提供专用的学习生活设施吗？

学法用法

学校对于残疾学生使用厕所不方便的问题应当予以解决。根据《宪法》第四十六条的规定，公民有受教育的权利和义务。每个公民都应当接受教育，不能因为疾病或者残障而失去受教育权。根据《未成年人保护法》第二十九条、第八十三条的规定，学校应当平等地关心、爱护未成年学生，对身心有障碍的学生，应当提供关爱。各级政府要采取措施保障残疾未成年人接受义务教育。据此可知，政府和学校应当保障残疾人在学校平等接受义务教育，为残疾学生接受教育提供一个良好的学习环境。

在上面的案例中，小虎虽然是一名腿部残疾儿童，但是他有平等接受义务教育的权利，学校的老师应当积极引导学生对残疾学生多加帮助，避免小虎在学校受到歧视。同时，学校应当加装或改造适合残疾学生的厕所设施，设置无障碍厕所、无障碍通道等，从基础设施上保障如小虎这样的学生顺利完成学业，实现特殊学生与普通学生的融合教育。

法条链接

《中华人民共和国宪法》

第四十六条 中华人民共和国公民有受教育的权利和义务。

国家培养青年、少年、儿童在品德、智力、体质等方面全面发展。

《中华人民共和国未成年人保护法》

第二十九条 学校应当关心、爱护未成年学生,不得因家庭、身体、心理、学习能力等情况歧视学生。对家庭困难、身心有障碍的学生,应当提供关爱;对行为异常、学习有困难的学生,应当耐心帮助。

学校应当配合政府有关部门建立留守未成年学生、困境未成年学生的信息档案,开展关爱帮扶工作。

第八十三条第一款 各级人民政府应当保障未成年人受教育的权利,并采取措施保障留守未成年人、困境未成年人、残疾未成年人接受义务教育。

温馨贴士

残疾人同正常人一样享有平等的接受教育的权利,学校应当保障残疾人受教育的权利,为其创造一个良好的环境。如果身边有身体残疾的同学,我们应当对其加以照顾,为其在学校的基本生活提供便利。

2 未成年人犯罪后还能接受义务教育吗?

案例回放

图图今年14周岁,由于父母一直在外地做生意,从小由爷爷奶奶照顾。随着图图渐渐长大,爷爷奶奶对他的管教已经显得力不从心。图图经常逃学去打游戏,结识了一群社会青年,觉得抽烟、喝酒、打架都是非常酷的行为,便经常跟所谓的"大哥"一起混迹社会。一次,"大哥"带领图图等一群小弟去打群架,将对方的一人打成重伤。图图因未满 18 周岁，被送到未成年犯管教所接受教育管理。请问，在未成年犯管教所时，图图还能接受义务教育吗？

学法用法

图图在未成年犯管教所也应当接受义务教育。根据《义务教育法》第二十一条规定，对未完成义务教育的未成年犯和被采取强制性教育措施的未成年人应当进行义务教育，所需经费由人民政府予以保障。由此可知，未成年人犯罪后同样享有受教育的权利。负责对未成年犯管制的相关部门应提供条件保障适龄未成年犯完成义务教育，以保障未成年犯在被解除强制性教育措施后能够迅速回归社会，最大限度地维护未成年人的合法权益。

在上面的案例中，图图作为应当接受义务教育的未成年人，在未成年犯管教所接受教育改造期间应当继续接受义务教育，所需经费由人民政府予以保障。

法条链接

《中华人民共和国义务教育法》

第二十一条 对未完成义务教育的未成年犯和被采取强制性教育措施的未成年人应当进行义务教育，所需经费由人民政府予以保障。

《中华人民共和国预防未成年人犯罪法》

第五十三条 对被拘留、逮捕以及在未成年犯管教所执行刑罚的未成年人，应当与成年人分别关押、管理和教育。对未成年人的社区矫正，应当与成年人分别进行。

对有上述情形且没有完成义务教育的未成年人，公安机关、人民检察院、人民法院、司法行政部门应当与教育行政部门相互配合，保证其继续接受义务教育。

第五十四条 未成年犯管教所、社区矫正机构应当对未成年犯、未成年社区矫正对象加强法治教育，并根据实际情况对其进行职业教育。

温馨贴士

教育对推动社会发展进步起着重要的作用，良好的教育能帮助未成年人形成正确的世界观、人生观和价值观。对于已经犯罪的未成年人，仍然要保证他们受教育的权利，可以通过良好的教育，帮助他们改过自新，也可以进一步提升他们的科学文化素质，有利于他们在完成刑罚改造后更好地融入社会生活。

3 学校开设重点班的做法正确吗？

案例回放

小薇在一所初中任教，该校在每个年级都分设了重点班和非重点班。为了保证升学率，学校给每个重点班都配备了更优秀的教师资源。工作一段时间后，结合自身上学时候的心理感受，小薇觉得学校分设重点班和非重点班的行为不利于学生的发展，无形中会增加重点班学生的心理压力，也容易使非重点班的学生自暴自弃。于是，在一次校务会议上，小薇向校领导提出了取消重点班的建议。请问，学校开设重点班的做法正确吗？

学法用法

学校开设重点班着重培养成绩优异学生的做法是不正确的。《义务教育法》第二十二条第一款明确规定，学校不得分设重点班和非重点班。同时，该法第五十七条规定，在学校有此种行为时，由县级人民政府教育行政部门责令限期改正；情节严重的，对直接负责的主管人员和其他直接责任人员依法给予处分。

在本案中，小薇所在学校将班级分为重点班与非重点班的行为是违法的。学校应当保证所有学生享受平等的教育资源，不能根据成绩区别对待。小薇向学校提出取消重点班的建议是正确的，学校应当取消重点班。

法条链接

《中华人民共和国义务教育法》

第二十二条第一款 县级以上人民政府及其教育行政部门应当促进学校均衡发展，缩小学校之间办学条件的差距，不得将学校分为重点学校和非重点学校。学校不得分设重点班和非重点班。

第五十七条 学校有下列情形之一的，由县级人民政府教育行政部门责令限期改正；情节严重的，对直接负责的主管人员和其他直接责任人员依法给予处分：

（一）拒绝接收具有接受普通教育能力的残疾适龄儿童、少年随班就读的；

（二）分设重点班和非重点班的；

（三）违反本法规定开除学生的；

（四）选用未经审定的教科书的。

温馨贴士

每个人都有平等接受教育的权利，教学资源分配不公平，会导致部分学生无法接受良好的教育。法律禁止分设重点班与非重点班，可以正确引导学校公平分配教学资源，一视同仁地对待每一位学生，使青少年都能够接受良好的教育。

4 老师能因学生成绩差将其安排到最后一排吗？

案例回放

小美出生在一个偏远农村，父母为了给她创造更好的生活条件，很早就来到城市打工。经过多年的奋力打拼，终于在城市安家落户，便将已经上小学六年级的小美从农村接到城市上学。由于小美学习基础比较差，再加上到新学校不适应，她读书非常吃力，久而久之便成为班级的学习"困难户"。老师认为小美可能不太适合学习，便将她的座位调换到最后一排的角落里。小美对此感到很伤心。请问，老师的行为合法吗？

学法用法

老师的做法是违法的，不能因为小美的成绩差就将她的座位安排在最后一排。《未成年人保护法》第二十九条第一款明确规定，学校应当关心、爱护未成年学生，不得因家庭、身体、心理、学习能力等情况歧视学生。对学习有困难的学生，应当耐心帮助。由此可知，每一个学生都有平等的受教育权，老师不能因为学生的成绩不好而区别对待。

在上面的案例中，小美来到城市读书后学习比较吃力，老师将她的座位安排在最后一排是对她的一种变相歧视，会给小美的心理造成伤害，导致小美失去学习的信心。老师应当对小美多加关心，通过耐心的教育、辅导，帮助小美提高学习成绩。

法条链接

《中华人民共和国未成年人保护法》

第二十九条　学校应当关心、爱护未成年学生，不得因家庭、身体、心理、学习能力等情况歧视学生。对家庭困难、身心有障碍的学生，应当提供关爱；对行为异常、学习有困难的学生，应当耐心帮助。

学校应当配合政府有关部门建立留守未成年学生、困境未成年学生的信息档案，开展关爱帮扶工作。

温馨贴士

每一个学生都有平等的受教育权，学校和老师不能因为学生的成绩好坏而区别对待。作为未成年人，学生的身体和心理都处于发育阶段，不平等对待的行为可能会给学生造成严重的心理伤害。学校应当为未成年人创造一个良好的学习环境，老师应当对学生多加关心，聆听学生的内心，给予成绩差的学生更多的帮助。

5 为了提高学生的文化课成绩，学校可以压缩文体课程的时间吗？

案例回放

第一中学是某市一所教学质量非常好的中学，因为较高的升学率，受到本市家长的青睐。新学年开始后，为了进一步提高学生文化课成绩，校领导班子研究决定，压缩文体课程时间：从初二年级开始，将教学大纲中规定的每周一节的美术课和音乐课取消，每周两节的体育课压缩为一节。请问，为了提高文化课成绩，学校可以压缩文体课程的时间吗？

学法用法

学校不能以提高学生文化课成绩为借口，压缩文体课程的时间。我国鼓励和推进素质教育，目的是使孩子在学校能够得到全方位的发展和锻炼。《义务教育法》第三十四条规定，教育教学工作应当符合教育规律和学生身心发展特点，面向全体学生，教书育人，将德育、智育、体育、美育等有机统一在教育教学活动中，注重培养学生独立思考能力、创新能力和实践能力，促进学生全面发展。《未成年人保护法》第三十三条第一款也规定，学校应当与未成年学生的父母或者其他监护人互相配合，保证未成年学生的睡眠、娱乐和体育锻炼时间。

在上面的案例中，该所中学为了提高学生的文化课成绩，取消了美术课、音乐课，缩短了体育课的时间，这样的做法不利于学生全面发展，是错误的，也是违法的。

法条链接

《中华人民共和国义务教育法》

第三十四条 教育教学工作应当符合教育规律和学生身心发展特点，面向全体学生，教书育人，将德育、智育、体育、美育等有机统一在教育教学活动中，注重培养学生独立思考能力、创新能力和实践能力，促进学生全面发展。

《中华人民共和国未成年人保护法》

第三十三条第一款 学校应当与未成年学生的父母或者其他监护人互相配合,合理安排未成年学生的学习时间,保障其休息、娱乐和体育锻炼的时间。

💡 温馨贴士

学校课程设置应当符合国家有关素质教育的要求,要与基本教学大纲相一致。学校在培养学生的过程中,将孩子局限于学习文化知识的范围内,不利于发挥学生各方面特长,严重的还可能导致未成年学生的厌学情绪。

6 学校可以强制学生购买网课吗?

▶ 案例回放

天天是某中学初三年级的学生,从小父母离异,跟随母亲生活。虽然母亲为了养家到处奔波没有很多时间管教他,但是天天的学习成绩一直不错。放寒假前,老师向班里的学生推荐了一款质量非常高的网课,让学生在假期学习,为开学之后的中考冲刺做准备,并要求全班同学必须购买。天天认为这套网课价格太高,自己在家完全可以自学,不需要购买网课。于是,天天向老师表明不购买网课的想法,但老师说这是学校要求初三年级学生统一购买的。请问,学校可以强制学生购买网课吗?

学法用法

学校不可以强制学生购买网课,这种行为是违法的。根据《义务教育法》第二十五条规定,学校不得违反国家规定收取费用,不得以向学生推销或者变相推销商品、服务等方式谋取利益。《未成年人保护法》第三十八条第一款也作出规定，学校不得向未成年人及其父母或者其他监护人推销或者要求其购买指定的商品和服务。由此可知，法律是禁止学校向学生推销商品或服务的。

在上面的案例中，天天的学校强迫学生购买网课的行为是违法的。学校不能利用自身优势地位和便利条件向学生推荐商品。强迫学生购买商品的行为更是有损学校形象。因此，天天可以拒绝购买学校推荐的商品。

法条链接

《中华人民共和国义务教育法》

第二十五条 学校不得违反国家规定收取费用，不得以向学生推销或者变相推销商品、服务等方式谋取利益。

第五十六条第二款 学校以向学生推销或者变相推销商品、服务等方式谋取利益的，由县级人民政府教育行政部门给予通报批评；有违法所得的，没收违法所得；对直接负责的主管人员和其他直接责任人员依法给予处分。

《中华人民共和国未成年人保护法》

第三十八条 学校、幼儿园不得安排未成年人参加商业性活动，不得向未成年人及其父母或者其他监护人推销或者要求其购买指定的商品和服务。

学校、幼儿园不得与校外培训机构合作为未成年人提供有偿课程辅导。

💡 温馨贴士

　　法律禁止学校强制学生购买商品。从交易原则方面来讲，买卖要遵循自愿、公平的原则，学校不得利用自己的优势地位和便利条件强迫学生购买商品和服务；从学校的公益性质来讲，学校是教书育人的地方，强制学生购买商品的做法会破坏学校的形象。如果遇到学校强制购买商品的情况，学生和家长要勇于拒绝学校的不当行为，并向有关部门举报，要学会维护自身的合法权益。

7 学校能否通过罚款的方式对违反校规的学生进行处理？

▷ 案例回放

　　A校因为管理松散，导致升学率一直提不上去。为了提高学生的学习成绩，学校校务会研究决定出台新的校规校纪，并且出台相应的惩罚措施，以规范学生在校期间的各项行为。每个班级利用周例会时间，由老师对违反校规校纪的同学进行通报批评，并且违反相应条款的学生还要接受罚款的处理。本周，初二年级五班的小叶因为迟到被罚款10元，小红因为着装不符合要求被罚款20元，小刚因为上课吃东西被罚款10元……学生对学校的罚款决定纷纷表示抗议，老师却认为通过这种方式可以高效规范学生的行为。请问，学校能否通过罚款的方式对违反校规的学生进行处理呢？

◎ 学法用法

　　学校不能通过罚款的方式对违反校规的学生进行处理，这种做法是违法行为。《义务教育法》第二条明确规定，义务教育是国家必须予以保障的公益性事业，国家实施九年义务教育，不收取学费、杂费。同时该法第五十六条第一款规定,学校违反国家规定收取费用的,由县级人民政府教育行政部门责令退还所收费用;对直接负责的主管人员和其他直接责任人员依法给予处分。由此可知,法律已经将义务教育规定为一项公益事业,在义务教育阶段,学校不能因为各种理由向学生收取或者变相收取费用,即便学校的主要目的不是获取经济利益,也不能向学生收费。

在上面的案例中,学校为了规范学生在校期间的行为,可以通过制定校规来约束、管理学生,但是,学校不能通过罚款的方式处罚违反校规校纪的学生。学校没有对学生罚款的权力。

法条链接

《中华人民共和国义务教育法》

第二条 国家实行九年义务教育制度。

义务教育是国家统一实施的所有适龄儿童、少年必须接受的教育,是国家必须予以保障的公益性事业。

实施义务教育,不收学费、杂费。

国家建立义务教育经费保障机制,保证义务教育制度实施。

第五十六条第一款 学校违反国家规定收取费用的,由县级人民政府教育行政部门责令退还所收费用;对直接负责的主管人员和其他直接责任人员依法给予处分。

温馨贴士

罚款是一种行政处罚方式,只有法律规定的国家权力机关才能行使。学校并没有罚款的权力,不能对学生实行罚款处罚。学校可以通过思想教育、宣传展报等多种形式,引导教育学生遵规守纪。

8 老师能否用"冷暴力"对待学生呢?

▶ 案例回放

小强是一名活泼好动的小学生,平时比较调皮、爱说爱笑。忽然有一段时间,父母发现小强的情绪比较低落,与平常差别很大,便询问其原因。刚开始小强不愿意向父母提起,后来在父母的再三追问下便说出了实情:小强所在班级开学之后换了新班主任,新老师很重视学习成绩好的学生,因为小强等学生成绩排名比较靠后,老师便将他们的座位调到最后一排,平时也不太爱搭理小强等人。最近班级正在筹备新年联欢会,老师也没有让小强等学生参加活动。父母听后,觉得老师的做法严重伤害了小强的自尊心。请问,老师能否用"冷暴力"对待学生呢?

◎ 学法用法

老师不能对学生使用"冷暴力",这种行为是违法的。所谓"冷暴力"是指老师不是通过打骂,而是通过对学生进行语言上的嘲讽、故意忽视、冷漠等行为使学生在心理和精神上受到侵害。《未成年人保护法》第二十七条和第二十九条第一款分别作出了规定,学校的教职工应当尊重未成年人人格尊严,不得实施体罚、变相体罚或者其他侮辱人格尊严的行为,学校应当关心、爱护未成年学生,不得歧视学生。该法第三十九条第一款还规定,学校应当建立学生欺凌防控工作制度,对教职员工和学生开展防欺凌教育。由此可知,法律明确规定教师要爱护学生,不能变相体罚或者侮辱学生人格。

我国《中小学教育惩戒规则（试行）》第十二条规定，教师在教育教学管理、实施教育惩戒过程中，不得有下列行为："（一）以击打、刺扎等方式直接造成身体痛苦的体罚；（二）超过正常限度的罚站、反复抄写，强制做不适的动作或者姿势，以及刻意孤立等间接伤害身体、心理的变相体罚；（三）辱骂或者以歧视性、侮辱性的言行侵犯学生人格尊严；（四）因个人或者少数人违规违纪行为而惩罚全体学生；（五）因学业成绩而教育惩戒学生；（六）因个人情绪、好恶实施或者选择性实施教育惩戒；（七）指派学生对其他学生实施教育惩戒；（八）其他侵害学生权利的。"由此可见，老师应当遵守法律法规及师德的要求，对学生一视同仁，不能歧视、排挤学生。如果老师未遵守本条规定，对学生实施了禁止实施的惩戒行为的，则需要根据《中小学教育惩戒规则（试行）》第十五条第二款的规定承担相应的法律责任。

在上面的案例中，小强等学生虽然成绩不好，但这并不是他犯下的错误。老师应当团结班级力量，帮助后进学生提高成绩，而不是对成绩不好的学生戴"有色眼镜"，对学生实施"冷暴力"。

法条链接

《中华人民共和国未成年人保护法》

第二十七条 学校、幼儿园的教职员工应当尊重未成年人人格尊严，不得对未成年人实施体罚、变相体罚或者其他侮辱人格尊严的行为。

第二十九条第一款 学校应当关心、爱护未成年学生，不得因家庭、身体、心理、学习能力等情况歧视学生。对家庭困难、身心有障碍的学生，应当提供关爱；对行为异常、学习有困难的学生，应当耐心帮助。

第三十九条第一款 学校应当建立学生欺凌防控工作制度,对教职员工、学生等开展防治学生欺凌的教育和培训。

《中小学教育惩戒规则（试行）》

第十二条 教师在教育教学管理、实施教育惩戒过程中,不得有下列行为：

（一）以击打、刺扎等方式直接造成身体痛苦的体罚；

（二）超过正常限度的罚站、反复抄写,强制做不适的动作或者姿势,以及刻意孤立等间接伤害身体、心理的变相体罚；

（三）辱骂或者以歧视性、侮辱性的言行侵犯学生人格尊严；

（四）因个人或者少数人违规违纪行为而惩罚全体学生；

（五）因学业成绩而教育惩戒学生；

（六）因个人情绪、好恶实施或者选择性实施教育惩戒；

（七）指派学生对其他学生实施教育惩戒；

（八）其他侵害学生权利的。

第十五条第二款 教师违反本规则第十二条,情节轻微的,学校应当予以批评教育；情节严重的,应当暂停履行职责或者依法依规给予处分；给学生身心造成伤害,构成违法犯罪的,由公安机关依法处理。

第十六条第二款 家长对教师实施的教育惩戒有异议或者认为教师行为违反本规则第十二条规定的,可以向学校或者主管教育行政部门投诉、举报。学校、教育行政部门应当按照师德师风建设管理的有关要求,及时予以调查、处理。家长威胁、侮辱、伤害教师的,学校、教育行政部门应当依法保护教师人身安全、维护教师合法权益；情形严重的，应当及时向公安机关报告并配合公安机关、司法机关追究责任。

温馨贴士

"教育冷暴力"是精神上的体罚，未成年人的心理比较脆弱，老师一个很细微的做法都可能会给学生带来沉重的精神负担。长期的嘲讽、恐吓、侮辱等言语刺激或对学生不闻不问，都会伤害学生的自信和自尊，使学生产生强烈的自卑与抗拒心理，导致他们厌学，甚至造成自闭，最终可能会影响学生的一生。

9 在义务教育阶段，学校可以开除学生吗？

案例回放

小刚的父母长期在外地打工，小刚一直由爷爷奶奶照顾。爷爷奶奶的年纪越来越大，对小刚的管教也越发觉得力不从心。上初中后，小刚觉得学习没什么意思，便整日浑浑噩噩、不思进取。后来他接触到了一群社会青年，一起抽烟、喝酒、打游戏，更加明目张胆地违反校规校纪。一次，小刚与班长因为值日问题发生了口角，随后，小刚在放学的路上将班长打伤。鉴于小刚的日常表现和本次的打人行为，学校决定对其作出开除的处理决定。爷爷找到学校希望学校不要开除小刚，并表示以后一定对其严加管教。请问，学校能开除小刚吗？

学法用法

学校不能开除小刚。根据《义务教育法》第二十七条规定，对违反学校管理制度的学生，学校应当予以批评教育，不得开除。同时，《未成年人保护法》第二十八条第一款也规定，学校应当保障未成年学生受教育的权利，不得违反国家规定开除、变相开除未成年学生。由此可见，学校应当保证未成年人接受义务教育的权利，对于正在接受义务教育的学生，应当采取正确的方式引导学生，对学生进行批评教育，而不能通过开除的方式剥夺他们接受义务教育的机会。

在上面的案例中，虽然小刚在学校的日常表现不佳，而且还因为值日问题将班长打伤，但是学校不能对其作出开除的处分决定。学校应当及时与家长沟通联系，对小刚进行批评教育，给予小刚更多的关心和照顾，从根本上引导小刚遵守学校规定，改正不良行为，远离社会不良青年。

法条链接

《中华人民共和国义务教育法》

第二十七条 对违反学校管理制度的学生，学校应当予以批评教育，不得开除。

《中华人民共和国未成年人保护法》

第二十八条第一款 学校应当保障未成年学生受教育的权利，不得违反国家规定开除、变相开除未成年学生。

温馨贴士

一些青少年在叛逆期可能会有不好的表现，简单的开除处理可能会给未成年人成长带来很严重的负面影响。学生的心理和身体都处于逐渐发育阶段，学校和家长都应当给予未成年人更多的关注和关心，积极引导他们正确对待生活；学生遇到困难或者在心理上产生变化时应及时与学校或者家长沟通，寻求成年人的指导和帮助。

10 学校可以在假期内安排学生补课吗？

案例回放

萌萌是一名成绩优异的初中生，暑假之后，她即将升入初三年级。期末考试结束后，学校认为本届毕业班学生在成绩上还有很大的提升空间，便决定缩短假期时间，想利用暑假给学生集体补课。然而，萌萌的父母在一个月之前就已经给她报名了英语夏令营。学校的补课决定与萌萌的夏令营发生了冲突，萌萌便向老师提出能否不参加学校的补课，可老师却说这是学校的统一安排，她也无能为力。请问，学校能利用暑假时间给学生补课吗？

学法用法

学校在假期内安排学生补课的做法是不符合法律规定的。根据《义务教育法》第三十七条规定，学校应当保证学生的课外活动时间，组织开展文化娱乐等课外活动。社会公共文化体育设施应当为学校开展课外活动提供便利。《未成年人保护法》第三十三条第二款规定，学校不得占用国家法定节假日、休息日及寒暑假期，组织义务教育阶段的未成年学生集体补课，加重其学习负担。由此可知，学校必须保证未成年学生的课外活动时间，保证他们的休息权，不能加重青少年的学习负担。寒暑假是学生必要的休息时间，学生可以通过这段时间调整自己的状态，让自己的身心得到有效的放松，学校无权剥夺。

在上面的案例中，学校不能安排学生在暑假期间补课，学校应当与父母配合保障学生的休息以及课外活动时间。对于学校安排的补课，萌萌等学生及其家长应当向学校提出建议，不应当占用假期时间为孩子补课，应当保障孩子有充分的时间参与课外活动。

法条链接

《中华人民共和国义务教育法》

第三十七条 学校应当保证学生的课外活动时间，组织开展文化娱乐等课外活动。社会公共文化体育设施应当为学校开展课外活动提供便利。

《中华人民共和国未成年人保护法》

第三十三条第二款 学校不得占用国家法定节假日、休息日及寒暑假期，组织义务教育阶段的未成年学生集体补课，加重其学习负担。

温馨贴士

学校占用学生假期时间补课，这样的行为会加重学生的学习负担，不但不利于学生提高学习成绩，而且可能会适得其反，让学生产生厌学心理。法律禁止学校占用假期时间为学生补课，可以保障未成年人的休息时间，使其有更多的机会参与课外实践活动，有利于提高学生的综合素质。

11 老师可以任意批评学生吗？

案例回放

丹丹是某中学初三的学生，她从小性格内向，遇到事情也不喜欢向他人倾诉。丹丹虽然学习成绩不好，但是长相漂亮，班里很多男孩子都喜欢她。临近毕业，班长小马觉得自己再不向丹丹表明心意就来不及了，便给丹丹写了一封情书。不巧的是，这封情书落到了班主任手里，班主任觉得小马学习成绩好便没有批评他，而是将丹丹叫到办公室对她进行了一番思想教育，告诉她要"安分守己"，不要因为自己长相漂亮就"勾搭"学习好的同学。丹丹心里很委屈，再加上面临毕业考试压力很大，终日闷闷不乐。丹丹的父母认为老师恶言相向导致孩子心理压力大，是违法的。请问，老师可以任意批评学生吗？

学法用法

《未成年人保护法》第二十七条规定，学校、幼儿园的教职员工应当尊重未成年人人格尊严，不得对未成年人实施体罚、变相体罚或者其他侮辱人格尊严的行为。由此可知，学校老师要充分尊重未成年人的人格，学生的身体和心理都处于发育阶段，如果教育方法不得当，很有可能给未成年人的心理造成严重的伤害，从而出现严重的后果。《教师法》第三十七条规定，教师品行不良、侮辱学生，影响恶劣的，由所在学校、其他教育机构或者教育行政部门给予行政处分或者解聘，情节严重，构成犯罪的，依法追究刑事责任。

在上面的案例中，小马应当以学习为重，给他人写情书确实不妥。但是，班主任却因小马成绩更好而偏向他，仅仅因丹丹成绩不好便对她差别对待，未能对学生做到一视同仁。并且，班主任在批评丹丹时，还采取了侮辱性词汇，侵害了丹丹的人格尊严。班主任应当为其言行承担相应的责任。此外，如果班主任的言论给丹丹造成严重精神损害，丹丹还可以向班主任要求精神损害赔偿。

法条链接

《中华人民共和国未成年人保护法》

第二十七条 学校、幼儿园的教职员工应当尊重未成年人人格尊严，不得对未成年人实施体罚、变相体罚或者其他侮辱人格尊严的行为。

《中华人民共和国教师法》

第三十七条 教师有下列情形之一的，由所在学校、其他教育机构或者教育行政部门给予行政处分或者解聘：

（一）故意不完成教育教学任务给教育教学工作造成损失的；

（二）体罚学生，经教育不改的；

（三）品行不良、侮辱学生，影响恶劣的。

教师有前款第（二）项、第（三）项所列情形之一，情节严重，构成犯罪的，依法追究刑事责任。

温馨贴士

老师要关心、爱护每一名学生，不能因为学生的成绩好坏、家庭条件等原因区别对待学生。此外，老师对学生的教育还要有耐心，遇事要以理服人，充分尊重学生的人格，不能用体罚、变相体罚或者其他侮辱人格尊严的方式解决问题，对于犯了错误的学生要给予申辩的机会，否则可能会给学生造成心理上的伤害。

12 学生在参加学校集体活动时受伤，学校需要承担责任吗？

▷ **案例回放**

某学校组织小学部学生自愿到该校中学部大礼堂观看文艺演出，活动散场时，由于出口较窄、人员较多，学校没有采取足够合理的安全保障措施，三年级学生嘟嘟不小心被身后的同学推倒，倒地后被随后拥挤的同学踩伤，造成肋骨骨折，花去了大量医药费。嘟嘟的家人找到学校，要求学校承担赔偿责任，但是学校认为此次活动是学生自愿参加的，并不是学校的硬性要求，学校不应当承担赔偿责任。请问，学生在参加学校组织的集体活动时受伤，学校是否需要承担责任呢？

◯ **学法用法**

学生在参加学校组织的活动时受伤，学校应当承担相应责任。《义务教育法》第二十四条第一款明确规定，学校应当建立、健全安全制度和应急机制，对学生进行安全教育，加强管理，及时消除隐患，预防发生事故。《未成年人保护法》第三十五条第三款也规定，学校、幼儿园安排未成年人参加文化娱乐、社会实践等集体活动，应当保护未成年人的身心健康，防止发生人身伤害事故。《民法典》也有相关规定。由此可知，学生在校期间，学校应当时刻注意增强学生的安全防范意识，加强对未成年人的安全教育工作，尤其在组织大型集会活动时，更要提前做好安保工作，通过采取合理有效的措施切实保障未成年人的人身安全。

在上面的案例中,学校在组织学生观看文艺演出活动之前,应当做好相关活动安排,尤其是在活动期间做好安全保障工作,确保学生的人身安全。在散场过程中,嘟嘟被同学推倒以致被踩伤,学校应当为嘟嘟的受伤承担相应责任。

法条链接

《中华人民共和国义务教育法》

第二十四条第一款 学校应当建立、健全安全制度和应急机制,对学生进行安全教育,加强管理,及时消除隐患,预防发生事故。

《中华人民共和国未成年人保护法》

第三十五条 学校、幼儿园应当建立安全管理制度,对未成年人进行安全教育,完善安保设施、配备安保人员,保障未成年人在校、在园期间的人身和财产安全。

学校、幼儿园不得在危及未成年人人身安全、身心健康的校舍和其他设施、场所中进行教育教学活动。

学校、幼儿园安排未成年人参加文化娱乐、社会实践等集体活动,应当保护未成年人的身心健康,防止发生人身伤害事故。

《中华人民共和国民法典》

第一千一百九十九条 无民事行为能力人在幼儿园、学校或者其他教育机构学习、生活期间受到人身损害的,幼儿园、学校或者其他教育机构应当承担侵权责任;但是,能够证明尽到教育、管理职责的,不承担侵权责任。

第一千二百条 限制民事行为能力人在学校或者其他教育机构学习、生活期间受到人身损害,学校或者其他教育机构未尽到教育、管理职责的,应当承担侵权责任。

温馨贴士

在组织学生参加学校活动时,学校有义务保障学生的人身安全。学校应当尽到告知义务、监管义务、保障义务等,通过采取各种积极措施保障学生人身安全。

13 校车司机可以将行驶路线改为陡坡路段吗?

案例回放

露露是某县中心小学的学生,由于家离学校比较远,每天需要乘坐校车往返。这天,露露与同学们一起像往常一样乘坐校车去学校,校车司机在接到所有学生后时间比平时晚了很多,因担心学生们上课迟到,校车司机便决定将驾驶路线改为较近的一条道路。但是,这条道路上有一个陡坡,很容易发生交通事故。果不其然,当校车行驶到陡坡路段时,一辆车撞到了校车的侧部,事故导致露露的手臂骨折。露露的父母认为校车司机私自变更行驶路线导致事故发生,学校应当为此承担责任。请问,校车司机可以将行驶路线改为有陡坡的路段吗?

学法用法

校车司机不能为了节省时间而将校车的行驶路线改为有陡坡的路段。我国《校车安全管理条例》第二十八条明确规定,校车行驶线路应尽量避开急弯、陡坡、临崖、临水的危险路段。为保障学生的安全和健康,学校应重视校车安全问题,杜绝各种安全隐患。在选择校车线路时,应当避开危险路段,将学生的安全放在第一位,不能为了避免交通拥堵、节省时间而增加发生危险的概率。

在上面的案例中，学校的校车司机为了节省时间，避免学生迟到选择走有陡坡的路线，导致发生车祸造成露露受伤，学校的工作人员存在过错，学校应当承担相应的责任。校车是保障学生安全到达学校的交通工具，在任何情况下，校车都应当将安全放在第一位，尽量避免在危险路段行驶。

法条链接

《校车安全管理条例》

第二十八条　校车行驶线路应当尽量避开急弯、陡坡、临崖、临水的危险路段；确实无法避开的，道路或者交通设施的管理、养护单位应当按照标准对上述危险路段设置安全防护设施、限速标志、警告标牌。

温馨贴士

危险路段上非常容易发生交通事故，为了保证学生的人身安全，我国法律明确规定校车应尽量避开在急弯、陡坡、临崖、临水等危险路段上行驶。

14　老师可以同意学生坐在副驾驶的位置吗？

案例回放

小强是某小学五年级一班的学生，也是他们班的班长。他品学兼优，各方面能力都比较强，是老师的得力小助手。一次，学校组织全体学生到郊区春游，由于路途较远，需要乘坐校车前往。上车前，小强一直帮助老师统计、清点上车的人数，等到他上车时前排已经没有了位置，于是，小强便就近坐到了副驾驶的位置，老师看到后也没有表示反对。请问，老师可以同意学生坐在副驾驶的位置吗？

学法用法

老师不应同意学生坐在副驾驶位置。我国《校车安全管理条例》第四十条第一款明确规定，校车的副驾驶座位不得安排学生乘坐。一辆行驶的汽车如果发生交通事故，最危险的就是副驾驶位置。校车需要保障所有乘坐的学生的人身安全，因此，在任何情况下，老师都不能让学生坐在校车的副驾驶座位上。

在上面的案例中，学校组织春游时，小强坐到了副驾驶的位置上，老师既没有制止，也没有把他安排到更合适的位置，老师的行为存在过错。

法条链接

《校车安全管理条例》

第四十条第一款 校车的副驾驶座位不得安排学生乘坐。

温馨贴士

通常来讲，副驾驶座位是车上危险系数最高的位置，一般在车祸发生时，驾驶员本能地对自己作出保护，而忽视副驾驶一侧的安全，同时，副驾驶座位的缓冲区较短，也增加了它的危险性。青少年的身体尚未发育完毕，体型达不到成年人的标准，副驾驶座位的气囊等保护装置都是按照成年人的体型来设置的，在交通事故发生时，气囊弹出的位置很可能是孩子头顶的位置，非但不能保护青少年，还可能会增加危险。

15 上劳动课也是法律要求的吗?

▷ 案例回放

小可是某区实验小学的一名学生。新学期开始后,学校里增加了一门劳动技术课。为了让学生们更好地理解这门课程的意义,老师们不仅在课堂上向同学们讲授劳动知识,课余时间还会带领同学们开展劳动实践活动。在课堂上,老师教他们洗衣服、整理物品、打扫卫生等劳动技巧与方法。在课堂外,老师还会带他们去敬老院,帮助老人们打扫卫生、捶背等。请问,小可上劳动课也是法律要求的吗?

◯ 学法用法

劳动是财富的源泉,人世间的美好梦想只有通过劳动才能实现,生命中一切辉煌只有通过劳动才能铸就。对于青少年来说,虽然学习是他们日常生活的重要内容之一,但劳动也是必不可少的。并且,《未成年人保护法》第三十一条规定,学校应当组织未成年学生参加与其年龄相适应的日常生活劳动、生产劳动和服务性劳动,帮助未成年学生掌握必要的劳动知识和技能,养成良好的劳动习惯。由此可见,上劳动课也是法律的要求,青少年朋友应该积极面对,认真履行法律的这一要求。

在上面的案例中,学校增加劳动课,不仅能够帮助青少年掌握劳动技巧,养成良好的劳动习惯,对他们的成长、成才也都具有十分重要的意义。

法条链接

《中华人民共和国未成年人保护法》

第三十一条 学校应当组织未成年学生参加与其年龄相适应的日常生活劳动、生产劳动和服务性劳动，帮助未成年学生掌握必要的劳动知识和技能，养成良好的劳动习惯。

温馨贴士

劳动不仅是中华民族的传统美德，更是法律的要求。作为青少年，我们应该学会劳动，在家做爱劳动的好孩子，在校做爱劳动的好学生，积极地投入力所能及的劳动活动中去。

16 幼儿园和培训班不能教授小学课程吗？

案例回放

琳琳3岁那年，琳琳妈妈考虑到她该上幼儿园了，正好小区里有一所民办幼儿园，不仅离家近，下班时接琳琳回家也比较方便，便将琳琳送到了该幼儿园。一年后，附近设立了一家公立幼儿园，不仅规模更大，各项设施也更加完善，家长们都更倾向于将孩子送到公立幼儿园。为了提高自己的竞争力，琳琳所在的幼儿园便开设了幼小衔接课程，教授孩子们拼音以及一些简单的算术。许多家长希望让孩子上小学后能够站在更高的起点上，便纷纷将孩子送到了该幼儿园。该幼儿园的教学行为很快便引起了当地教育部门的注意，教育部门责令该幼儿园限期进行整改。请问，幼儿园和培训班不能教授小学课程吗？

学法用法

在对未成年人进行教育时，应当根据未成年人不同年龄段身心发展特征的不同，有针对性地安排教育的方式。对于学龄前的儿童，应当尊重自然发展规律，尊重孩子的天性。如果让这一阶段的儿童过早地接触到小学的文化知识，智力发展的局限性大概率会让他们无法理解所学到的知识，进而对学习充满挫败感，影响未来正式上学后的学习积极性。因此，《未成年人保护法》第三十三条第三款规定，幼儿园、校外培训机构不得对学龄前未成年人进行小学课程教育。

在上面的案例中，该幼儿园应当合理安排教学活动，不能为了提高竞争力而违反法律的规定，在教学活动中安排本应在小学阶段教授的文化知识。该幼儿园应当执行教育部门下达的指令，立即对教学活动安排进行整改，避免再次在课程中出现不适合学龄前儿童学习的小学课程。

法条链接

《中华人民共和国未成年人保护法》

第三十三条第三款 幼儿园、校外培训机构不得对学龄前未成年人进行小学课程教育。

《中华人民共和国学前教育法》

第五十九条 幼儿园与小学应当互相衔接配合，共同帮助儿童做好入学准备和入学适应。

幼儿园不得采用小学化的教育方式，不得教授小学阶段的课程，防止保育和教育活动小学化。小学坚持按照课程标准零起点教学。

校外培训机构等其他任何机构不得对学前儿童开展半日制或者全日制培训，不得教授学前儿童小学阶段的课程。

温馨贴士

很多家长害怕自己的孩子输在起跑线上，在进入小学前就让孩子学习小学的文化知识。为了迎合家长的要求，幼儿园和一些校外培训机构会将小学文化课程列入教学内容，这是违反法律规定的，应该坚决予以抵制。

17 学校组织学生开展应急演练，是法律要求吗？

案例回放

某镇实验中学组织学生开展消防应急演练。学校邀请了县消防大队的五名消防员来学校进行演练。消防员向同学们讲解了火灾预防和发生后的注意事项，还亲自向同学们示范了正确使用干粉灭火器的方法。同学们听得都很认真，结束后，同学们有序地回到教室，等待拉响警报的那一刻。火灾警报器开始报警，同学们在老师们的正确引导下，用湿毛巾遮住口鼻，弯腰前进，沿着楼梯口，通过安全出口，绕行滚滚浓烟逃到楼下安全地带集合。请问，学校组织学生开展应急演练，是法律要求吗？

学法用法

学校组织应急演练活动不仅能够增强学生们的安全防范意识，还能提高学生们自救自护能力，减少或杜绝安全事故的发生。此外，它还有助于学生认识生命的意义与价值，使学生珍爱生命，敬畏生命。《未成年人保护法》第三十七条第一款规定:"学校、幼儿园应当根据需要,制定应对自然灾害、事故灾难、公共卫生事件等突发事件和意外伤害的预案,配备相应设施并定期进行必要的演练。"可见,学校组织学生开展应急演练是法律的要求。在上面的案例中,学校组织消防应急演练是履行法律义务的体现。

法条链接

《中华人民共和国未成年人保护法》

第三十七条第一款 学校、幼儿园应当根据需要,制定应对自然灾害、事故灾难、公共卫生事件等突发事件和意外伤害的预案,配备相应设施并定期进行必要的演练。

温馨贴士

生命是宝贵的,属于我们的生命只有一次。青少年一定要认真对待每一次的应急演练活动,全面掌握自救技能,增强生命安全意识,提高安全防范自救能力。

18 学校可以与校外辅导班合作进行课外辅导吗?

案例回放

晓雯是一名刚升上高中的学生。高一的第一个学期属于初中与高中课程衔接的重要时期,很多同学都不同程度地感觉到学习高中的新知识有些吃力。寒假前,晓雯的班主任向学生们表示,如果在学习上有困难,可以参加学校附近的某课外辅导班接受课外辅导。该课外辅导班与学校进行了合作,该课外辅导班每个科目都有本校的老师任课,教学质量很有保障。晓雯听后,认为自己的数学和物理科目有些落后，便回家将此事告诉了父母，提出了自己想要参加该课外辅导班的想法。请问，学校可以与校外辅导班合作进行课外辅导吗？

学法用法

学校是具有公益性质的、承担教育职责的机构。除了按照法律规定向学生收取的费用以外，学校不得巧立名目向学生收取其他法律规定以外的费用，更不能联合社会机构、组织等向学生提供有偿服务。根据《未成年人保护法》第三十八条第二款的规定，学校、幼儿园不得与校外培训机构合作为未成年人提供有偿课程辅导。

在上面的案例中，该高中为了营利，与校外辅导班合作，允许本校教师到校外辅导班兼职，其行为违反了法律的规定。学生及家长可以向当地教育部门反映，由教育部门对该高中作出相应的处罚。

法条链接

《中华人民共和国未成年人保护法》

第三十八条第二款 学校、幼儿园不得与校外培训机构合作为未成年人提供有偿课程辅导。

温馨贴士

现在很多初中、小学、幼儿园都开展了校内课后服务活动，学生可以在学校内做作业、自主阅读以及做一些娱乐游戏、拓展训练。这样不仅可以丰富学习生活，还能陶冶情操，劳逸结合，使学习更有效率。但是，我们要注意是否存在教授课程收费的问题，如果有，很可能涉及"有偿课程辅导"问题，是违法的。

19 对待校园欺凌,学校应采取怎样的措施?

▷ **案例回放**

小灵是某县实验中学初二年级的一名学生。最近小灵不知道怎么了,上课总是无精打采,回家也垂头丧气,情绪非常低落。后在班主任老师和家长的多次询问下,小灵终于说出了实情,原因是小灵受到了校园欺凌。事情的经过是:该实验中学初三年级的学生小周、小东、小柳三人长期沉迷网络游戏,由于没钱上网,小周三人共谋多次采取语言威胁、甩棍殴打、搜身等方式,在某县实验中学附近及网吧附近抢劫过往学生的钱财,并且持刀威胁受害人不能将事情告诉父母和老师,小灵多次被抢劫,非常害怕。请问,对待校园欺凌,学校应采取怎样的措施?

○ **学法用法**

学生欺凌,是指发生在学生之间,一方蓄意或者恶意通过肢体、语言及网络等手段实施欺压、侮辱,造成另一方人身伤害、财产损失或者精神损害的行为。有效防范和遏制学生欺凌事件是全社会共同的责任,更是学校必须正视的现实问题。

《未成年人保护法》第三十九条规定了学校防控校园欺凌的一些做法。首先,建立学生欺凌防控工作制度,对教职员工、学生等开展防治学生欺凌的教育和培训。其次,发现欺凌,立即制止,通知实施欺凌和被欺凌未成年学生的父母或者其他监护人参与欺凌行为的认定和处理;对相关未成年学生及时给予心理辅导、教育和引导;对相关未成年学生的父母或者其他监护人给予必要的家庭教育指导。再次，对实施欺凌的未成年学生，根据欺凌行为的性质和程度，依法加强管教。最后，对严重的欺凌行为，学校不得隐瞒，应当及时向公安机关、教育行政部门报告，并配合相关部门依法处理。

在上面的案例中，学校在发现欺凌事件后，要及时依法采取应对措施。针对三名学生的抢劫行为，学校应向公安机关、教育行政部门报告，配合相关部门依法处理。

法条链接

《中华人民共和国未成年人保护法》

第三十九条　学校应当建立学生欺凌防控工作制度，对教职员工、学生等开展防治学生欺凌的教育和培训。

学校对学生欺凌行为应当立即制止，通知实施欺凌和被欺凌未成年学生的父母或者其他监护人参与欺凌行为的认定和处理；对相关未成年学生及时给予心理辅导、教育和引导；对相关未成年学生的父母或者其他监护人给予必要的家庭教育指导。

对实施欺凌的未成年学生，学校应当根据欺凌行为的性质和程度，依法加强管教。对严重的欺凌行为，学校不得隐瞒，应当及时向公安机关、教育行政部门报告，并配合相关部门依法处理。

温馨贴士

校园欺凌是一个非常严重的社会问题。作为青少年学生，我们不要做残忍的"欺凌者"，也不要做懦弱的"被欺凌者"，更不要做冷漠的"旁观者"。让我们从我做起，从现在做起，用自己的实际行动反对校园欺凌，远离校园暴力，构建和谐安全校园！

20 学校在预防学生被性侵方面具有哪些法定义务?

▷ 案例回放

小燕是一名小学六年级的学生。从半年前开始,她的老师章某便经常以辅导功课为由,趁没有其他老师的时候将小燕叫到办公室,对她实施猥亵行为,并威胁她不能将这件事告诉其他老师或家长。在这半年中,章某的行为给小燕造成了非常大的心理伤害,让她的性格变得沉默寡言,拒绝上学,并有了抑郁倾向。小燕的父母察觉到异常后,经过多次耐心询问,才从小燕口中得知了事情真相。小燕父母立刻报了警,警方经调查后发现,被章某猥亵的受害者并不只有小燕一人。家长们对此十分愤怒,纷纷向学校问责,认为学校没有尽到保护学生的责任。请问,学校在预防学生被性侵方面具有哪些法定义务呢?

◯ 学法用法

未成年人在学校学习生活期间,学校除了应当对未成年人尽到教育职责外,还应当尽到管理与保护职责,避免未成年人在学校内受到伤害。根据《未成年人保护法》第四十条的规定,学校应建立起预防未成年人遭受性骚扰、性侵害的工作制度;应对未成年人开展适合其年龄的性教育,提高未成年人防范性侵害、性骚扰的自我保护意识和能力;当未成年人遭受性侵害后,学校除了应当及时向公安机关及教育行政部门报告以外,还应当对未成年人采取保护措施,如对未成年人进行心理疏导,防止未成年人遭受二次伤害。

在上面的案例中,小燕与其他多名学生长期遭受章某的猥亵,但学校并未发现这一情况,也未采取任何措施。这说明该学校在预防未成年人遭受性侵害、性骚扰方面的工作制度并不完善,并未在预防未成年人被性侵方面尽到相应的义务和职责。在要求章某承担法律责任的同时,受害者及其家长也可以要求该学校承担相应的补充责任。

法条链接

《中华人民共和国未成年人保护法》

第四十条 学校、幼儿园应当建立预防性侵害、性骚扰未成年人工作制度。对性侵害、性骚扰未成年人等违法犯罪行为,学校、幼儿园不得隐瞒,应当及时向公安机关、教育行政部门报告,并配合相关部门依法处理。

学校、幼儿园应当对未成年人开展适合其年龄的性教育,提高未成年人防范性侵害、性骚扰的自我保护意识和能力。对遭受性侵害、性骚扰的未成年人,学校、幼儿园应当及时采取相关的保护措施。

温馨贴士

作为青少年,应增强防范性侵害意识,加深对性侵害的认识和理解,了解预防性侵害的知识及技巧,抵制和远离性侵害。如果遭受了性侵害,要尽快告诉家长或报警,切不可因害羞、胆怯而延误时机,丢失证据,让罪犯逍遥法外。

21 对于课堂上故意捣乱的学生,老师可以惩戒吗?

▷ 案例回放

婷婷大学毕业后到某中学教音乐。某天,婷婷给学生上音乐课,弹着钢琴,引导学生们唱歌。突然,班上响起了一串口哨声,很是刺耳。婷婷停下来,提醒学生"唱歌的时候不要捣乱,不要吹口哨"。当婷婷再次开始弹钢琴的时候,又响起了口哨声,这次婷婷看到了是小明在恶作剧。婷婷有点生气了,再次强调:"音乐课上不要吹口哨,故意捣乱!"结果,婷婷再次引导学生们唱歌时,小明又吹起了口哨。请问,这种情况下,老师可以对学生实施教育惩戒吗?

◯ 学法用法

所谓教育惩戒,是指学校、教师基于教育目的,对违规违纪学生进行管理、训导或者以规定方式予以矫治,促使学生引以为戒、认识和改正错误的教育行为。中小学生大多是未成年人,明辨是非的能力有限,而模仿能力较强,容易用错误的方式吸引关注。课堂是老师教学的地方,如果老师不能对故意捣乱的学生进行惩戒,那么学生很可能不知道端正行为,其他同学也可能模仿,使教学陷入混乱。我国《中小学教育惩戒规则(试行)》第七条第一款第二项明确规定,学生扰乱课堂秩序、学校教育教学秩序的,学校及其教师应当予以制止并进行批评教育,确有必要的,可以实施教育惩戒。

具体到上面的案例,婷婷已经在课堂上两次提醒学生们不能在课堂上吹口哨，而小明仍然置之不理。吹口哨的这种行为已经干扰了课堂秩序，婷婷可以对小明实施教育惩戒。

法条链接

《中小学教育惩戒规则（试行）》

第七条第一款 学生有下列情形之一，学校及其教师应当予以制止并进行批评教育，确有必要的，可以实施教育惩戒：

（一）故意不完成教学任务要求或者不服从教育、管理的；

（二）扰乱课堂秩序、学校教育教学秩序的；

（三）吸烟、饮酒，或者言行失范违反学生守则的；

（四）实施有害自己或者他人身心健康的危险行为的；

（五）打骂同学、老师，欺凌同学或者侵害他人合法权益的；

（六）其他违反校规校纪的行为。

温馨贴士

在课堂中，个别学生违反纪律，会影响课堂秩序，而老师不及时进行处理，还会使其他同学争相模仿，造成不好的后果。因此，老师是可以对学生这种扰乱课堂纪律的行为进行惩戒的，让学生为自己的行为负责。

22 老师可以对学生实施哪些教育惩戒措施？

案例回放

蒋老师是某小学四年级三班的班主任。这段时间，蒋老师发现班里一向活泼的小梅最近变内向了，不仅很少发言，而且在班里和同学的交流也变少了。于是，蒋老师私下把小梅叫到办公室，问小梅是不是发生了什么事情。小梅低着头，没有说话，后经过蒋老师耐心劝说，小梅终于把事情告诉了蒋老师。原来是班上的同学小刚最近一直在放学后拦着小梅要钱，不给钱就打小梅。有时候，小梅的爸爸妈妈没给小梅零花钱，小梅就只能挨打。蒋老师得知后非常生气，小刚不仅没有和同学相互帮助，还欺凌同学。于是，蒋老师把小刚叫到办公室核实情况后教育了一番。小刚承认了自己的错误，但是蒋老师怕小刚继续犯错，想要惩戒小刚。请问，蒋老师可以实施哪些惩戒措施呢？

学法用法

为了让学生认识并改正错误行为，老师们在教育过程中，可以对学生实施一定的惩戒措施，制止学生的不当行为。根据《中小学教育惩戒规则（试行）》第八条的规定，老师可以实施以下教育惩戒措施：(1) 点名批评；(2) 责令赔礼道歉、做口头或者书面检讨；(3) 适当增加额外的教学或者班级公益服务任务；(4) 一节课堂教学时间内的教室内站立；(5) 课后教导；(6) 学校校规校纪或者班规、班级公约规定的其他适当措施。

具体到上面的案例中，小刚欺凌班里的同学，蒋老师可以惩戒小刚，如让小刚赔礼道歉、写检讨书。同时，蒋老师还应当在惩戒小刚后和小刚的家长联系。家长和老师及时沟通，携手纠正小刚的不良行为。

法条链接

《中小学教育惩戒规则（试行）》

第七条第一款 学生有下列情形之一，学校及其教师应当予以制止并进行批评教育，确有必要的，可以实施教育惩戒：

……

（五）打骂同学、老师，欺凌同学或者侵害他人合法权益的；

……

第八条 教师在课堂教学、日常管理中，对违规违纪情节较为轻微的学生，可以当场实施以下教育惩戒：

（一）点名批评；

（二）责令赔礼道歉、做口头或者书面检讨；

（三）适当增加额外的教学或者班级公益服务任务；

（四）一节课堂教学时间内的教室内站立；

（五）课后教导；

（六）学校校规校纪或者班规、班级公约规定的其他适当措施。

教师对学生实施前款措施后，可以以适当方式告知学生家长。

温馨贴士

在学生犯错的时候，老师进行教育惩戒是必要的。但是，老师在惩戒学生时应当注意惩戒要符合教育规律，根据学生的过错程度选择合适的措施，在惩戒后，也要注重和家长、学生沟通，对改正错误的学生进行引导及鼓励。

23 个别同学犯错，老师可以惩罚全班同学吗？

案例回放

江老师是某小学三年级的数学老师。某日，江老师在上课的时候，发现有同学在讲话。江老师有点生气，就在班里强调："同学们,上课不要说话,谁要是再在课堂上小声说话,全班都去操场跑三圈!"江老师讲完后,班里安静了一会儿。但是,没一会儿,又有人讲话了。江老师很生气,他可以惩罚全班同学吗?

学法用法

江老师不能因为个别同学在课堂上讲话,就惩罚全班学生。在老师上课的过程中,学生不遵守纪律,这是常有的事情,也是对老师教学能力的一种考验。但是,老师如果采用"个别犯错、全班受罚"的方式来惩罚学生,是不可取的。一方面,其他同学可能会疏远犯错的学生,违反纪律的同学容易被其他人排挤、孤立。另一方面,自觉遵守纪律的学生心中难以服气,会觉得不合理,学生不认可老师的做法,有损教师的威严。《中小学教育惩戒规则(试行)》第十二条第四项明确规定,教师在教育教学管理、实施教育惩戒过程中,不能因个人或者少数人违规违纪行为而惩罚全体学生。

具体到上面的案例中,江老师不能因为个别同学犯错而惩罚全班学生。

法条链接

《中小学教育惩戒规则(试行)》

第十二条 教师在教育教学管理、实施教育惩戒过程中,不得有下列行为:

(一)以击打、刺扎等方式直接造成身体痛苦的体罚;

(二)超过正常限度的罚站、反复抄写,强制做不适的动作或者姿势,以及刻意孤立等间接伤害身体、心理的变相体罚;

(三)辱骂或者以歧视性、侮辱性的言行侵犯学生人格尊严;

（四）因个人或者少数人违规违纪行为而惩罚全体学生；

（五）因学业成绩而教育惩戒学生；

（六）因个人情绪、好恶实施或者选择性实施教育惩戒；

（七）指派学生对其他学生实施教育惩戒；

（八）其他侵害学生权利的。

第十五条第二款 教师违反本规则第十二条，情节轻微的，学校应当予以批评教育；情节严重的，应当暂停履行职责或者依法依规给予处分；给学生身心造成伤害，构成违法犯罪的，由公安机关依法处理。

温馨贴士

不公平的惩罚不仅达不到教育学生的效果，还会扼杀孩子学习的积极性。如果实施了"个别犯错、全班受罚"这种不当行为，根据《中小学教育惩戒规则（试行）》第十五条第二款的规定，学校是可以视情节的轻重给予教师批评或者暂停履行职责等处分的。

第三节 社会保护

1 展览馆、科技馆、影剧院等场所对身高超过一米三的未成年人收取全票费用是违法的吗？

案例回放

小惠今年8周岁，别看她年龄小，个子可高着呢，目前身高已经一米四了。小惠从小就喜欢天文类的事物,小惠的爸爸为了让小惠更加了解天文知识,决定这个周末带小惠到科技馆探索一番。小惠的爸爸在网上买了一张全价票,他觉得小惠是儿童应该免门票,就没有给她买票。可到了科技馆门口,工作人员说小惠的身高已经超过一米三了,也需要买全价票入场。小惠的爸爸觉得小惠是未成年人,科技馆应对未成年人免费开放,即使不免费也应优惠开放,怎么能收全价票呢?请问,展览馆、科技馆、影剧院等场所对身高超过一米三的未成年人收取全票费用是违法的吗?

学法用法

展览馆、科技馆、影剧院等场所对身高超过一米三的未成年人收取全票费用是违法行为。根据《未成年人保护法》第四十四条第一款的规定,爱国主义教育基地、图书馆、青少年宫、儿童活动中心、儿童之家应对未成年人免费开放。博物馆、纪念馆、科技馆、展览馆、美术馆、文化馆、社区公益性互联网上网服务场所以及影剧院、体育场馆、动物园、植物园、公园等场所,应当按照有关规定对未成年人免费或者优惠开放。

这些场所对未成年人免费或者优惠开放,表明了国家对未成年人的成长给予的特殊关注,同时也营造了有利于未成年人成长的社会环境,更有利于加强和改进对未成年人的思想和道德建设,进而形成良好的社会效益。《未成年人保护法》第一百二十条也规定了上述场所没有给予未成年人免费或优惠所承担的法律责任。

结合到上面的案例中,科技馆对身高超过一米三的未成年人收取全票费用是违法行为。有关部门应责令科技馆改正,给予警告，如果科技馆拒不改正，应对科技馆处 1 万元以上 10 万元以下罚款。

法条链接

《中华人民共和国未成年人保护法》

第四十四条第一款　爱国主义教育基地、图书馆、青少年宫、儿童活动中心、儿童之家应当对未成年人免费开放；博物馆、纪念馆、科技馆、展览馆、美术馆、文化馆、社区公益性互联网上网服务场所以及影剧院、体育场馆、动物园、植物园、公园等场所，应当按照有关规定对未成年人免费或者优惠开放。

第一百二十条　违反本法第四十四条、第四十五条、第四十七条规定，未给予未成年人免费或者优惠待遇的，由市场监督管理、文化和旅游、交通运输等部门按照职责分工责令限期改正，给予警告；拒不改正的，处一万元以上十万元以下罚款。

温馨贴士

《未成年人保护法》第四十四条规定了免费开放及优惠开放场所，青少年朋友可以留意一下，以后遇见案例中的类似情况，要积极维护自己的权益。

2 新闻媒体深度挖掘未成年人事件给其家庭带来困扰和伤害的，可以要求媒体承担民事责任吗？

案例回放

小莉是一名初中生，因父母长年在外打工，她独自一人与奶奶生活在农村。因从小没有父母撑腰，小莉总是受到某些同学的欺

第三章 学习《未成年人保护法》，护航成长

负。某日，小莉在学校与其他同学发生口角，在放学时被该同学叫到校外。他们联合几名社会青年将小莉打伤，并拍下视频发布到网上，想借此羞辱小莉。视频发布后，瞬间引起了非常高的社会关注。某媒体在报道此事后，为了进一步博眼球、搞噱头，到当地深挖小莉的身世，想借此将小莉的身世描述得更为凄惨，以激发人们的同情心，从而使自己的报道更有"爆点"。在该媒体的挖掘下，小莉是一名弃婴，从小被人收养的事情被报道，给对此事并不知情的小莉造成了更大的伤害。请问，小莉是否能要求该媒体承担民事责任呢？

学法用法

近年来，一些新闻媒体在对未成年人进行采访报道的时候，频频出现侵害未成年人合法权益的现象，他们过度挖掘对象信息，给受害人及家人造成了"二次伤害"。这种新闻报道中的"二次伤害"现象频繁出现，不仅严重影响了新闻媒体的公信力，也给事件当事人及其家人造成了极大的痛苦。对此，《未成年人保护法》第四十九条作出了相关规定，新闻媒体采访报道涉及未成年人事件应当客观、审慎和适度，不得侵犯未成年人的名誉、隐私和其他合法权益。也就是说，新闻媒体在进行新闻报道时应当遵守基本的职业道德，不得在此过程中侵害未成年人的合法权益。如果新闻媒体因为深度挖掘未成年人事件给其家庭带来困扰和伤害的，受害人有权要求新闻媒体承担民事责任。

在上面的案例中，该媒体为了博人眼球，在未取得小莉及其监护人同意的情况下擅自挖掘小莉的身世，导致小莉被收养这一情况

曝光，给小莉的心理健康造成了伤害。该媒体的行为侵害了小莉的隐私权，小莉及其家人有权要求该媒体删除报道并承担如赔礼道歉、消除影响、赔偿损失等民事责任。

法条链接

《中华人民共和国未成年人保护法》

第四十九条 新闻媒体应当加强未成年人保护方面的宣传，对侵犯未成年人合法权益的行为进行舆论监督。新闻媒体采访报道涉及未成年人事件应当客观、审慎和适度，不得侵犯未成年人的名誉、隐私和其他合法权益。

温馨贴士

我们每个人都必须强化法治意识，全力保护好自身的合法权益。作为青少年，如果有媒体侵犯我们的隐私权、名誉权、肖像权，我们一定要拿起法律的武器来维护自己的合法权益，让他们承担法律责任。

3 在教材上印广告违法吗？

案例回放

今年9月，小超正式成为一名小学生，爸爸妈妈都为小超感到开心。新学期开学时，学校给每位同学都发了新书，当小超将新书拿回家时，小超的爸爸发现在一本教材上，有整整一页全是当地一家知名文具店的商业广告。除了印刷的图片外，在教材的最后一页还附有该文具店品牌在当地两家店铺的地址以及商家老板的个人微信。广告中还提到，期末考试各班前5名的学生，可凭成绩单在该

第三章　学习《未成年人保护法》，护航成长

文具店的任意一家店铺免费领取礼品一份。后来，相关教育部门得知这件事后，要求学校将该教材全部收回，并为学生全部更换没有广告的新教材。请问，在教材上印广告，违法吗？

学法用法

在教材上印广告是违法行为。根据《未成年人保护法》第五十三条的规定，任何组织或者个人不得在学校、幼儿园播放、张贴或者散发商业广告；不得利用校服、教材等发布或者变相发布商业广告。小小的广告虽然不算什么，但不能印在孩子们的教材上。

在上面的案例中，教材的出版商和文具店在教材上印广告是一种违法行为。文具店在进行经营活动的时候，应该多考虑教育的长远意义，多一份社会责任感。出版机构也应注意保护未成年人的成长，遵守法律的规定。而学校更应该严格把关，不能让含有商业广告的内容出现在教材、校服等上面。

法条链接

《中华人民共和国未成年人保护法》

第五十三条　任何组织或者个人不得刊登、播放、张贴或者散发含有危害未成年人身心健康内容的广告；不得在学校、幼儿园播放、张贴或者散发商业广告；不得利用校服、教材等发布或者变相发布商业广告。

温馨贴士

法律规定了不能在教材、校服上发布商业广告，如果我们遇到这种情况，一定要及时向老师和爸爸妈妈反映。

4 大型场所必须安装搜寻走失未成年人的安全警报系统吗？

案例回放

今年五一期间，笑笑和爸爸妈妈一起到某旅游景区游玩。由于该旅游景区面积广，又是旅游高峰期，人流量比较大。当时，笑笑的爸爸妈妈只顾拍照，忘了照看笑笑，等到他们回过神来，却发现笑笑不见了。笑笑的妈妈赶紧打电话向旅游景区求助，并在原地等待笑笑，笑笑的爸爸则边报警边四处找她。该旅游景区安装了搜寻走失未成年人的安全警报系统，在接到笑笑的妈妈的求助后，景区立即启动了安全警报系统。在该系统的帮助下，笑笑最终被找回。请问，大型场所必须安装搜寻走失未成年人的安全警报系统吗？

学法用法

未成年人的安全问题关系到千家万户的幸福，为保护未成年人的安全，《未成年人保护法》第五十六条第二款规定，大型的商场、超市、医院、图书馆、博物馆、科技馆、游乐场、车站、码头、机场、旅游景区景点等场所运营单位应当设置搜寻走失未成年人的安全警报系统。场所运营单位接到求助后，应当立即启动安全警报系统，组织人员进行搜寻并向公安机关报告。该法第一百二十二条规定，场所运营单位没有依法引入搜寻走失未成年人的安全警报系统的，由相关部门责令限期改正，给予警告；拒不改正或者造成严重后果的，责令停业整顿或者吊销营业执照、吊销相关许可证，并处罚款。由此可见，在大型场所，相关责任方必须安装搜寻走失未成年人的安全警报系统。

在上面的案例中，该旅游景区安装了搜寻走失未成年人的安全警报系统，符合法律要求，同时也在实践中起到了很大的作用。

法条链接

《中华人民共和国未成年人保护法》

第五十六条第二款 大型的商场、超市、医院、图书馆、博物馆、科技馆、游乐场、车站、码头、机场、旅游景区景点等场所运营单位应当设置搜寻走失未成年人的安全警报系统。场所运营单位接到求助后，应当立即启动安全警报系统，组织人员进行搜寻并向公安机关报告。

第一百二十二条 场所运营单位违反本法第五十六条第二款规定、住宿经营者违反本法第五十七条规定的，由市场监督管理、应急管理、公安等部门按照职责分工责令限期改正，给予警告；拒不改正或者造成严重后果的，责令停业整顿或者吊销营业执照、吊销相关许可证，并处一万元以上十万元以下罚款。

温馨贴士

大型场所安装的搜寻走失未成年人的安全警报系统对于帮助寻找走失儿童具有很重要的作用，广大青少年和家长应知晓该系统，必要时可联系相关场所，以得到切实的帮助。

5 公共场所发生突发事件时，应优先救护未成年人吗？

案例回放

中秋节前夕，为了增强学生对中华民族传统节日的热爱，某中学组织全体学生到文化馆去观看文艺演出。演出进行到一半，文化馆忽然发生火灾，老师立即组织学生有序疏散。十多分钟后，大部分学生都转移到安全地带，只有初二年级的张老师和学生媛媛被困在文化馆内。与此同时，消防员赶到，立即对被困人员进行施救。但是，由于火势非常大，只有一名消防员成功进入火灾现场。消防员想先解救已经受伤的张老师，但是张老师强烈要求先对学生媛媛进行救助，称自己可以等待之后的救援。请问，公共场所发生突发事件时，应优先救护未成年人吗？

学法用法

在公共场所发生突发事件时，应当优先救护未成年人。未成年人是祖国的未来和希望，未成年人的健康成长需要社会、学校、家长多方面的共同重视。《未成年人保护法》第五十六条第三款明确规定，公共场所发生突发事件时，应当优先救护未成年人。由此可知，对未成年人的保护应当遵循优先原则，其基本含义就是对未成年人的保护给予高度的优先，在发生危险的情况下，应该把未成年人放在最优先考虑的位置。

在上面的案例中，文化馆发生火灾属于突发事件，应优先并全力救护未成年人。张老师让消防员先救助媛媛，不仅体现出一名教师的高尚道德情操，也是履行法律规定的义务的行为。

法条链接

《中华人民共和国未成年人保护法》

第五十六条第三款 公共场所发生突发事件时，应当优先救护未成年人。

第三章 学习《未成年人保护法》，护航成长

温馨贴士

作为青少年，我们要学习一些急救的知识与本领，掌握一些急救的技巧和方法。如果遇到了突发事件，一定要保持镇定，不要恐慌。法律规定，公共场所发生突发事件时，未成年人应得到优先救助，我们要有序地等待救援。

6 酒店、宾馆等接待未成年人住宿的，应该履行哪些义务？

案例回放

小柔今年17周岁，是某市高三年级的一名音乐艺术生。某月，小柔准备参加某省艺术统考笔试。由于小柔的爸爸妈妈忙于工作，没有时间陪小柔参加考试，于是小柔决定一人去省城参加考试。她提前在某app（应用程序）上订了一家位于考点附近的酒店。考试前一天，小柔来到酒店，准备办理入住。酒店的工作人员一看小柔身份证上的年龄，就询问了小柔父母的联系方式，并核实了小柔的身份信息等有关情况。请问，酒店的做法对吗？酒店、宾馆等接待未成年人住宿的，应该履行哪些义务？

学法用法

酒店的做法是正确的。近年来，一些性侵未成年人、携带被拐卖未成年人、引诱未成年人吸毒等事件均发生在酒店、宾馆等场所，在这些场所加强对未成年人的管理和监护至关重要。并且，在现实生活中，仍有不少酒店、旅馆、民宿违规办理未成年人入住，给保护未成年人工作带来诸多阻碍。为切实保障未成年人的合法权

245

益，让出门在外的孩子多一份安全保障，《未成年人保护法》第五十七条加强了对未成年人入住酒店的登记管理规定，明确规定了："旅馆、宾馆、酒店等住宿经营者接待未成年人入住，或者接待未成年人和成年人共同入住时，应当询问父母或者其他监护人的联系方式、入住人员的身份关系等有关情况；发现有违法犯罪嫌疑的，应当立即向公安机关报告，并及时联系未成年人的父母或者其他监护人。"《未成年人保护法》第一百二十二条还规定了旅馆、宾馆、酒店等住宿经营者未履行上述义务应负的法律责任。

在上面的案例中，酒店询问了小柔父母的联系方式，并核实了小柔的身份信息等有关情况的做法是完全正确的。

法条链接

《中华人民共和国未成年人保护法》

第五十七条 旅馆、宾馆、酒店等住宿经营者接待未成年人入住，或者接待未成年人和成年人共同入住时，应当询问父母或者其他监护人的联系方式、入住人员的身份关系等有关情况；发现有违法犯罪嫌疑的，应当立即向公安机关报告，并及时联系未成年人的父母或者其他监护人。

第一百二十二条 场所运营单位违反本法第五十六条第二款规定、住宿经营者违反本法第五十七条规定的，由市场监督管理、应急管理、公安等部门按照职责分工责令限期改正，给予警告；拒不改正或者造成严重后果的，责令停业整顿或者吊销营业执照、吊销相关许可证，并处一万元以上十万元以下罚款。

💡 温馨贴士

青少年出门在外应尽量和父母、同学、朋友一起，最好不要一个人住酒店、宾馆或民宿等。此外，在不与父母一起住宿时，还应将自己所住旅店的位置发给父母，以便必要时父母能给我们提供帮助。

7 未成年人买西瓜刀，店主有权要求查看其身份证吗？

▷ 案例回放

小浩虽然刚满15周岁，但身高已经有一米七多了，看上去就像个成年人。某个夏日的周末，小浩和同学准备去海边烧烤。在去海边的路上看见有卖西瓜的，小浩觉得天气太热就买了两个西瓜。可等到海边准备切西瓜时发现没有带西瓜刀，于是小浩便去附近的超市买刀。店主从小浩说话的声音和外貌特征上看他还像个小孩，但看个头又好像已经成年了，于是就让小浩出示身份证。当店主看到小浩的身份证后得知小浩还是未成年人时，便决定不卖给他西瓜刀了。请问，未成年人买西瓜刀，店主有权要求查看其身份证吗？

⟳ 学法用法

店主的做法是正确的。根据《未成年人保护法》第六十条的规定，禁止向未成年人提供、销售管制刀具或者其他可能致人严重伤害的器具等物品。经营者难以判明购买者是否是未成年人的，应当要求其出示身份证件。

虽然我国规定，购买管制刀具的单位或个人要"凭证购买"，但是在现实中，此规定往往很难落实。特别是一些生活中常用的刀具，严格地讲，也能归类于管制刀具的范畴，如刀尖角度小于60度，刀身长度超过150毫米的各类单刃、双刃和三棱尖刀为管制刀具的类型之一，那么，很多西瓜刀符合这一标准，即使达不到管制刀具的标准，也足以使人受到伤害。

在上面的案例中，店主在难以判明小浩是不是成年人时，让其出示身份证，是符合法律规定的。并且，店主在得知小浩只有15周岁的情形下，拒绝出售西瓜刀，也是遵纪守法的体现。

法条链接

《中华人民共和国未成年人保护法》

第六十条　禁止向未成年人提供、销售管制刀具或者其他可能致人严重伤害的器具等物品。经营者难以判明购买者是否是未成年人的，应当要求其出示身份证件。

第一百二十三条　相关经营者违反本法第五十八条、第五十九条第一款、第六十条规定的，由文化和旅游、市场监督管理、烟草专卖、公安等部门按照职责分工责令限期改正，给予警告，没收违法所得，可以并处五万元以下罚款；拒不改正或者情节严重的，责令停业整顿或者吊销营业执照、吊销相关许可证，可以并处五万元以上五十万元以下罚款。

温馨贴士

管制刀具会对社会公共秩序、公民人身安全等造成威胁，加强对管制刀具的治安管理，对维护良好的社会治安秩序具有重要意义。青少年应积极配合国家对管制刀具的管理，遵守法律，做到不购买、不携带管制刀具。

8 密切接触未成年人的单位在招聘和管理工作人员时，有何特别的法定义务？

案例回放

王某经过一系列的调查研究后创办了一个专注儿童英语学习的线上培训机构。该培训机构拥有自主研发教材能力和教学系统，采取一对一的授课方式，很受学生和家长的欢迎。据王某介绍，该培训机构在招聘工作人员时，条件非常严格，除要具备英语专业的知识背景外，经历也要清白，无违法犯罪记录。王某说，对工作人员严格把关，不仅是对孩子们负责，更是履行法律规定的特别义务。请问，密切接触未成年人的单位在招聘和管理工作人员时，特别的法定义务是什么呢？

学法用法

《未成年人保护法》第六十二条规定，密切接触未成年人的单位招聘工作人员时，应当向公安机关、人民检察院查询应聘者是否具有性侵害、虐待、拐卖、暴力伤害等违法犯罪记录；发现其具有前述行为记录的，不得录用。此外，密切接触未成年人的单位应当每年定期对工作人员是否具有上述违法犯罪记录进行查询。通过查询或者其他方式发现其工作人员具有上述行为的，应当及时解聘。

由此可见，如幼儿园、中小学、校外培训机构、儿童福利机构等密切接触未成年人的单位在招聘工作人员时，一定要把好关，不能让具有性侵害、虐待、拐卖、暴力伤害等违法犯罪记录的人员进入工作队伍，一旦发现，坚决辞退。这就是法律对于"密切接触未成年人的单位在招聘和管理工作人员时"规定的一项特别的法律义务，相关单位须积极配合、遵守，否则，可能受到法律的制裁。

在上面的案例中，王某开办的儿童英语培训机构属于密切接触未成年人的单位，其在招聘工作人员时严格把关，是遵守并履行法定义务的表现。

法条链接

《中华人民共和国未成年人保护法》

第六十二条　密切接触未成年人的单位招聘工作人员时，应当向公安机关、人民检察院查询应聘者是否具有性侵害、虐待、拐卖、暴力伤害等违法犯罪记录；发现其具有前述行为记录的，不得录用。

密切接触未成年人的单位应当每年定期对工作人员是否具有上述违法犯罪记录进行查询。通过查询或者其他方式发现其工作人员具有上述行为的，应当及时解聘。

第一百二十六条　密切接触未成年人的单位违反本法第六十二条规定，未履行查询义务，或者招用、继续聘用具有相关违法犯罪记录人员的，由教育、人力资源和社会保障、市场监督管理等部门按照职责分工责令限期改正，给予警告，并处五万元以下罚款；拒不改正或者造成严重后果的，责令停业整顿或者吊销营业执照、吊销相关许可证，并处五万元以上五十万元以下罚款，对直接负责的主管人员和其他直接责任人员依法给予处分。

温馨贴士

青少年在学习的过程中，如果得知身边的老师或者其他工作人员有违法犯罪记录，要及时向学校、培训机构和家长反映，以帮助学校和培训机构净化工作团队、履行法律义务，同时，也能维护自身的安全。

9 哪些情况下可以对未成年人的网络通讯内容进行检查？

▷ 案例回放

小辉今年上初二，由于自制力差，家长又没时间管教，经常逃课泡网吧，而且和社会上一些不三不四的人交朋友。某日，小辉在网吧结识了一个"知心朋友"小伟，二人聊得十分投机。后来，小伟询问小辉是否想试试"溜冰"（吸食冰毒），小辉出于好奇便欣然同意了，遂与小伟结为"毒友"。因为零花钱不足以支撑吸毒的花销，两人便筹划"以贩养吸"，通过微信、QQ、电子邮件等方式在网上倒卖冰毒赚钱买毒，并在倒卖过程中克扣部分冰毒供自己吸食。一年后案发，二人被公安机关抓获。据二人供述，他们供毒的对象多为中学生。公安机关为了调查取证，需要对一些购买毒品吸食的未成年人的网络聊天记录等进行查询。请问，这算侵犯他们的权利吗？

◌ 学法用法

信件、日记或电子邮件是未成年人通讯的一种方式，是同学、朋友之间相互学习、交流情感的重要途径。未成年人的通信自由和通信秘密受宪法和法律保护。《未成年人保护法》第六十三条第二款规定，除下列情形外，任何组织或者个人不得开拆、查阅未成年人的信件、日记、电子邮件或者其他网络通讯内容：（1）无民事行为能力未成年人的父母或者其他监护人代未成年人开拆、查阅；

（2）因国家安全或者追查刑事犯罪依法进行检查；（3）紧急情况下为了保护未成年人本人的人身安全。由此可见，具备上述三种情形的，可以对未成年人的网络通讯内容进行检查，其中包括追查刑事犯罪的情形。在上面的案例中，公安机关为了调查取证，对涉案人员，包括未成年人的通讯信息和内容，可以依法进行查阅、复制等。

法条链接

《中华人民共和国未成年人保护法》

第六十三条 任何组织或者个人不得隐匿、毁弃、非法删除未成年人的信件、日记、电子邮件或者其他网络通讯内容。

除下列情形外，任何组织或者个人不得开拆、查阅未成年人的信件、日记、电子邮件或者其他网络通讯内容：

（一）无民事行为能力未成年人的父母或者其他监护人代未成年人开拆、查阅；

（二）因国家安全或者追查刑事犯罪依法进行检查；

（三）紧急情况下为了保护未成年人本人的人身安全。

温馨贴士

公安机关在调查取证过程中，应依法保护未成年人的合法权益，如隐私权、名誉权等，避免对其造成不必要的伤害。

10 医务人员发现未成年人可能遭受性侵害的，有义务报警吗？

▷ **案例回放**

小桃今年13周岁，患有先天疾病，智力发育比较迟缓，没有自理能力。父母为了挣钱给她治病一直在外工作，留她与爷爷奶奶生活在一起。一天，邻居张某趁小桃的爷爷奶奶外出买菜的时候，进入小桃家，对小桃进行了强奸。爷爷奶奶发现后，表示要报警，张某便提出给10万元私了，爷爷奶奶接受了他的提议。当天夜里，小桃血流不止且高烧不退，被送往医院。医生在对小桃进行身体检查时，发现她的伤口是暴力性行为造成的，考虑到小桃年龄尚小，便立即将此事告知了她的爷爷奶奶。爷爷奶奶表示，他们已经与张某私了，请医生不要报警。请问，医务人员发现未成年人可能遭受性侵害的，有义务报警吗？

◎ **学法用法**

根据《未成年人保护法》第十一条的规定，国家机关、居民委员会、村民委员会、密切接触未成年人的单位及其工作人员，在工作中发现未成年人身心健康受到侵害、疑似受到侵害或者面临其他危险情形的，应当立即向有关部门报告。这是对上述单位及工作人员所规定的报告义务。

同时，我国还建立了针对侵害未成年人案件的强制报告制度。根据《关于建立侵害未成年人案件强制报告制度的意见（试行）》第二条与第三条的规定可知，强制报告制度，就是依法对未成年人负有教育、看护、医疗、救助、监护等特殊职责，或者虽不负有特殊职责但具有密切接触未成年人条件的企事业单位、基层群众自治组织、社会组织及其工作人员，以及国家机关、法律法规授权行使公权力的各类组织及法律规定的公职人员，在工作中发现未成年人遭受或者疑似遭受不法侵害以及面临不法侵害危险的，应当立即向公安机关报案或举报，以维护未成年人的权益。如果负有强制报告义务的人或组织未履行强制报告义务，造成严重后果的，要承担相应的法律责任。

在上面的案例中，当医生发现小桃很可能遭遇强奸后，应当保持高度警惕，按规定书写、记录和保存相关病历资料，并立即报警。任何人不得阻止医生报警，小桃的爷爷奶奶也不例外。

法条链接

《中华人民共和国未成年人保护法》

第十一条 任何组织或者个人发现不利于未成年人身心健康或者侵犯未成年人合法权益的情形，都有权劝阻、制止或者向公安、民政、教育等有关部门提出检举、控告。

国家机关、居民委员会、村民委员会、密切接触未成年人的单位及其工作人员，在工作中发现未成年人身心健康受到侵害、疑似受到侵害或者面临其他危险情形的，应当立即向公安、民政、教育等有关部门报告。

有关部门接到涉及未成年人的检举、控告或者报告，应当依法及时受理、处置，并以适当方式将处理结果告知相关单位和人员。

《关于建立侵害未成年人案件强制报告制度的意见（试行）》

第二条 侵害未成年人案件强制报告，是指国家机关、法律法规授权行使公权力的各类组织及法律规定的公职人员,密切接触未成年人行业的各类组织及其从业人员,在工作中发现未成年人遭受或者疑似遭受不法侵害以及面临不法侵害危险的,应当立即向公安机关报案或举报。

第三条 本意见所称密切接触未成年人行业的各类组织,是指依法对未成年人负有教育、看护、医疗、救助、监护等特殊职责,或者虽不负有特殊职责但具有密切接触未成年人条件的企事业单位、基层群众自治组织、社会组织。主要包括:居(村)民委员会;中小学校、幼儿园、校外培训机构、未成年人校外活动场所等教育机构及校车服务提供者;托儿所等托育服务机构;医院、妇幼保健院、急救中心、诊所等医疗机构;儿童福利机构、救助管理机构、未成年人救助保护机构、社会工作服务机构;旅店、宾馆等。

第四条 本意见所称在工作中发现未成年人遭受或者疑似遭受不法侵害以及面临不法侵害危险的情况包括:

(一)未成年人的生殖器官或隐私部位遭受或疑似遭受非正常损伤的;

(二)不满十四周岁的女性未成年人遭受或疑似遭受性侵害、怀孕、流产的;

(三)十四周岁以上女性未成年人遭受或疑似遭受性侵害所致怀孕、流产的;

(四)未成年人身体存在多处损伤、严重营养不良、意识不清,存在或疑似存在受到家庭暴力、欺凌、虐待、殴打或者被人麻醉等情形的;

(五)未成年人因自杀、自残、工伤、中毒、被人麻醉、殴打等非正常原因导致伤残、死亡情形的；

（六）未成年人被遗弃或长期处于无人照料状态的；

（七）发现未成年人来源不明、失踪或者被拐卖、收买的；

（八）发现未成年人被组织乞讨的；

（九）其他严重侵害未成年人身心健康的情形或未成年人正在面临不法侵害危险的。

第七条 医疗机构及其从业人员在收治遭受或疑似遭受人身、精神损害的未成年人时，应当保持高度警惕，按规定书写、记录和保存相关病历资料。

第十五条 依法保障相关单位及其工作人员履行强制报告责任，对根据规定报告侵害未成年人案件而引发的纠纷，报告人不予承担相应法律责任；对于干扰、阻碍报告的组织或个人，依法追究法律责任。

第十六条 负有报告义务的单位及其工作人员未履行报告职责，造成严重后果的，由其主管行政机关或者本单位依法对直接负责的主管人员或者其他直接责任人员给予相应处分；构成犯罪的，依法追究刑事责任。相关单位或者单位主管人员阻止工作人员报告的，予以从重处罚。

温馨贴士

侵害未成年人案件强制报告制度不仅能够维护未成年人的权益，还能够加强惩治侵害未成年人违法犯罪的力度。除了负有强制报告义务的人及组织以外，我们每个人发现不利于未成年人身心健康或者侵犯未成年人合法权益的情形时，都有权劝阻、制止或者向公安、民政、教育等有关部门提出检举、控告。

第四节　网络保护

1　未成年人网络保护软件是怎么回事？

▷ **案例回放**

球球在某聊天软件上认识了一群新朋友，在朋友的推荐下迷恋上了一款杀手游戏。由于长期沉迷游戏，球球性格变得十分怪僻，也不愿意和父母交谈。此外，球球还会经常逃课出去上网，学习成绩也因此一落千丈。对此，球球的父母感到十分头疼和无奈。某次家长会上，球球妈妈在与班上其他同学的父母交流的时候谈到此事，有位家长告诉她可以在手机、电脑上下载一个未成年人网络保护软件。球球妈妈下载这种软件后，球球沉迷游戏的状况果然得到很大程度的改善。请问，未成年人网络保护软件到底是怎么回事？

◎ **学法用法**

未成年人网络保护软件是一种网络信息过滤软件，它可以直接、主动识别并拦截不良网站、恶俗文章、不雅照片等不适宜未成年人接收的信息。除此之外，该软件还可以帮助家长对未成年人的上网时间、聊天交友进行管理。开发该软件的目的是给青少年创造一个更加绿色健康的网络环境，避免青少年遭受到互联网上不良信息的影响。根据《未成年人保护法》第七十一条的规定可知，在智能终端产品上安装未成年人网络保护软件是法律赋予未成年人父母或其他监护人的义务,他们通过选择适合未成年人的服务模式和管理功能,帮助未成年人合理安排使用网络的时间,以此来预防未成年人沉迷网络。

此外,《未成年人网络保护条例》第十九条中也规定,未成年人网络保护软件应当具有有效识别违法信息和可能影响未成年人身心健康的信息、保护未成年人个人信息权益、预防未成年人沉迷网络、便于监护人履行监护职责等功能。智能终端产品制造者应当在产品出厂前安装未成年人网络保护软件,或者采用显著方式告知用户安装渠道和方法。智能终端产品销售者在产品销售前应当采用显著方式告知用户安装未成年人网络保护软件的情况以及安装渠道和方法。如今,很多品牌的手机都可以设置青少年防沉迷模式,帮助家长给予有效监督。

法条链接

《中华人民共和国未成年人保护法》

第七十一条 未成年人的父母或者其他监护人应当提高网络素养,规范自身使用网络的行为,加强对未成年人使用网络行为的引导和监督。

未成年人的父母或者其他监护人应当通过在智能终端产品上安装未成年人网络保护软件、选择适合未成年人的服务模式和管理功能等方式,避免未成年人接触危害或者可能影响其身心健康的网络信息,合理安排未成年人使用网络的时间,有效预防未成年人沉迷网络。

《未成年人网络保护条例》

第十九条 未成年人网络保护软件、专门供未成年人使用的智能终端产品应当具有有效识别违法信息和可能影响未成年人身心健康的信息、保护未成年人个人信息权益、预防未成年人沉迷网络、便于监护人履行监护职责等功能。

国家网信部门会同国务院有关部门根据未成年人网络保护工作的需要,明确未成年人网络保护软件、专门供未成年人使用的智能终端产品的相关技术标准或者要求,指导监督网络相关行业组织按照有关技术标准和要求对未成年人网络保护软件、专门供未成年人使用的智能终端产品的使用效果进行评估。

智能终端产品制造者应当在产品出厂前安装未成年人网络保护软件,或者采用显著方式告知用户安装渠道和方法。智能终端产品销售者在产品销售前应当采用显著方式告知用户安装未成年人网络保护软件的情况以及安装渠道和方法。

未成年人的监护人应当合理使用并指导未成年人使用网络保护软件、智能终端产品等,创造良好的网络使用家庭环境。

温馨贴士

虽然安装未成年人网络保护软件可以在一定程度上避免未成年人沉迷网络,但更重要的是家长要起好带头作用,以身作则,规范、适度使用手机,给未成年人营造一个良好的家庭氛围。未成年人网络保护软件只是一种工具,并不能完全解决未成年人沉迷网络的问题,我们要寻根溯源,让未成年人从小养成健康上网的习惯,树立正确的上网意识。

2 中小学校不让带手机进课堂是法律规定的吗?

▷ 案例回放

为了提高学生们的学习质量和效率,某高中决定让班主任对学生的手机进行统一收取、统一管理,然后安排固定时间让学生们可以用手机与父母联系。天天在该学校读高一,喜欢读网络小说。最近,在网络上连载的某推理小说十分火爆,天天也是该小说的忠实粉丝,为了看每周的更新,天天偷偷将手机带去学校没有上交并在自习课上偷看。班主任发现后,收走了他的手机。天天很委屈,他觉得都上高一了,学校还规定不让带手机,很不合理。请问,中小学校规定不让同学们带手机去学校,有法律依据吗?

◌ 学法用法

在当下社会,手机成为人们生活中的必备品。正因为这样,缺乏自制力的未成年人有时会成为手机的"奴隶",为手机所控制。学校规定学生不准带手机,并没有侵犯公民通信自由的权利,而是对未成年人的保护,使未成年人能更好地学习。根据《未成年人保护法》第七十条第一款的规定,学校应当合理使用网络开展教学活动。未经学校允许,未成年学生不得将手机等智能终端产品带入课堂,带入学校的应当统一管理。

在上面的案例中,天天违反校规将手机带入课堂,班主任可以收走他的手机,并进行统一管理。

法条链接

《中华人民共和国未成年人保护法》

第七十条 学校应当合理使用网络开展教学活动。未经学校允许，未成年学生不得将手机等智能终端产品带入课堂，带入学校的应当统一管理。

学校发现未成年学生沉迷网络的，应当及时告知其父母或者其他监护人，共同对未成年学生进行教育和引导，帮助其恢复正常的学习生活。

温馨贴士

未成年人的大部分时间都在学校度过，学校有义务、有责任对未成年人进行保护，防止学生因为沉迷玩手机耽误学习。对于学校不让带手机的规定，同学们应该予以理解和支持。

3 网络游戏、直播等网络服务提供者有义务针对未成年人使用其服务设置相应的管理等功能吗？

案例回放

最近，某款游戏在青少年间非常流行，明明也是该款游戏的用户之一。为了提高自己的游戏等级，明明决定用自己的压岁钱去买游戏装备、英雄皮肤等，然而，在进行购买的时候，该游戏弹出来了一个购买提示，说明明是未成年人，无法支付该游戏款额。由于该游戏的注册申请必须进行实名认证，因此游戏系统能识别出明明是未成年人。除了不能购买较大数额的游戏装备外，该游戏系统还规定未成年人在晚上9点之后无法登录该系统，且有些功能不对未成年人开放。明明对此感到十分苦恼。请问，网络游戏、直播等网络服务提供者有义务针对未成年人使用其服务设置相应的管理等功能吗？

学法用法

为了加强对未成年人的保护，《未成年人保护法》专门增设了"网络保护"一章，对未成年人的网络安全予以保护，并且对网络产品、服务提供者的义务和责任作出了明确规定。根据《未成年人保护法》第七十四条和《未成年人网络保护条例》第四十三条的规定，网络游戏、网络直播、网络音视频、网络社交等网络服务提供者应当针对未成年人使用其服务设置相应的时间管理、权限管理、消费管理等功能。也就是说，为未成年人设置时间管理、权限管理等功能，是网络服务提供者的法律义务，如果违反上述规定，公安、网信、电信、新闻出版、广播电视、文化和旅游等有关部门将按照职责分工责令其改正，给予警告，并没收其违法所得；拒不改正或者情节严重的，还可以责令暂停相关业务、停业整顿、关闭网站、吊销营业执照或者吊销相关许可证。

法条链接

《中华人民共和国未成年人保护法》

第七十四条 网络产品和服务提供者不得向未成年人提供诱导其沉迷的产品和服务。

网络游戏、网络直播、网络音视频、网络社交等网络服务提供者应当针对未成年人使用其服务设置相应的时间管理、权限管理、消费管理等功能。

第三章 学习《未成年人保护法》，护航成长

......

第一百二十七条 信息处理者违反本法第七十二条规定，或者网络产品和服务提供者违反本法第七十三条、第七十四条、第七十五条、第七十六条、第七十七条、第八十条规定的，由公安、网信、电信、新闻出版、广播电视、文化和旅游等有关部门按照职责分工责令改正，给予警告，没收违法所得，违法所得一百万元以上的，并处违法所得一倍以上十倍以下罚款，没有违法所得或者违法所得不足一百万元的，并处十万元以上一百万元以下罚款，对直接负责的主管人员和其他责任人员处一万元以上十万元以下罚款；拒不改正或者情节严重的，并可以责令暂停相关业务、停业整顿、关闭网站、吊销营业执照或者吊销相关许可证。

《未成年人网络保护条例》

第四十三条 网络游戏、网络直播、网络音视频、网络社交等网络服务提供者应当针对不同年龄阶段未成年人使用其服务的特点，坚持融合、友好、实用、有效的原则，设置未成年人模式，在使用时段、时长、功能和内容等方面按照国家有关规定和标准提供相应的服务，并以醒目便捷的方式为监护人履行监护职责提供时间管理、权限管理、消费管理等功能。

温馨贴士

虽然网络服务提供者针对未成年人使用其服务设置时间管理、权限管理、消费管理等功能，在一定程度上能有效避免未成年人沉迷网络，但最重要的还是需要青少年提高自控力，养成自律的习惯，自觉放下手机，努力追逐梦想。

4　未成年人可以注册网络直播账号吗？

▷ 案例回放

小菲从小学三年级就开始学习街舞，参加了很多大大小小的比赛，并且取得了不错的成绩。小菲今年14周岁，刚上初一，学业还没有那么繁重，在暑假期间，妈妈经常用手机录制她跳舞的视频，然后发布到自己的抖音账号上。让小菲没想到的是，由于其精湛的舞技，妈妈发布的短视频收获了很多点赞，并且有不少网友评论让小菲开直播进行舞蹈教学。小菲在看到网友的夸奖和赞美后，跃跃欲试，也想申请一个直播账号。请问，小菲可以注册自己的网络直播账号吗？

◯ 学法用法

近几年，随着直播文化的兴起，直播的内容也越来越丰富多彩，包括美食、舞蹈、健身等主题。但直播也是一把"双刃剑"，给广大网友提供了便利的同时，直播的内容也存在低俗、品质不高等问题。因此，为了保护未成年人，《未成年人保护法》第七十六条规定，网络直播服务提供者不得为未满16周岁的未成年人提供网络直播发布者账号注册服务；为年满16周岁的未成年人提供网络直播发布者账号注册服务时，应当对其身份信息进行认证，并征得其父母或者其他监护人同意。

在上面的案例中，由于小菲只有14周岁，网络直播服务提供者不能为她提供账号注册服务。

法条链接

《中华人民共和国未成年人保护法》

第七十六条　网络直播服务提供者不得为未满十六周岁的未成年人提供网络直播发布者账号注册服务；为年满十六周岁的未成年人提供网络直播发布者账号注册服务时，应当对其身份信息进行认证，并征得其父母或者其他监护人同意。

温馨贴士

如今，网络直播、小视频风靡，青少年应该把控好自己，以学业为重，摈弃直播、网红之风，以警惕、审慎的态度来对待互联网，绝不能因为深陷网潭而耽误了自己的大好前程。

5　有着大量未成年用户的网络平台应履行什么义务？

案例回放

某互联网公司旗下有一款网络社交平台，该平台除具有社交功能外，还可以购物与直播。在最初的设计研发中，该平台的主要目标用户为20至50岁的中青年群体。但当该平台正式上线后，因该平台在社交方面年轻化、人性化的设计，吸引了很多12至18岁的未成年用户。这些未成年用户在平台上通过文字、视频、图片的方式分享着自己的生活，互相之间进行交友、社交。在该平台推行的两年时间内，未成年用户的数量多达几十万人。但由于该平台认为未成年用户收益转化率较低，并没有针对大量未成年用户作进一步的优化，也没有专门的未成年人保护模块。请问，有着大量未成年用户的网络平台应当履行什么样的义务？

学法用法

在当今这个信息化的时代，互联网成了人们获取资讯、与外界获得交流的主要途径。而互联网的普及让青少年也可以轻而易举地接触到互联网，从而很可能接收到对未成年人有害的不良信息。有些网络平台在研发之初预设的主要用户群体虽然不是未成年人，但在实际运行过程中有大量未成年人用户，其同样需要考虑未成年人的需求，采取相应的措施，对未成年人进行网络保护。

根据《未成年人网络保护条例》第二十条的规定，未成年人用户数量巨大或者对未成年人群体具有显著影响的网络平台服务提供者，应当履行下列义务：（1）在网络平台服务的设计、研发、运营等阶段，充分考虑未成年人身心健康发展特点，定期开展未成年人网络保护影响评估；（2）提供未成年人模式或者未成年人专区等，便利未成年人获取有益身心健康的平台内产品或者服务；（3）按照国家规定建立健全未成年人网络保护合规制度体系，成立主要由外部成员组成的独立机构，对未成年人网络保护情况进行监督；（4）遵循公开、公平、公正的原则，制定专门的平台规则，明确平台内产品或者服务提供者的未成年人网络保护义务，并以显著方式提示未成年人用户依法享有的网络保护权利和遭受网络侵害的救济途径；（5）对违反法律、行政法规严重侵害未成年人身心健康或者侵犯未成年人其他合法权益的平台内产品或者服务提供者，停止提供服务；（6）每年发布专门的未成年人网络保护社会责任报告，并接受社会监督。

在上面的案例中，该平台的主要用户虽然不是未成年人，但仍然拥有大量的未成年用户。该平台应当按照法律的规定，认真履行其应尽的义务，避免未成年用户接触到不适合其接触的信息，对未成年人造成伤害。

法条链接

《未成年人网络保护条例》

第二十条 未成年人用户数量巨大或者对未成年人群体具有显著影响的网络平台服务提供者，应当履行下列义务：

（一）在网络平台服务的设计、研发、运营等阶段，充分考虑未成年人身心健康发展特点，定期开展未成年人网络保护影响评估；

（二）提供未成年人模式或者未成年人专区等，便利未成年人获取有益身心健康的平台内产品或者服务；

（三）按照国家规定建立健全未成年人网络保护合规制度体系，成立主要由外部成员组成的独立机构，对未成年人网络保护情况进行监督；

（四）遵循公开、公平、公正的原则，制定专门的平台规则，明确平台内产品或者服务提供者的未成年人网络保护义务，并以显著方式提示未成年人用户依法享有的网络保护权利和遭受网络侵害的救济途径；

（五）对违反法律、行政法规严重侵害未成年人身心健康或者侵犯未成年人其他合法权益的平台内产品或者服务提供者，停止提供服务；

（六）每年发布专门的未成年人网络保护社会责任报告，并接受社会监督。

前款所称的未成年人用户数量巨大或者对未成年人群体具有显

著影响的网络平台服务提供者的具体认定办法，由国家网信部门会同有关部门另行制定。

💡 温馨贴士

网络平台设计、研发、运营等阶段，应当充分考虑到对未成年人的影响，并采取相应措施对未成年用户进行网络保护，维护未成年用户的绿色上网环境。这不仅是网络平台从法律的角度应当履行的义务，也是公共平台应当承担的社会责任。

6 网课平台向未成年人推送游戏链接或不良信息是违法行为吗？

▶ 案例回放

佳佳是一名初二的学生。放暑假后，佳佳的妈妈考虑到开学佳佳就要升初三了，马上就要面临中考，正是提升成绩的关键时期，于是除了日常的补课班以外，还在某网课平台为女儿购买了为期一个暑假的网课，让佳佳能够在家随时随地上课学习。一段时间过后，佳佳妈妈发现佳佳对网课的兴趣特别强烈，不仅每天主动学习，还经常在网课平台上浏览到深夜。察觉不对的佳佳妈妈连忙查看了该网课平台，发现该平台为了吸引未成年人点击、注册，存在通过首页页面向浏览者推送低俗小说、漫画及游戏链接等行为。请问，该网课平台向未成年人推送不良信息和链接违法了吗？需要承担什么法律责任？

🔄 学法用法

家长、学校、社会、政府各方应当共同努力，为青少年构筑绿色无忧的上网环境，避免未成年人在使用互联网时接触不良网络信息。根据我国《未成年人网络保护条例》第二十五条的规定，任何组织和个人都不得向未成年人发送、推送含有危害或者可能影响到未成年人身心健康内容的网络信息，如低俗、色情、暴力信息等。如果违反法律规定，向未成年人推送了相关信息的，该组织或个人应当根据《未成年人网络保护条例》第五十五条的规定承担相应的法律责任。

同时，《未成年人保护法》第七十四条第三款明确规定，以未成年人为服务对象的在线教育网络产品和服务，不得插入网络游戏链接，不得推送广告等与教学无关的信息。纵使不是低俗、色情、暴力信息等不良信息，只要与教学无关，就不得进行推送。否则，将按照该法第一百二十七条的规定追究法律责任。

在上面的案例中，该网课平台为了吸引未成年用户，采取了向未成年人推送不良信息和游戏链接的方式，属于违法行为。相关部门应责令其限期改正，给予警告、没收违法所得，并处罚款。如果该网课平台拒不改正或者情节严重的，将会面临更严重的处罚。

法条链接

《中华人民共和国未成年人保护法》

第七十四条第三款 以未成年人为服务对象的在线教育网络产品和服务，不得插入网络游戏链接，不得推送广告等与教学无关的信息。

第一百二十七条 信息处理者违反本法第七十二条规定，或者网络产品和服务提供者违反本法第七十三条、第七十四条、第七十五条、第七十六条、第七十七条、第八十条规定的，由公安、网信、电信、新闻出版、广播电视、文化和旅游等有关部门按照职责分工责令改正,给予警告,没收违法所得,违法所得一百万元以上的,并处违法所得一倍以上十倍以下罚款,没有违法所得或者违法所得不足一百万元的,并处十万元以上一百万元以下罚款,对直接负责的主管人员和其他责任人员处一万元以上十万元以下罚款;拒不改正或者情节严重的,并可以责令暂停相关业务、停业整顿、关闭网站、吊销营业执照或者吊销相关许可证。

《未成年人网络保护条例》

第二十五条 任何组织和个人不得向未成年人发送、推送或者诱骗、强迫未成年人接触含有危害或者可能影响未成年人身心健康内容的网络信息。

第五十五条 违反本条例第二十四条、第二十五条规定的,由网信、新闻出版、电影、电信、公安、文化和旅游、市场监督管理、广播电视等部门依据各自职责责令限期改正,给予警告,没收违法所得,可以并处10万元以下罚款;拒不改正或者情节严重的,责令暂停相关业务、停产停业或者吊销相关业务许可证、吊销营业执照,违法所得100万元以上的,并处违法所得1倍以上10倍以下罚款,没有违法所得或者违法所得不足100万元的,并处10万元以上100万元以下罚款。

温馨贴士

我国对未成年人网络保护一直十分重视,对未成年人网络保护相关的违法行为也采取了较为严厉的处罚措施,为未成年人安全使用互联网保驾护航。而我们未成年人也应当主动拒绝不良信息,当发现网络平台存在向未成年人发送、推送或者诱骗、强迫未成年人接触含有危害或者可能影响未成年人身心健康内容的网络信息的行为时,应当及时向网警举报。

7 面对网络欺凌,网络服务提供者应履行什么义务?我们应该怎么做?

▷ 案例回放

小玲是一名初中生,平时经常会关注一些社会新闻。小玲在某社交平台上针对最近发生的某个社会新闻发表了自己的见解,持有相反意见的孙某对她进行了反驳,双方因此发生了争论。小玲认为两人话不投机,无法认可孙某的言论,遂将孙某拉黑。孙某气不过,便换号向小玲发私信,要求小玲向他道歉。小玲不予理会,并出言对孙某进行讽刺。被激怒的孙某使用多个账号对小玲进行了辱骂,并找到小玲以前发布在网上的自拍照,用软件对这些照片丑化,配以侮辱性文字发布在网上。孙某的行为不仅给小玲的心理造成了伤害,还给她的现实生活造成了影响。请问,面对网络欺凌行为,网络服务提供者应当履行什么义务?

◯ 学法用法

根据《未成年人保护法》第七十七条第一款与《未成年人网络保护条例》第二十六条第一款的规定可知,网络欺凌行为是指通过网络,以文字、图片、音视频等形式对未成年人进行侮辱、诽谤、威胁或恶意损害其形象的行为。当遭受网络欺凌后,未成年人有权要求实施欺凌行为的人承担相应的法律责任。

面对网络欺凌行为,网络产品和网络服务提供者同样有着需要履行的法定义务。根据《未成年人网络保护条例》第二十六条第二款、第三款，第二十九条第一款的规定，网络产品和网络服务提供者需要履行的义务主要体现在以下几个方面：第一，建立健全网络欺凌行为的预警预防、识别监测和处置机制，设置便利未成年人及其监护人保存遭受网络欺凌记录、行使通知权利的功能、渠道，提供便利未成年人设置屏蔽陌生用户、本人发布信息可见范围、禁止转载或者评论本人发布信息、禁止向本人发送信息等网络欺凌信息防护选项。第二，建立健全网络欺凌信息特征库，优化相关算法模型，采用人工智能、大数据等技术手段和人工审核相结合的方式加强对网络欺凌信息的识别监测。第三，加强对用户发布信息的管理，采取有效措施防止制作、复制、发布、传播网络欺凌信息，当发现网络欺凌信息后，应当立即停止传输相关信息，采取删除、屏蔽、断开链接等处置措施，防止信息扩散，保存有关记录，向网信、公安等部门报告，并对制作、复制、发布、传播上述信息的用户采取警示、限制功能、暂停服务、关闭账号等处置措施。此外，《未成年人保护法》第七十七条第二款也规定，网络服务提供者接到通知后，应当及时采取必要的措施制止网络欺凌行为，防止信息扩散。

如果网络服务提供者未按照法律规定履行相关义务的，应当按照《未成年人网络保护条例》第五十六条的规定，对其处以责令改正，给予警告，没收违法所得，并处罚款的行政处罚；拒不改正或者情节严重的，可以责令暂停相关业务、停业整顿、关闭网站、吊销相关业务许可证或者吊销营业执照。

面对网络欺凌，未成年人及其父母或者其他监护人应当及时保留和收集有关证据,以最快速度通知网络服务提供者采取删除、屏蔽、断开链接等措施,以防网络影响继续扩大;而后,可以通过协商解决、调解、起诉等方式要求实施欺凌的网络用户承担相应的侵权责任;如果网络服务提供者接到通知后,未及时采取相关措施而使损害扩大的,可以追加网络服务提供者对损害的扩大部分与实施欺凌的网络用户承担连带责任。在上面的案例中,小玲在遭受他人的网络欺凌后,可以先将此事告知家长和老师,并通知网站采取措施制止网络欺凌行为。

法条链接

《中华人民共和国民法典》

第一千一百九十四条 网络用户、网络服务提供者利用网络侵害他人民事权益的,应当承担侵权责任。法律另有规定的,依照其规定。

第一千一百九十五条 网络用户利用网络服务实施侵权行为的,权利人有权通知网络服务提供者采取删除、屏蔽、断开链接等必要措施。通知应当包括构成侵权的初步证据及权利人的真实身份信息。

网络服务提供者接到通知后,应当及时将该通知转送相关网络用户,并根据构成侵权的初步证据和服务类型采取必要措施;未及时采取必要措施的,对损害的扩大部分与该网络用户承担连带责任。

权利人因错误通知造成网络用户或者网络服务提供者损害的,应当承担侵权责任。法律另有规定的,依照其规定。

《中华人民共和国未成年人保护法》

第七十七条 任何组织或者个人不得通过网络以文字、图片、音视频等形式，对未成年人实施侮辱、诽谤、威胁或者恶意损害形象等网络欺凌行为。

遭受网络欺凌的未成年人及其父母或者其他监护人有权通知网络服务提供者采取删除、屏蔽、断开链接等措施。网络服务提供者接到通知后，应当及时采取必要的措施制止网络欺凌行为，防止信息扩散。

《未成年人网络保护条例》

第二十六条 任何组织和个人不得通过网络以文字、图片、音视频等形式，对未成年人实施侮辱、诽谤、威胁或者恶意损害形象等网络欺凌行为。

网络产品和服务提供者应当建立健全网络欺凌行为的预警预防、识别监测和处置机制，设置便利未成年人及其监护人保存遭受网络欺凌记录、行使通知权利的功能、渠道，提供便利未成年人设置屏蔽陌生用户、本人发布信息可见范围、禁止转载或者评论本人发布信息、禁止向本人发送信息等网络欺凌信息防护选项。

网络产品和服务提供者应当建立健全网络欺凌信息特征库，优化相关算法模型，采用人工智能、大数据等技术手段和人工审核相结合的方式加强对网络欺凌信息的识别监测。

第二十九条第一款 网络产品和服务提供者应当加强对用户发布信息的管理，采取有效措施防止制作、复制、发布、传播违反本条例第二十二条、第二十四条、第二十五条、第二十六条第一款、第二十七条规定的信息，发现违反上述条款规定的信息的，应当立即停止传输相关信息，采取删除、屏蔽、断开链接等处置措施，防止信息扩散，保存有关记录，向网信、公安等部门报告，并对制作、复制、发布、传播上述信息的用户采取警示、限制功能、暂停服务、关闭账号等处置措施。

第五十六条 违反本条例第二十六条第二款和第三款、第二十八条、第二十九条第一款、第三十一条第二款、第三十六条、第三十八条第一款、第四十二条至第四十五条、第四十六条第二款、第四十七条规定的，由网信、新闻出版、电影、教育、电信、公安、文化和旅游、广播电视等部门依据各自职责责令改正，给予警告，没收违法所得，违法所得100万元以上的，并处违法所得1倍以上10倍以下罚款，没有违法所得或者违法所得不足100万元的，并处10万元以上100万元以下罚款，对直接负责的主管人员和其他直接责任人员处1万元以上10万元以下罚款；拒不改正或者情节严重的，并可以责令暂停相关业务、停业整顿、关闭网站、吊销相关业务许可证或者吊销营业执照。

第五十八条 违反本条例规定，侵犯未成年人合法权益，给未成年人造成损害的，依法承担民事责任；构成违反治安管理行为的，依法给予治安管理处罚；构成犯罪的，依法追究刑事责任。

💡 温馨贴士

随着互联网的迅速发展，通过电子渠道进行的网络欺凌也屡见不鲜。由于网络欺凌具有匿名性、易得性等特点，因此欺凌者可以随时随地进行，在实施的过程中也会越发肆无忌惮。作为心智还未完全成熟的青少年，在遭遇网络欺凌后，不要沉默不语、独自忍受，而应该及时告知家长、老师，用法律的武器来捍卫自己的合法权益。

8 网络平台发现未成年人发送私密信息的，需要履行怎样的义务？

▶ **案例回放**

思思今年上小学四年级。寒假期间，她在某学习平台发布了一个交友帖，希望能在该平台认识新朋友，互相监督完成寒假作业。在该帖子的回复中，思思认识了网友"沫沫"。据"沫沫"所说，她是一名14周岁的初中生。思思不仅可以和"沫沫"每天互相监督写作业，有什么不会的题目，"沫沫"还会很热心地给她讲解。经过一段时间的相处后，思思很喜欢这个"姐姐"。在取得思思的信任后，"沫沫"开始暗中要求思思发送自己的私密照片，并叮嘱思思不要告诉家长。思思没有意识到这一行为的严重性，便按照"沫沫"的要求发送了自己的照片。请问，当网络平台发现未成年人发送私密信息的，需要履行怎样的义务？

⟳ **学法用法**

未成年人的认知能力尚有不足，很可能会在使用互联网的过程中使自己的个人信息甚至是私密信息泄露。因此，网络平台也需要承担起一定的责任，规避未成年人私密信息泄露的可能。根据《未成年人保护法》第七十三条和《未成年人网络保护条例》第三十八条的规定，网络服务提供者在发现未成年人的私密信息，或未成年人在网络上发布的个人信息中涉及私密信息的，应当尽到及时提示义务，并采取停止传输等必要保护措施，防止信息扩散。如果发现未成年人可能遭受侵害的，应当立即采取必要措施保存有关记录,并向公安机关报告,避免未成年人的权益遭到进一步侵害。网络服务提供者并未尽到上述义务的,需依法接受相关处罚。

在上面的案例中,该学习平台的主要用户为未成年人,更应当承担起为未成年人保驾护航的责任,注意加强对未成年人使用网络过程中的保护,避免未成年人遭受侵害。当发现思思将私密照片发送给他人,可能遭受网络性侵害的时候,该学习平台应当及时提醒思思,并采取措施停止传输照片,同时将有关记录予以保存,向公安机关报告。如果该学习平台在发现思思遭受侵害后置之不理,思思和她的家长可以向公安、网信等部门举报。

法条链接

《中华人民共和国未成年人保护法》

第七十三条 网络服务提供者发现未成年人通过网络发布私密信息的,应当及时提示,并采取必要的保护措施。

《未成年人网络保护条例》

第三十八条 网络服务提供者发现未成年人私密信息或者未成年人通过网络发布的个人信息中涉及私密信息的,应当及时提示,并采取停止传输等必要保护措施,防止信息扩散。

网络服务提供者通过未成年人私密信息发现未成年人可能遭受侵害的,应当立即采取必要措施保存有关记录,并向公安机关报告。

第五十三条 违反本条例第七条、第十九条第三款、第三十八条第二款规定的,由网信、新闻出版、电影、教育、电信、公安、民政、文化和旅游、市场监督管理、广播电视等部门依据各自职责责令改正；拒不改正或者情节严重的，处 5 万元以上 50 万元以下罚款，对直接负责的主管人员和其他直接责任人员处 1 万元以上 10 万元以下罚款。

第五十六条 违反本条例第二十六条第二款和第三款、第二十八条、第二十九条第一款、第三十一条第二款、第三十六条、第三十八条第一款、第四十二条至第四十五条、第四十六条第二款、第四十七条规定的，由网信、新闻出版、电影、教育、电信、公安、文化和旅游、广播电视等部门依据各自职责责令改正，给予警告，没收违法所得，违法所得 100 万元以上的，并处违法所得 1 倍以上 10 倍以下罚款，没有违法所得或者违法所得不足 100 万元的，并处 10 万元以上 100 万元以下罚款，对直接负责的主管人员和其他直接责任人员处 1 万元以上 10 万元以下罚款；拒不改正或者情节严重的，并可以责令暂停相关业务、停业整顿、关闭网站、吊销相关业务许可证或者吊销营业执照。

温馨贴士

在网络世界中，我们会接触到形形色色的人，如果不注重保护我们自己的个人信息尤其是私密信息，很可能会被心怀不轨的人趁虚而入，侵害我们的合法权益。在上网与他人交流的过程中，青少年要时刻保持警惕，当发现自己的权益可能遭受侵害后，要及时向家长和老师求助。

9 主播诱导未成年人"刷礼物""打赏",直播平台未采取抵制措施的,需要承担什么责任?

▷ 案例回放

16周岁的小逸因抑郁症休学在家。在家休养期间,他经常用手机观看某直播平台的直播。小逸非常喜欢一个主播,每天都会定时观看该主播的直播。在长期观看直播的过程中,小逸对该主播产生了信任感和依赖感,便通过私信讲述了自己患上抑郁症的经历,希望能够得到该主播的安慰。该主播在得知小逸家境不错,但父母长期在外工作导致小逸缺乏关爱的情况后,便时常对小逸嘘寒问暖,并诱导他在直播间"刷礼物"。小逸原本就患有抑郁症,又缺乏父母的关心,很轻易就被该主播的"糖衣炮弹"攻势击败,在一个月时间内向该主播"打赏"3万元。在此期间,该直播平台明知小逸为未成年用户,但一直未采取任何措施。请问,该直播平台需要承担什么责任?

◯ 学法用法

根据我国《未成年人网络保护条例》第四十五条的规定,网络服务提供者不得诱导未成年人参与应援集资、投票打榜、刷量控评等网络活动,并预防和制止其用户诱导未成年人实施相应行为。同时,《国家广播电视总局关于加强网络秀场直播和电商直播管理的通知》也规定,网络直播平台应当对打赏功能进行实名制管理,禁止未成年用户打赏。这是因为未成年人的心智尚未发育成熟,还不具有完整的辨认和控制能力,也不具有完全民事行为能力。这一阶段的未成年人容易受人诱导、蒙骗，因此在对未成年人的网络保护方面，网络服务提供者应当采取措施避免未成年人遭受诱导而导致其权利受到侵害。如果网络服务提供者诱导未成年人实施上述行为，或者对诱导未成年人的用户并未进行制止的，应当依照《未成年人网络保护条例》第五十六条的规定，接受相应的行政处罚。

在上面的案例中，该主播诱导小逸在直播间进行"打赏"，而该平台在明知小逸为未成年用户的情况下，依然没有采取有效措施制止该主播的诱导行为或小逸的"打赏"行为，并没有尽到应尽的义务，应当受到处罚。除了应当依法将小逸打赏的金额退回以外，该平台还应当接受责令改正、给予警告、没收违法所得、罚款的行政处罚；拒不改正或情节严重的，还应当被暂停相关业务、停业整顿、关闭网站、吊销相关业务许可证或者吊销营业执照。

法条链接

《未成年人网络保护条例》

第四十五条 网络游戏、网络直播、网络音视频、网络社交等网络服务提供者应当采取措施，防范和抵制流量至上等不良价值倾向，不得设置以应援集资、投票打榜、刷量控评等为主题的网络社区、群组、话题，不得诱导未成年人参与应援集资、投票打榜、刷量控评等网络活动，并预防和制止其用户诱导未成年人实施上述行为。

第五十六条 违反本条例第二十六条第二款和第三款、第二十八条、第二十九条第一款、第三十一条第二款、第三十六条、第三十八条第一款、第四十二条至第四十五条、第四十六条第二款、第四十七条规定的，由网信、新闻出版、电影、教育、电信、公安、文化和旅游、广播电视等部门依据各自职责责令改正,给予警告,没收违法所得,违法所得100万元以上的,并处违法所得1倍以上10倍以下罚款,没有违法所得或者违法所得不足100万元的,并处10万元以上100万元以下罚款,对直接负责的主管人员和其他直接责任人员处1万元以上10万元以下罚款;拒不改正或者情节严重的,并可以责令暂停相关业务、停业整顿、关闭网站、吊销相关业务许可证或者吊销营业执照。

《国家广播电视总局关于加强网络秀场直播和电商直播管理的通知》

六、网络秀场直播平台要对网络主播和"打赏"用户实行实名制管理。未实名制注册的用户不能打赏,未成年用户不能打赏。要通过实名验证、人脸识别、人工审核等措施,确保实名制要求落到实处,封禁未成年用户的打赏功能。……

温馨贴士

网络世界虽然方便了我们的生活,但也蕴藏了许多我们看不见的危险。观看直播确实会让人获得短暂的快乐,但我们青少年要能够分辨这种快乐是否对我们的生活、学习有益,不能沉溺其中,更不能盲目地给主播"刷礼物""打赏",致使财产遭受损失。

10 网络游戏公司可以向未成年人租借游戏账号吗?

案例回放

小黄是一名初中生,平时学习之余会通过玩网络游戏来放松心情。但由于小黄是未成年人,系统会对他的游玩时间进行限制。有时他正玩到兴头上，就被系统强制要求下线，这让他总是意犹未尽，有些苦恼。某天，小黄在网上无意中发现了一款游戏，虽然这款游戏同样对未成年人有时间限制，但未成年人可以通过租赁他人账号的方式，每天多玩两个小时游戏。自从发现这款游戏后，小黄每天将更多的时间都花费在打游戏上，成绩一落千丈。请问，网络游戏公司向未成年人租借账号需要承担什么法律责任？

学法用法

　　未成年人正处于心智发展阶段，容易陷入种种诱惑之中。网络游戏更是因其绚烂的画面、引人沉迷的奖励方式而对未成年人有着巨大的诱惑力。为了防止未成年人沉迷网络游戏，根据《未成年人保护法》第七十四条第二款的规定，网络游戏等网络服务提供者应当建立未成年人防沉迷机制，对未成年人玩网络游戏的时间加以限制。同时，网络游戏服务提供者应当根据《未成年人保护法》第七十五条第二款以及《未成年人网络保护条例》第四十六条的规定，对未成年人进行身份认证，要求未成年人以真实身份信息注册并登录游戏，以便更好地对未成年用户进行管理。网络游戏服务提供者不得向未成年人租售游戏账号，以此规避防沉迷系统。

　　在上面的案例中，小黄所玩的网络游戏向未成年人提供账号租借服务，其行为违反了法律规定。对于该网络游戏公司的违法行为，应当根据《未成年人网络保护条例》第五十六条的规定，由网信等部门责令改正，给予警告，没收违法所得，并根据违法所得对其处以罚款。如果该网络游戏公司在受到处罚后仍然拒不改正，可以责令其暂停网络游戏服务、停业整顿、关闭游戏网站、吊销其许可证或营业执照。

法条链接

《中华人民共和国未成年人保护法》

第七十四条第二款 网络游戏、网络直播、网络音视频、网络社交等网络服务提供者应当针对未成年人使用其服务设置相应的时间管理、权限管理、消费管理等功能。

第七十五条第二款 国家建立统一的未成年人网络游戏电子身份认证系统。网络游戏服务提供者应当要求未成年人以真实身份信息注册并登录网络游戏。

《未成年人网络保护条例》

第四十六条 网络游戏服务提供者应当通过统一的未成年人网络游戏电子身份认证系统等必要手段验证未成年人用户真实身份信息。

网络产品和服务提供者不得为未成年人提供游戏账号租售服务。

第五十六条 违反本条例第二十六条第二款和第三款、第二十八条、第二十九条第一款、第三十一条第二款、第三十六条、第三十八条第一款、第四十二条至第四十五条、第四十六条第二款、第四十七条规定的，由网信、新闻出版、电影、教育、电信、公安、文化和旅游、广播电视等部门依据各自职责责令改正，给予警告，没收违法所得，违法所得100万元以上的，并处违法所得1倍以上10倍以下罚款，没有违法所得或者违法所得不足100万元的，并处10万元以上100万元以下罚款，对直接负责的主管人员和其他直接责任人员处1万元以上10万元以下罚款；拒不改正或者情节严重的，并可以责令暂停相关业务、停业整顿、关闭网站、吊销相关业务许可证或者吊销营业执照。

> **温馨贴士**
>
> 我们或许可以通过网络游戏获得短暂的快乐，但一旦沉迷其中，给我们带来的将是一辈子的不良影响。我们要提高自制力，加强网络素养，辨别网络中的诱惑，养成良好的上网习惯。

11 网络游戏服务提供者是否应当针对未成年人进行适龄提示？

案例回放

嘉嘉从小就乖巧懂事，学习成绩也不错，很少让父母操心。因此，她的父母对她管得也比较宽松，不会过多干涉她的爱好，甚至连她喜欢玩游戏，也只是和她约定每天玩游戏的时间，并没有严厉禁止。最近，嘉嘉喜欢上了一款网络游戏，经常一写完作业就抱着手机不放。嘉嘉妈妈很好奇是什么游戏让她这么着迷，便在自己的手机上也下载了该游戏。嘉嘉妈妈发现，该款游戏中包含了不少不适合未成年人接触的内容，但是该游戏却并没有针对未成年人的适龄提示。请问，网络游戏服务提供者是否有义务对未成年人进行适龄提示呢？

学法用法

网络游戏因其绚烂的画面、即时的回馈奖励机制，很容易使心智尚未发育成熟的未成年人沉迷其中。根据《未成年人保护法》第七十五条第三款和《未成年人网络保护条例》第四十七条的规定可知，网络游戏服务提供者有义务对游戏产品进行分类，明确游戏产品适合的未成年人用户年龄阶段,并在用户下载、注册、登录界面等位置予以显著提示,不得让未成年人接触不适宜的游戏或者游戏功能。如果网络游戏服务提供者并未依法落实适龄提示要求的,则应当依法承担相应的行政处罚责任。

在上面的案例中,嘉嘉所玩的网络游戏中包含不适合未成年人接触的内容,但并未落实适龄提示要求。对此,嘉嘉和她的父母可以向网信等部门举报,由相关部门对该游戏服务提供者依法作出责令改正,给予警告,没收违法所得、罚款的处罚;拒不改正或情节严重的,还可以责令暂停游戏服务、停业整顿、关闭网站、吊销相关业务许可证或者吊销营业执照。

法条链接

《中华人民共和国未成年人保护法》

第七十五条第三款 网络游戏服务提供者应当按照国家有关规定和标准,对游戏产品进行分类,作出适龄提示,并采取技术措施,不得让未成年人接触不适宜的游戏或者游戏功能。

《未成年人网络保护条例》

第四十七条 网络游戏服务提供者应当建立、完善预防未成年人沉迷网络的游戏规则,避免未成年人接触可能影响其身心健康的游戏内容或者游戏功能。

网络游戏服务提供者应当落实适龄提示要求,根据不同年龄阶段未成年人身心发展特点和认知能力,通过评估游戏产品的类型、内容与功能等要素,对游戏产品进行分类,明确游戏产品适合的未成年人用户年龄阶段,并在用户下载、注册、登录界面等位置予以显著提示。

第五十六条 违反本条例第二十六条第二款和第三款、第二十八条、第二十九条第一款、第三十一条第二款、第三十六条、第三十八条第一款、第四十二条至第四十五条、第四十六条第二款、第四十七条规定的，由网信、新闻出版、电影、教育、电信、公安、文化和旅游、广播电视等部门依据各自职责责令改正，给予警告，没收违法所得，违法所得100万元以上的，并处违法所得1倍以上10倍以下罚款，没有违法所得或者违法所得不足100万元的，并处10万元以上100万元以下罚款，对直接负责的主管人员和其他直接责任人员处1万元以上10万元以下罚款；拒不改正或者情节严重的，并可以责令暂停相关业务、停业整顿、关闭网站、吊销相关业务许可证或者吊销营业执照。

温馨贴士

对于未成年人来说，沉迷网络游戏不仅会使学习成绩下降，还会给身体发育、心理健康带来不良影响。未成年人在学习之余，可以通过网络游戏进行适当放松，但应当适时适度，玩一些适合未成年人玩的游戏，从自身出发自觉防止沉迷网络游戏。

第五节　政府保护

1 家长不让孩子上学，政府有责任管吗？

案例回放

晨晨住在某偏远山区，交通十分不便，每次上学都要花一个多

第三章 学习《未成年人保护法》，护航成长

小时的时间。由于爸爸妈妈外出打工，晨晨从小就和爷爷奶奶一起生活，并且还要帮忙照顾三个弟弟妹妹。某天，在工地上班的晨晨爸爸不小心被砸到了腿，从此不能行走，便一直在家休养。随着年龄的增长，弟弟妹妹也陆续上学，由于只有妈妈一个主要劳动力，家庭逐渐负担不了四个孩子的花销。于是，晨晨妈妈就去学校给晨晨办理了退学手续，带着晨晨一起外出打工。晨晨今年初三，成绩在班上一直名列前茅，晨晨的爷爷奶奶对此感到十分痛心，但又没有办法，只能唉声叹气。请问对于上述家长不让孩子上学的情况，政府有责任管吗？

学法用法

每个公民都有接受教育的权利和义务。根据《未成年人保护法》第八十三条的规定，各级人民政府应当保障未成年人受教育的权利，即保障未成年人接受教育是各级政府的义务和职责。为保障留守未成年人、困境未成年人、残疾未成年人接受义务教育，各级人民政府应该采取相应的保障措施。对尚未完成义务教育的辍学未成年学生，教育行政部门应当责令其父母或者其他监护人将其送入学校接受义务教育。

在上面的案例中，晨晨妈妈为正在上初三的晨晨办理退学手续，实质上是剥夺了晨晨接受义务教育的权利。对于晨晨妈妈的行为，政府可以进行劝说，解决晨晨家实际困难，帮助晨晨继续回校读书。如果晨晨妈妈不听劝，政府应责令其将晨晨送入学校接受义务教育。总之，政府在未成年人受教育权受到侵害时，必须积极作为，不能视而不见。

法条链接

《中华人民共和国未成年人保护法》

第八十三条　各级人民政府应当保障未成年人受教育的权利，并采取措施保障留守未成年人、困境未成年人、残疾未成年人接受义务教育。

对尚未完成义务教育的辍学未成年学生，教育行政部门应当责令父母或者其他监护人将其送入学校接受义务教育。

温馨贴士

青少年通过接受教育，不仅可以获得文化知识，还可以提升思想觉悟，形成正确的人生观、世界观。当青少年的受教育权受到侵害时，可以积极向学校、政府等组织寻求帮助，以此来救济自己的合法权利。

2　对侵占学校场地的行为，人民政府有义务采取相应保障措施吗？

案例回放

某县某小学因经费紧张，学校规模较小，校舍建设也不完善。为了节省经费，把钱花在刀刃上，该学校并未建设围墙，校内部分土地也未好好修建。时间一长，住在附近的村民便渐渐将该小学当成散步、闲逛的地方。由于村民们的行为对正常教学活动没有太大影响，故该小学未进行严厉禁止。于是，附近的村民变本加厉，不仅在该小学的土地上种菜种花，更有甚者，还在学生们平时上体育课的运动场圈地养鸡。该小学见村民的活动将影响到学生们的学习生活,便通知村民将在学校周围建设围墙,让村民们限期将所占用的场地恢复原状,但遭到了村民们的一致强烈反对。请问,对于侵占学校场地的行为,人民政府有义务采取相应保障措施吗?

学法用法

学校是青少年接受教育的场所,具有一定的公益性质,任何组织或者个人都不得随意侵占学校的场地、校舍和设施。根据《未成年人保护法》第八十九条第三款的规定,地方人民政府应当采取措施,防止任何组织或者个人侵占、破坏学校、幼儿园、婴幼儿照护服务机构等未成年人活动场所的场地、房屋和设施。由此可见,人民政府具有保障学校秩序的职责和义务,当发生学校场地被占用的情况时,可以通过对违法行为人进行处罚等措施来为未成年人创造良好的校园环境。当学校的场地、房屋以及设施受到他人侵害时,学校完全可以向人民政府相关部门求助。

在上面的案例中,该小学附近的村民占用该小学的场地从事种植、养殖行为,严重干扰了该小学的正常教学活动,给该学校及学生的合法权益造成了侵害。该小学有权要求村民停止相关行为,并将相关情况上报到人民政府,由人民政府出面解决问题。村民们的行为给该小学造成其他损失的,该小学有权通过诉讼方式要求村民承担赔偿责任。

法条链接

《中华人民共和国未成年人保护法》

第八十九条第三款 地方人民政府应当采取措施,防止任何组织或者个人侵占、破坏学校、幼儿园、婴幼儿照护服务机构等未成年人活动场所的场地、房屋和设施。

温馨贴士

校园是青少年接受知识熏陶的场所，人民政府应该维持校园秩序稳定，保障校园安全。青少年是祖国的花朵，应该予以悉心呵护，为其创造良好的校园环境。

3 在哪些情况下，民政部门应当担任未成年人的临时监护人？

案例回放

涂涂今年11周岁，常年跟随爸爸妈妈在上海生活。在偌大的上海，涂涂一家没有任何亲戚，他们来自距离上海很远的甘肃，仅在过年的时候才回一趟老家。涂涂的爸爸妈妈为了让涂涂过上更好的生活，每天都在拼命地工作。但是，天有不测风云，涂涂爸爸在一次工程勘探中遭遇塌方，生死未卜，涂涂妈妈听闻噩耗，心脏病发作，住进了医院重症监护室。因此，涂涂成了"没人管"的孩子。请问，在这种情况下，应该由谁来"管"涂涂呢？

学法用法

根据《未成年人保护法》第九十二条的规定，具有下列情形之一的，民政部门应当依法对未成年人进行临时监护：（1）未成年人流浪乞讨或者身份不明，暂时查找不到父母或者其他监护人；（2）监护人下落不明且无其他人可以担任监护人；（3）监护人因自身客观原因或者因发生自然灾害、事故灾难、公共卫生事件等突发事件不能履行监护职责，导致未成年人监护缺失；（4）监护人拒绝或者怠于履行监护职责，导致未成年人处于无人照料的状态；（5）监护人教唆、利用未成年人实施违法犯罪行为，未成年人需要被带离安置；（6）未成年人遭受监护人严重伤害或者面临人身安全威胁，需要被紧急安置；（7）法律规定的其他情形。那么，临时监护应该如何来落实呢？根据《未成年人保护法》第九十三条的规定，民政部门可以将未成年人委托给其亲属临时抚养，或某些家庭临时寄养等，也可交由未成年人救助保护机构或者儿童福利机构临时收留、抚养。

具体到上面的案例，涂涂的爸爸妈妈基于自身客观原因不能履行监护职责，民政部门应该对涂涂进行临时监护。在具体落实时，村委会或居委会应协助民政部门进行相关工作。

法条链接

《中华人民共和国未成年人保护法》

第九十二条　具有下列情形之一的，民政部门应当依法对未成年人进行临时监护：

（一）未成年人流浪乞讨或者身份不明，暂时查找不到父母或者其他监护人；

（二）监护人下落不明且无其他人可以担任监护人；

（三）监护人因自身客观原因或者因发生自然灾害、事故灾难、公共卫生事件等突发事件不能履行监护职责，导致未成年人监护缺失；

（四）监护人拒绝或者怠于履行监护职责，导致未成年人处于无人照料的状态；

（五）监护人教唆、利用未成年人实施违法犯罪行为，未成年人需要被带离安置；

（六）未成年人遭受监护人严重伤害或者面临人身安全威胁，需要被紧急安置；

（七）法律规定的其他情形。

第九十三条 对临时监护的未成年人，民政部门可以采取委托亲属抚养、家庭寄养等方式进行安置，也可以交由未成年人救助保护机构或者儿童福利机构进行收留、抚养。

临时监护期间，经民政部门评估，监护人重新具备履行监护职责条件的，民政部门可以将未成年人送回监护人抚养。

温馨贴士

法律规定，民政部门有对未成年人进行临时监护的义务。我们青少年一旦在生活中遇到困境，面临缺乏监护的情形时，一定要懂得寻求政府的帮助。

4 在哪些情形下，民政部门要对未成年人进行长期监护？

案例回放

晶晶的爸爸妈妈因为感情不和离婚了，离婚后，晶晶和妈妈生活在一起。由于晶晶妈妈意外身故，她便随爸爸共同生活。晶晶爸爸长期酗酒，还经常殴打晶晶。居委会发现上述情形后，查明晶晶没有其他亲人，便向法院申请，请求撤销晶晶爸爸的监护人资格。法院经过调查发现，晶晶爸爸长期以来没有工作，嗜酒成性，并且有暴力倾向，认为其不适合再担任晶晶的监护人。最后，由于晶晶没有其他亲人，法院判决撤销晶晶爸爸监护人资格的同时指定由民政部门担任其监护人,对其进行长期监护。请问,除了上述情形外,民政部门在哪些情形下应该对未成年人进行长期监护呢?

学法用法

为保护未成年人的权益,当其没有父母或者父母以及其他人没有资格、没有能力充当其监护人时,民政部门应当依法对其进行监护。在上面的案例中,法院秉持最有益于被监护人的原则,指定民政部门充当晶晶的监护人,以此来保护晶晶。

根据《未成年人保护法》第九十四条的规定,在下列情形中,民政部门应当依法对未成年人进行长期监护:(1)查找不到未成年人的父母或者其他监护人;(2)监护人死亡或者被宣告死亡且无其他人可以担任监护人;(3)监护人丧失监护能力且无其他人可以担任监护人;(4)人民法院判决撤销监护人资格并指定由民政部门担任监护人;(5)法律规定的其他情形。

法条链接

《中华人民共和国民法典》

第三十六条 监护人有下列情形之一的,人民法院根据有关个人或者组织的申请,撤销其监护人资格,安排必要的临时监护措施,并按照最有利于被监护人的原则依法指定监护人:

(一)实施严重损害被监护人身心健康的行为;

(二)怠于履行监护职责,或者无法履行监护职责且拒绝将监护职责部分或者全部委托给他人,导致被监护人处于危困状态;

(三)实施严重侵害被监护人合法权益的其他行为。

本条规定的有关个人、组织包括:其他依法具有监护资格的人，居民委员会、村民委员会、学校、医疗机构、妇女联合会、残疾人联合会、未成年人保护组织、依法设立的老年人组织、民政部门等。

前款规定的个人和民政部门以外的组织未及时向人民法院申请撤销监护人资格的，民政部门应当向人民法院申请。

《中华人民共和国未成年人保护法》

第九十四条 具有下列情形之一的，民政部门应当依法对未成年人进行长期监护：

（一）查找不到未成年人的父母或者其他监护人；

（二）监护人死亡或者被宣告死亡且无其他人可以担任监护人；

（三）监护人丧失监护能力且无其他人可以担任监护人；

（四）人民法院判决撤销监护人资格并指定由民政部门担任监护人；

（五）法律规定的其他情形。

温馨贴士

为了避免未成年人陷入无人照看的境地，法律规定了民政部门对未成年人进行长期监护的制度。但无论是未成年人的父母、其他亲人，还是民政部门，在担任未成年人监护人期间，都要秉持保护未成年人权益的理念，尽最大努力让未成年人健康成长。

第六节　司法保护

1 法院工作人员对案件中未成年人的姓名、住所等个人信息是否具有保密义务？

▶ **案例回放**

某市最近发生了一起重大的刑事案件，引起了社会的广泛关注。某市中学正在上高一的小刚因涉嫌严重刑事犯罪，被依法提起公诉。在进行刑事诉讼的过程中，媒体一直关注着该案的进展，并进行了追踪报道。某著名法律调查节目组对负责该案的主审法官李某进行了采访。在采访中，节目制作人对小刚的影像进行了模糊处理，李某也并未直接使用小刚的真实姓名和学校名称，而是以化名代称。请问，法院的工作人员对有关案件中未成年人的姓名、影像、住所等可能识别出其身份的个人信息是否具有保密义务呢？

◯ **学法用法**

为了充分保护未成年人的权益，《未成年人保护法》第一百零三条规定，公安机关、人民检察院、人民法院、司法行政部门以及其他组织和个人不得披露有关案件中未成年人的姓名、影像、住所、就读学校以及其他可能识别出其身份的信息，但查找失踪、被拐卖未成年人等情形除外。也就是说，公检法机关的工作人员对有关案件中未成年人的个人信息具有保密义务。

在上面的案例中，未成年人案件中的主审法官在采访时不曾透露犯罪嫌疑人小刚的个人信息的做法是正确的,是符合法律规定的。

🔧 法条链接

《中华人民共和国未成年人保护法》

第一百零三条 公安机关、人民检察院、人民法院、司法行政部门以及其他组织和个人不得披露有关案件中未成年人的姓名、影像、住所、就读学校以及其他可能识别出其身份的信息,但查找失踪、被拐卖未成年人等情形除外。

💡 温馨贴士

保护未成年人,应当坚持最有利于未成年人的原则。处理涉及未成年人事项,应当注意保护未成年人隐私权和个人信息。公检法机关的工作人员在履行职责的过程中,对涉及未成年人的案件,应该给予未成年人充分的保护,对未成年人的个人信息依法予以保密。

2 孙女常常被其父母家暴,奶奶应该怎么办?

▶ 案例回放

小美的妈妈杨某在养育小美的过程中,经常无缘无故地殴打小美,有时甚至还不让她去上学,让她在家照顾弟弟。此外,小美的父亲李某脾气十分暴躁,嗜酒如命。李某经常在醉酒之后将家里的东西摔得到处都是,还不停地谩骂小美。生活在这样的家庭里,小美变得十分内向、胆小。奶奶十分心疼孙女,担心小美在这样不健康的环境下成长会留下心理阴影,但又不知道该怎么寻求帮助。请问,在小美经常被父母家暴的情况下,小美的奶奶应该怎么办呢?

学法用法

和睦、友爱的家庭环境对未成年人的健康成长至关重要，影响着未成年人性格的形成，但仍有很多未成年人遭受着来自亲人甚至是父母的家庭暴力。根据《反家庭暴力法》第十三条的规定，当未成年人遭受家庭暴力时，其法定代理人、近亲属可以向加害人或者受害人所在单位、居民委员会、村民委员会、妇女联合会等单位投诉、反映或者求助。除此以外，也可以向公安机关报案或者直接向人民法院提起诉讼，以此来避免未成年人遭受进一步的侵害。

如果加害人为未成年人的父母或其他监护人，通过上述途径无法制止家庭暴力，或是加害人拒不改正，仍然对未成年人实施家暴行为，严重侵害未成年人合法权益的，有关人员或单位还可以根据《未成年人保护法》第一百零八条的规定，向人民法院提出人身安全保护令或撤销监护人资格的申请。

在上面的案例中，小美的奶奶可以向当地的居委会、村委会、妇联或小美父母的工作单位求助，请这些单位或组织帮忙对小美的父母进行劝导、调解，制止他们的家暴行为。如果不能奏效，小美的奶奶还可以报警或向人民法院起诉。由于父母长期的家暴行为已经严重损害了小美的身心健康，不利于她的健康成长，奶奶还可以向人民法院请求撤销小美父母的监护人资格，由自己担任小美的监护人，保护小美的合法权益。

法条链接

《中华人民共和国未成年人保护法》

第一百零八条 未成年人的父母或者其他监护人不依法履行监

护职责或者严重侵犯被监护的未成年人合法权益的，人民法院可以根据有关人员或者单位的申请，依法作出人身安全保护令或者撤销监护人资格。

被撤销监护人资格的父母或者其他监护人应当依法继续负担抚养费用。

《中华人民共和国反家庭暴力法》

第十三条 家庭暴力受害人及其法定代理人、近亲属可以向加害人或者受害人所在单位、居民委员会、村民委员会、妇女联合会等单位投诉、反映或者求助。有关单位接到家庭暴力投诉、反映或者求助后，应当给予帮助、处理。

家庭暴力受害人及其法定代理人、近亲属也可以向公安机关报案或者依法向人民法院起诉。

单位、个人发现正在发生的家庭暴力行为，有权及时劝阻。

温馨贴士

在未成年人遭到父母家庭暴力的侵害时，该未成年人的其他亲属应该积极采取行动，向居委会、村委会、法院、妇联等组织寻求帮助，努力给未成年人创造一个健康的成长环境。

3 刑事诉讼中，未成年被害人、证人应当出庭作证吗？

案例回放

某天下午，小亮放学后和同班同学晨晨一起回家，路上，小亮被一辆飞驰而来的面包车劫走。在车上，劫匪姜某将小亮的手脚用绳子捆绑起来，并将他的嘴封住。同时，姜某给小亮的爸爸打电话，要求其提供100万元赎金。后来，姜某被公安机关抓获，小亮安全地回到了爸爸妈妈身边。姜某被抓获后，该市人民检察院对其以绑架罪向人民法院提起公诉。在案件的审理过程中，为了查明案件事实，需要提供相关证据以及证人出庭作证。请问，作为受害人的小亮和作为证人的晨晨都是未成年人，他们应当出庭作证吗？

学法用法

人民法院在审理案件的时候始终坚持以事实为依据，以法律为准绳的原则，在诉讼中，案件事实的查明对案件的审理起着重要的推动作用。案件事实的查明需要证据的支撑。根据《刑事诉讼法》的规定，证人证言属于法定证据种类，凡是知道案件情况的人，都有作证的义务。生理上、精神上有缺陷或者年幼，不能辨别是非、不能正确表达的人，不能作证人。由于未成年人心智还没有完全成熟，为了保护未成年人，《未成年人保护法》第一百一十条第二款规定，人民法院开庭审理涉及未成年人案件，未成年被害人、证人一般不出庭作证；必须出庭的，应当采取保护其隐私的技术手段和心理干预等保护措施。

在上面的案例中，作为受害人的小亮和作为证人的晨晨一般情况下是不需要出庭作证的，如果因为案件的特殊性必须出庭的，可以采取相关技术手段对他们进行保护。

法条链接

《中华人民共和国未成年人保护法》

第一百一十条第二款 人民法院开庭审理涉及未成年人案件，未成年被害人、证人一般不出庭作证；必须出庭的，应当采取保护其隐私的技术手段和心理干预等保护措施。

《中华人民共和国刑事诉讼法》

第六十二条 凡是知道案件情况的人,都有作证的义务。

生理上、精神上有缺陷或者年幼,不能辨别是非、不能正确表达的人,不能作证人。

💡 温馨贴士

未成年人在遭受不法分子的侵害后,不仅身体上会受到伤害,也会留下一定程度的心理阴影。因此,为了避免未成年受害人在庭审中遭受"二次侵害",人民法院在通知未成年人出庭作证的时候,要对其出庭的必要性进行审查。同时,未成年人出庭作证也无须害怕,因为人民法院会采取相应的保护措施。

4 未成年人遭受性侵后,能获得怎样的司法保护?

▶ 案例回放

小丽从小生活在一个单亲家庭中,性格有点儿内向,整天待在自己的小世界里。在学校里,小丽专注于学习,和同学们的交流也非常少,几乎没什么朋友。但由于小丽成绩一直名列前茅,所以其班主任刘某对她十分照顾,经常关心她。小丽觉得自己受到了老师的重视,对刘某也十分信任。课后,刘某也经常帮小丽辅导功课,送她回家。某天天气不好,刘某提议让小丽到他家去补习功课。可让人没想到的是,一直文质彬彬、谦和有礼的刘老师竟然对小丽实施了性侵害。小丽回家后,哭着将这件事告诉了妈妈,妈妈听完后非常愤怒,想报警但又怕这事传出去对孩子影响不好。请问,在未成年人遭受性侵害后,能获得怎样的司法保护呢?

◎ **学法用法**

未成年人由于心智尚未成熟,明辨是非的能力还没有完全具备,心理和生理都十分脆弱,很容易受到伤害。同时,对未成年人实施侵害的通常是与其接触十分密切的人,他们利用未成年人的单纯对其实施侵害,违法行为十分隐秘。不少未成年人面对侵害,或者因为想维系亲密关系,或者因为担心被人耻笑,通常会选择忍耐,反而更加纵容了这类违法犯罪行为。

为了更好地保护未成年人的合法权益,促进未成年人健康成长,我国多部法律都作出了相应的规定。如《民法典》规定,未成年人遭受性侵害的损害赔偿请求权的诉讼时效期间,自受害人年满18周岁之日起计算。也就是说,未成年人遭受性侵害时,不是在侵害行为发生后开始计算诉讼时效,而是从受害人年满18周岁时才开始计算。《未成年人保护法》中规定:(1)公检法机关和其他组织要互相配合,对遭受性侵害的未成年被害人采取必要的心理干预、经济救助、法律援助、转学安置等保护措施;(2)公检法机关办理未成年人遭受性侵害或者暴力伤害案件,在询问未成年被害人、证人时,应当采取同步录音录像等措施,并且尽量一次完成;(3)未成年被害人、证人是女性的,应当由女性工作人员进行。《刑事诉讼法》规定,有关个人隐私的案件,不公开审理,而未成年人性侵案件涉及未成年人的隐私,因此不公开审理。在上面的案例中,小丽妈妈应该及时报警,并通过上述列举的方式获取司法保护。

法条链接

《中华人民共和国民法典》

第一百九十一条 未成年人遭受性侵害的损害赔偿请求权的诉讼时效期间,自受害人年满十八周岁之日起计算。

《中华人民共和国未成年人保护法》

第一百一十一条 公安机关、人民检察院、人民法院应当与其他有关政府部门、人民团体、社会组织互相配合,对遭受性侵害或者暴力伤害的未成年被害人及其家庭实施必要的心理干预、经济救助、法律援助、转学安置等保护措施。

第一百一十二条 公安机关、人民检察院、人民法院办理未成年人遭受性侵害或者暴力伤害案件,在询问未成年被害人、证人时,应当采取同步录音录像等措施,尽量一次完成;未成年被害人、证人是女性的,应当由女性工作人员进行。

《中华人民共和国刑事诉讼法》

第一百八十八条 人民法院审判第一审案件应当公开进行。但是有关国家秘密或者个人隐私的案件,不公开审理;涉及商业秘密的案件,当事人申请不公开审理的,可以不公开审理。

不公开审理的案件,应当当庭宣布不公开审理的理由。

温馨贴士

我国法律从实体和程序等多方面、多角度保护未成年人的权益,因此青少年在遭受侵害时不要害怕,要勇于拿起法律武器捍卫自己的权利,同违法犯罪分子作斗争。

5 警察可以单独讯问未成年犯罪嫌疑人吗？

▷ 案例回放

小坚今年15周岁，是一名初三的学生。父母在他很小的时候就离婚了，他一直跟随爷爷奶奶生活，与父母关系不好，由于缺乏大人的管教，性格十分暴躁冲动。一天，小坚在学校与同学发生了冲突，将同学打成重伤。事发后，学校将受伤同学送往医院，并报了警。公安机关将小坚带走后，准备对他进行讯问。当得知讯问时需要监护人在场时，小坚提出了抗议。他表示，自己一人做事一人当，只讯问他一个人就行了，他一定会如实交代，希望警方不要联系他的父母。小坚认为，父母从小就不管他，事到如今他更不想与父母见面。但警察向他解释道，由于小坚是未成年人，讯问时必须有监护人或其他合适的成年人在场。请问，警察可以单独讯问未成年犯罪嫌疑人吗？

◯ 学法用法

未成年犯罪嫌疑人虽然涉嫌犯罪，但仍然享有其应当享有的权利。由于未成年人年纪尚小，在认识和表达能力上都有所欠缺，接受讯问时不仅可能无法很好地表达自己的意见，还可能受到有心之人的引导，从而给未成年人的权益造成损害。因此，根据《未成年人保护法》第一百一十条第一款的规定，当公安机关、人民检察院、人民法院讯问未成年犯罪嫌疑人、被告人，询问未成年被害人、证人时，不得单独进行，而应当依法通知其法定代理人或者其成年亲属、所在学校的代表等合适成年人到场，

303

以保障未成年犯罪嫌疑人、被告人、证人等人的合法权益。

同时，根据《刑事诉讼法》第二百八十一条的规定，在未成年人刑事案件中，除了讯问以外，审判过程中同样需要法定代理人或其他合适成年人到场，并可以由到场的法定代理人代为行使未成年犯罪嫌疑人、被告人的诉讼权利。如果到场的法定代理人或者其他合适成年人认为未成年犯罪嫌疑人、被告人的权益遭受侵害，有权提出意见。在审判过程中，其法定代理人认为未成年被告人最后陈述有所不足的，也可以进行补充陈述。此外，对于女性未成年犯罪嫌疑人，对其进行讯问时还应当有女性工作人员在场。

在上面的案例中，小坚15周岁，还是未成年人，虽然一时冲动犯了错，但他的思想实际上仍不成熟，接受讯问时需要成年人在场，以避免其发表意见不到位或权益受到损害。除了小坚的父母以外，小坚的其他成年亲属如爷爷奶奶或所在学校代表如学校的老师等，也可以到场陪同小坚接受讯问。

法条链接

《中华人民共和国未成年人保护法》

第一百一十条第一款　公安机关、人民检察院、人民法院讯问未成年犯罪嫌疑人、被告人，询问未成年被害人、证人，应当依法通知其法定代理人或者其成年亲属、所在学校的代表等合适成年人到场，并采取适当方式，在适当场所进行，保障未成年人的名誉权、隐私权和其他合法权益。

《中华人民共和国刑事诉讼法》

第二百八十一条　对于未成年人刑事案件，在讯问和审判的

第三章 学习《未成年人保护法》，护航成长

时候，应当通知未成年犯罪嫌疑人、被告人的法定代理人到场。无法通知、法定代理人不能到场或者法定代理人是共犯的，也可以通知未成年犯罪嫌疑人、被告人的其他成年亲属，所在学校、单位、居住地基层组织或者未成年人保护组织的代表到场，并将有关情况记录在案。到场的法定代理人可以代为行使未成年犯罪嫌疑人、被告人的诉讼权利。

到场的法定代理人或者其他人员认为办案人员在讯问、审判中侵犯未成年人合法权益的，可以提出意见。讯问笔录、法庭笔录应当交给到场的法定代理人或者其他人员阅读或者向他宣读。

讯问女性未成年犯罪嫌疑人，应当有女工作人员在场。

审判未成年人刑事案件，未成年被告人最后陈述后，其法定代理人可以进行补充陈述。

询问未成年被害人、证人，适用第一款、第二款、第三款的规定。

温馨贴士

如果未成年人一时冲动犯下大错，被公安机关调查讯问，同样拥有相应的法律权利。在上面案例中所提到的"监护人等在场"，即为权利之一。

第四章

防灾减灾，安全观念常在

第四章　防灾减灾，安全观念常在

第一节　学习《消防法》，增强消防意识

1 随意挪动学校楼道中的消防器材将会承担何种责任？

▶ **案例回放**

小川是A市某中学一年级的学生，平日很调皮。周五，学校通知要求全校学生放学后留校参加消防演练。不巧的是，当天正好有小川喜欢的篮球运动员到A市交流，小川早早买好了票，一心盼着放学后可以去体育馆见偶像。为了实现自己的"追星梦"，小川跟班主任提出请假，班主任以消防演练非常重要、任何人都不能缺席为由没有批准小川的请假。于是，小川没能实现与偶像见面的愿望。小川因此对学校和老师心生不满。周二早上，小川看着教学楼的灭火器气不打一处来，就偷偷将它们全搬到了顶楼。请问，小川的行为恰当吗？随意挪动消防器材可能面临什么法律责任？

○ **学法用法**

消防器材是预防火灾、灭火救援的重要工具，它可能看着不起眼，但在紧急关头却对保障人民生命财产安全有着重要作用。正是因为其重要性，国家对消防器材的管理非常严格，不仅要求管理单位定期巡查器材完整性，还要求定点摆放，禁止任意挪动。《消防法》明确规定，任何单位和个人都有保护消防设施的

义务，禁止损坏、挪用、擅自拆除或停用消防器材。如果有人违反法律规定挪用或擅自拆除、停用了消防器材，将面临警告、罚款的行政处罚。

在上面的案例中，小川擅自将灭火器挪到其他地方的行为是错误的，他应该立即改正，将灭火器按要求放回原位。

法条链接

《中华人民共和国消防法》

第五条 任何单位和个人都有维护消防安全、保护消防设施、预防火灾、报告火警的义务。任何单位和成年人都有参加有组织的灭火工作的义务。

第二十八条 任何单位、个人不得损坏、挪用或者擅自拆除、停用消防设施、器材，不得埋压、圈占、遮挡消火栓或者占用防火间距，不得占用、堵塞、封闭疏散通道、安全出口、消防车通道。人员密集场所的门窗不得设置影响逃生和灭火救援的障碍物。

第六十条 单位违反本法规定，有下列行为之一的，责令改正，处五千元以上五万元以下罚款：

（一）消防设施、器材或者消防安全标志的配置、设置不符合国家标准、行业标准，或者未保持完好有效的；

（二）损坏、挪用或者擅自拆除、停用消防设施、器材的；

（三）占用、堵塞、封闭疏散通道、安全出口或者有其他妨碍安全疏散行为的；

（四）埋压、圈占、遮挡消火栓或者占用防火间距的；

（五）占用、堵塞、封闭消防车通道，妨碍消防车通行的；

（六）人员密集场所在门窗上设置影响逃生和灭火救援的障碍物的；

（七）对火灾隐患经消防救援机构通知后不及时采取措施消除的。

个人有前款第二项、第三项、第四项、第五项行为之一的，处警告或者五百元以下罚款。

有本条第一款第三项、第四项、第五项、第六项行为，经责令改正拒不改正的，强制执行，所需费用由违法行为人承担。

温馨贴士

维护消防安全、保护消防设施是我们每个人应尽的义务，保护消防设施就是保护我们自己和同学、家人的安全。青少年一定要谨记：消防设施勿乱动，预防火灾有大用！

2 发现着火后应该怎么办？

案例回放

甜甜今年12岁，暑假期间，她约好朋友灵灵到家里玩。两人正在看电视时，突然听见楼下有人大喊"着火了"。甜甜从窗口向外一看，发现隔壁单元的入口处正冒着滚滚的黑烟，好像是停在单元门口的电动自行车着火了。甜甜想到在学校进行消防演练时，老师曾经教过灭火器的用法，便当机立断和灵灵一起拿上家里的灭火器冲下了楼。在小区居民们的共同帮助下，火被成功扑灭。甜甜的父母下班回家得知此事后，先是对甜甜救火的勇气给予了肯定，但同时表示甜甜还是个孩子，冲动参与救火太过危险。请问，当发现着火后，未成年人应该怎么办？

学法用法

火灾是一种危害极大的灾害，如果不及时抢救，很可能会给他人的人身安全、财产安全造成巨大损害，甚至可能危害公共利益，造成难以估量的人员伤亡。因此，我们每个人不仅应当注意用火安全，预防火灾发生，还应当在发现火灾后采取力所能及的措施，防止火势扩大。根据《消防法》第四十四条的规定，任何人在发现火灾后都应当立即报警，任何单位、个人都应当无偿为报警提供便利，不得加以阻拦；当火灾发生在人员密集的场所时，场所的工作人员应当立即组织、引导在场人员进行疏散，避免造成人员伤亡；任何单位发生火灾，必须立即组织力量扑救。邻近单位应当给予支援。

在上面的案例中，甜甜与灵灵勇于救火的精神值得肯定，但作为未成年人，应当把保护自己的人身安全放在第一位。我们在发现火灾后，应立即拨打火警电话，详细说明着火的地点与火势的具体情况，可以到小区门口迎接消防车，以便消防员尽快展开救援工作。我们还可以将发生火情的情况通知小区里的其他成年人，如物业公司工作人员等，由成年人组织进行灭火。

法条链接

《中华人民共和国消防法》

第四十四条 任何人发现火灾都应当立即报警。任何单位、个人都应当无偿为报警提供便利，不得阻拦报警。严禁谎报火警。

人员密集场所发生火灾，该场所的现场工作人员应当立即组织、引导在场人员疏散。

任何单位发生火灾，必须立即组织力量扑救。邻近单位应当给予支援。

消防队接到火警，必须立即赶赴火灾现场，救助遇险人员，排除险情，扑灭火灾。

温馨贴士

预防险情无小事，无论任何时候，人民的生命财产安全都是第一位的。我国的火灾报警专用电话是"119"，出现火情或疑似出现火情时，应当立即报警，说明出现火情所处的位置和情况，以便消防队做好相应救援准备工作。

3 谎报火警需要承担什么法律责任？

案例回放

周末，小林子和大强到同学跳跳家里玩，三人玩了一下午游戏，觉得很没意思。大强说："不如我们来玩点儿刺激的吧？"这引起了跳跳的兴趣，他连忙追问可以玩什么刺激的游戏。大强想来想去，说："不如我们来打报警电话吧，看警察叔叔是不是真的会来。"跳跳说："我们打110报警电话吗？说什么呀？"最后，他们两个决定编造火灾事故，打火警电话。小林子在一旁默默听了很久，直到他看到大强真的拿起电话准备拨打119时终于忍不住站起来阻止："真的发生火灾才能报火警，无缘无故报火警是欺骗，是要被惩罚的！"请问，小林子说得对吗？谎报火警需要承担什么法律责任？

学法用法

小林子的说法是正确的。《消防法》明确禁止谎报火警。谎报火警指的是行为人编造火情信息报告消防部门，扰乱消防部门等正常工作秩序的行为。谎报火警占用消防资源，违反了治安管理规定。根据《消防法》第六十二条和《治安管理处罚法》第二十五条的规定，谎报火警的，处以五日以上十日以下行政拘留，可以并处500元以下的罚款。如果情节较轻的，处以五日以下行政拘留或者500元以下罚款。在上面的案例中，大强和跳跳因为想寻求刺激而编造火灾事故、拨打火警电话的行为违反了法律规定，应当听小林子的劝告停止违法行为。

法条链接

《中华人民共和国消防法》

第四十四条第一款 任何人发现火灾都应当立即报警。任何单位、个人都应当无偿为报警提供便利，不得阻拦报警。严禁谎报火警。

第六十二条 有下列行为之一的，依照《中华人民共和国治安管理处罚法》的规定处罚：

……

(三) 谎报火警的；

……

《中华人民共和国治安管理处罚法》

第二十五条 有下列行为之一的，处五日以上十日以下拘留，可以并处五百元以下罚款；情节较轻的，处五日以下拘留或者五百元以下罚款：

（一）散布谣言，谎报险情、疫情、警情或者以其他方法故意扰乱公共秩序的；

……

💡 温馨贴士

无论是119火警电话，还是110报警电话，都是在发生险情或警情时使用的，报假警不仅占用公共资源，甚至可能占用他人的求救通道，极有可能耽误真正需要救援的人的求救时间。因此，青少年一定要牢记，凡涉及生命安全、财产安全的，均不可以开玩笑。

4 居民可以将自家杂物堆靠在消防栓前吗？

▷ 案例回放

不久前，大星家隔壁搬来了新住户。刚开始大家都相处得非常愉快。但最近，大星一家却有点儿苦恼。新邻居家里是做网店生意的，由于没有单独租仓库，货物只能堆放在家里。最近，大星的新邻居出了好多新品，房间堆不下，经过同楼层的住户同意之后，他们就把纸箱等打包用的物件贴墙堆放在了过道。这天，大星放学回来发现，楼道的纸箱越放越多，连消防栓都被挡住了。今天刚学习了消防知识的大星觉得这样很不好，就去敲了新邻居家的门，希望他们可以挪一下物品，不要挡住消防栓。谁知，新邻居却告诉他，在过道堆东西是经过大家同意的。请问，居民到底可不可以将自己的东西堆在消防栓前呢?

学法用法

大星的做法是正确的,我们不能将物品堆在消防栓前堵住消防设施,也不能堵住消防通道。消防栓是为了救火应急准备的,虽然平时看着没有什么用,但在关键时刻,它可是灭火救援的重要工具。谁都不知道意外什么时候来临,我们能做的就是防患于未然,保持消防设施完备有效、消防通道畅通无阻。《消防法》第二十八条明确规定,任何单位、个人不得损坏、挪用或者擅自拆除、停用消防设施、器材,不得埋压、圈占、遮挡消火栓或者占用防火间距,不得占用、堵塞、封闭疏散通道、安全出口、消防车通道。如有违反,则面临警告、罚款的行政处罚。

在上面的案例中,大星家的新邻居在经过邻居们的同意后将自家货物堆在过道上,看似并不侵犯邻居们的合法权益,但是其堆放的货物挡住了消防栓,已经违反了《消防法》的规定,应当立即改正,消除安全隐患。

法条链接

《中华人民共和国消防法》

第二十八条 任何单位、个人不得损坏、挪用或者擅自拆除、停用消防设施、器材,不得埋压、圈占、遮挡消火栓或者占用防火间距,不得占用、堵塞、封闭疏散通道、安全出口、消防车通道。人员密集场所的门窗不得设置影响逃生和灭火救援的障碍物。

第六十条 单位违反本法规定,有下列行为之一的,责令改正,处五千元以上五万元以下罚款:

……

（三）占用、堵塞、封闭疏散通道、安全出口或者有其他妨碍安全疏散行为的；

（四）埋压、圈占、遮挡消火栓或者占用防火间距的；

（五）占用、堵塞、封闭消防车通道，妨碍消防车通行的；

……

个人有前款第二项、第三项、第四项、第五项行为之一的，处警告或者五百元以下罚款。

有本条第一款第三项、第四项、第五项、第六项行为，经责令改正拒不改正的，强制执行，所需费用由违法行为人承担。

温馨贴士

消防栓和消防通道是火灾来临时的求生工具和生命通道，任何情况下都应保持完好和畅通。日常生活中，如果我们发现有人占用、堵塞、封闭了消防栓和消防通道，可以联系物业管理人员或其他相应的管理人员，要求他们移除障碍物，消除危险。如果对方不予配合的话，可以拨打96119进行举报处理。

5 电动自行车、自行车占用消防通道，需要承担什么责任？

案例回放

涛涛家居住的小区附近有个市场，聚集了很多商户，虽然便利了附近居民的生活，但市场管理十分混乱。由于市场建设年代较早，在建造时并未规划明确的停车位。虽然市场内部限制机动车进入并规划了非机动车停车位,但商户们还是将自行车、电动自行车到处乱停乱放,严重阻塞道路,也干扰行人的正常通行。涛涛每次上学放学路过市场的时候,都能看到市场内部停放着很多电动自行车。尤其是市场中专门用栏杆分割出的一条消防专用通道,更是被占用得满满当当。涛涛认为如果这种乱象继续放任下去,肯定有着重大安全隐患。于是,他拨打了举报电话,请消防部门前来查看。请问,电动自行车、自行车占用消防通道的,需要承担什么责任呢?

学法用法

火灾救援刻不容缓,如果发生延误,很可能会发生巨大的人员伤亡与财产损毁。消防车通道是发生火灾时供消防车辆通行的道路,为了避免在火灾时发生堵塞,妨碍消防车辆通行,延误救援时间,《消防法》第二十八条规定,任何单位和个人不得占用、堵塞、封闭疏散通道、安全出口、消防车通道。如有违反,应当根据《消防法》第六十条的规定,接受警告、罚款处罚。

在上面的案例中,该市场内的商户无视消防安全,随意占用消防通道,造成了巨大的安全隐患。如果发生火灾,很可能因消防车无法通过而延误救援时间,导致损失扩大。涛涛向消防部门举报的行为是正确的。对于占用消防通道的商家,如果是企业,应当由消防部门责令其改正,并对其处以 5000 元以上 5 万元以下的罚款;如果是个人商户的,应当由消防部门对其处以警告或 500 元以下罚款。如果他们在被责令改正后,仍然拒绝让出消防通道的,将对其进行强制执行,并由其承担强制执行过程中产生的费用。

法条链接

《中华人民共和国消防法》

第二十八条 任何单位、个人不得损坏、挪用或者擅自拆除、停用消防设施、器材,不得埋压、圈占、遮挡消火栓或者占用防火间距,不得占用、堵塞、封闭疏散通道、安全出口、消防车通道。人员密集场所的门窗不得设置影响逃生和灭火救援的障碍物。

第六十条 单位违反本法规定,有下列行为之一的,责令改正,处五千元以上五万元以下罚款:

……

(三)占用、堵塞、封闭疏散通道、安全出口或者有其他妨碍安全疏散行为的;

……

(五)占用、堵塞、封闭消防车通道,妨碍消防车通行的;

……

个人有前款第二项、第三项、第四项、第五项行为之一的,处警告或者五百元以下罚款。

有本条第一款第三项、第四项、第五项、第六项行为,经责令改正拒不改正的,强制执行,所需费用由违法行为人承担。

温馨贴士

消防车通道是生命通道,任何单位和个人都不得占用。一般情况下,消防车通道会有"禁止停放车辆"的相关标识。各位青少年朋友,如果你们在日常生活中发现有人占用了消防通道,可以联系该处的物业管理人员,请他们联系当事人将车挪走,必要时还可以拨打96119投诉举报，确保消防车通道畅通。

6 非法携带易燃易爆物乘车拒不交出，会受到怎样的处罚？

▷ 案例回放

放暑假时，糖糖和爷爷到外地邓爷爷家做客。知道糖糖爷爷爱喝酒，回程前，邓爷爷拿了一桶自酿的散装白酒给糖糖爷爷。糖糖爷爷立马就打开盖子闻了闻，真是香极了……不久后，爷孙二人高兴地提着白酒到高铁站乘车回家。过安检时，工作人员告诉爷爷不可以携带散装白酒乘车，而爷爷不听，执意要带酒上车，便与工作人员发生了争执。糖糖听见工作人员说："老爷子不听劝就算了，叫警察来吧。"她非常着急，生怕爷爷被抓走。请问，非法携带易燃易爆物乘车拒不交出的，会受到什么处罚呢？

◯ 学法用法

易燃易爆物品容易引发火灾，公共汽车、地铁、高铁等场所人流量大且密集，一旦发生火灾事故，其产生的危害后果将非常严重。因此，我国明确禁止携带易燃易爆物品乘坐公共交通工具或出入公共场所。根据《消防法》第六十二条的规定，非法携带易燃易爆危险品进入公共场所或者乘坐公共交通工具的，应按照《治安管理处罚法》的规定处罚。《治安管理处罚法》第三十条规定，违反规定携带爆炸性物质的，处以十日以上十五日以下的行政拘留；情节较轻的，处以五日以上十日以下的行政拘留。由此可见，非法携带易燃易爆物乘车拒不交出的，将面临拘留的行政处罚。

在上面的案例中，糖糖的爷爷坚持乘车而不愿意交出散装白酒，是不对的。散装白酒属于禁止携带乘车的物品，他应该听从工作人员的劝告，采取相应的处置措施后再乘车，否则，胡搅蛮缠极可能招致行政处罚。

法条链接

《中华人民共和国消防法》

第六十二条　有下列行为之一的，依照《中华人民共和国治安管理处罚法》的规定处罚：

……

（二）非法携带易燃易爆危险品进入公共场所或者乘坐公共交通工具的；

……

《中华人民共和国治安管理处罚法》

第三十条　违反国家规定，制造、买卖、储存、运输、邮寄、携带、使用、提供、处置爆炸性、毒害性、放射性、腐蚀性物质或者传染病病原体等危险物质的，处十日以上十五日以下拘留；情节较轻的，处五日以上十日以下拘留。

温馨贴士

酒精、油漆、打火机等物质都是我们日常生活中较为常见的易燃易爆物品，在使用、携带时尤其要注意安全。如果必须携带相关物品乘坐公共交通工具，应当事先了解相关的管理规定，明确可以携带的数量和方式。各位青少年朋友，如果你们的家人也出现了案例中的情形，一定要记得提醒他们哦。

第二节　保护生态，助力环保防灾

1 任何人都有参加防震减灾活动的义务吗?

▷ **案例回放**

昊天是星光小学五年级的学生。周一上午，班主任林老师在课堂上宣布，周二下午最后一节课全校要举办一次防震减灾演练活动，请全体同学配合参加。活动当天，在老师的指引下，防震减灾演练活动有序地进行着。渐渐地，同桌毛毛发现昊天有些不对劲，他一直没认真听宣传老师的指令，干什么都慢半拍。演练活动结束后，毛毛问昊天为什么不认真参加演练活动。昊天毫不在意地说："我们这里几乎没发生过地震。而且，就算地震真的来了，练习了也没用。"毛毛却不这么认为，他告诉昊天，参加防震减灾活动是每个人的义务，昊天敷衍对待的行为是错误的。二人因此闹得不愉快，谁也不愿意理谁。请问，毛毛的说法正确吗？任何人都有参加防震减灾活动的义务吗？

↻ **学法用法**

毛毛的说法是正确的。地震易导致海啸、建筑物坍塌、道路折断等，给人们的生命和财产造成严重损失。为了减少地震产生的损失，《防震减灾法》第八条明确规定，任何单位和个人都有依法参加防震减灾活动的义务。所谓"防震减灾活动"，就是指防御、减轻地震灾害的活动。防震减灾活动涉及范围非常广，一般包括地震监测预报、地震灾害的预防与应急救援、震后恢复与重建等内容。对于青少年而言,地震的监测预报、应急救援,以及震后恢复与重建等事项过于专业,比较起来,地震灾害的预防就要"接地气"许多。

在上面的案例中,星光小学组织的防震减灾演练活动就属于地震灾害的预防活动,每位同学、教师都应当积极参与。要知道,谁也不知道地震何时来临,我们多一次练习,就多学会一项地震逃生技能,面临危险时就多一条生路!

法条链接

《中华人民共和国防震减灾法》

第八条 任何单位和个人都有依法参加防震减灾活动的义务。

国家鼓励、引导社会组织和个人开展地震群测群防活动,对地震进行监测和预防。

国家鼓励、引导志愿者参加防震减灾活动。

温馨贴士

2008年5月12日,四川省汶川县发生了里氏8.0级特大地震,数万人在这场地震中遇难,全国人民纷纷向受灾地区伸出援助之手,助力抗震救灾。为了纪念遇难同胞,弘扬我国万众一心、众志成城的团结抗灾精神,强化全国各族人民的防灾减灾意识,我国将每年的5月12日定为防灾减灾日。这一天,有条件的地方都会举办防灾减灾宣传教育活动,青少年朋友应当多多参与,学习防震减灾知识和技能。

2　破坏典型地震遗址的，会受到怎样的处罚？

▷ 案例回放

暑假，妞妞和爸爸妈妈一起到重庆旅游。他们一路从城市玩到了"人间仙境"——黔江小南海。导游介绍称："小南海处于重庆、湖北交界处，是1856年大地震时形成的堰塞湖。由于它就像一颗宝石一样被镶嵌在群山之中，人们也称它为深山明珠。大家看这幅俯瞰图，小南海'深山明珠'的美称名副其实！而且呀，小南海不仅具有观赏价值，还有很高的科研价值！作为堰塞湖，小南海保存了崩塌崖面、堆石坝、淹没森林等多种地震破坏形迹，为研究古代地质灾害提供了非常具有价值的样本，属于国家级典型地震遗址。所以，各位游客在游览时一定要讲文明，保护好景区，千万不要搞破坏哦，不然，被抓到了可是要被处罚的！"妞妞很疑惑，什么是地震遗址？破坏典型地震遗址的，会受到什么样的处罚？

○ 学法用法

我们知道，地震是地壳释放能量过程中产生的震动，导致地面建筑物倒塌、山体崩塌等。"地震遗迹"就是地震留下的痕迹，主要包括地震震毁或震损的建筑物（如地震后的汶川钟楼）、地震活动带来的地质或地形变化（如堰塞湖）。地震遗址不仅有助于我们研究地震科学，也有助于我们做好防震设计。法律明确禁止任何人破坏典型地震遗址。根据《防震减灾法》第八十四条的规定，违反规定破坏典型地震遗址、遗迹的，应当立即停止违法行为，恢复原状或者采取其他补救措施。如果造成损失的，应当承担赔偿责任。

此外，如果破坏情节严重的，还会被处以罚款；构成违反治安管理行为的，由公安机关依法给予处罚。

法条链接

《中华人民共和国防震减灾法》

第八十四条　违反本法规定，有下列行为之一的，由国务院地震工作主管部门或者县级以上地方人民政府负责管理地震工作的部门或者机构责令停止违法行为，恢复原状或者采取其他补救措施；造成损失的，依法承担赔偿责任：

（一）侵占、毁损、拆除或者擅自移动地震监测设施的；

（二）危害地震观测环境的；

（三）破坏典型地震遗址、遗迹的。

单位有前款所列违法行为，情节严重的，处二万元以上二十万元以下的罚款；个人有前款所列违法行为，情节严重的，处二千元以下的罚款。构成违反治安管理行为的，由公安机关依法给予处罚。

温馨贴士

典型地震遗址不仅具有观赏性，还具有科研价值和教育警示意义。看着地震遗址，没有经历过地震的人也可以联想到地震带来的伤害，继而居安思危，不断提高抵御风险的能力。此外，专家学者还可以借此进行地震学研究，做好防震减灾工作。因此，无论什么时候都不要试图破坏典型地震遗址，而是要保护好它们。

3 破坏水闸等水利设施的，会受到怎样的处罚？

案例回放

阳阳的哥哥尧尧（16周岁）正在上高中。一天，爸爸接了个电话之后，气呼呼地开车去了哥哥的学校。阳阳很担心，盼了几小时，可算是把爸爸和哥哥盼回来了。一回家，爸爸就罚哥哥面壁思过。哥哥很不服气："我又没有和他们一起去弄那个水闸，我就是在旁边看热闹而已！"阳阳爸爸见尧尧还不知悔改，生气地说："这可是人命关天的大事！就算你没做，你也有义务劝阻其他人。这次没出事是你们运气好，要真有什么事，你们拿什么来负责？"原来，哥哥班上的同学闲得无聊，下了晚自习之后偷偷跑到水库，把水闸险些弄坏了。老师把涉事同学的家长都叫到学校处理这件事情。请问，破坏水闸等水利设施的，可能受到什么处罚呢？

学法用法

水利设施对保证生产生活用水具有非常重要的作用，破坏水利设施，可能导致农田无法灌溉、人民群众不能安全饮水、企业不能正常生产经营，等等。任何单位、个人都有义务保护水利设施，不得侵占、破坏、损毁水利设施。根据《防洪法》第六十条的规定，破坏、侵占、损毁水闸等防洪工程的，应当责令行为人停止违法行为，采取补救措施，同时可对其处以5万元以下罚款；给防洪工程、水利设施等造成损坏的，还应当承担民事赔偿责任；应当给予治安管理处罚的，则需要根据《治安管理处罚法》第三十三条的规定，对行为人处以十日以上十五日以下拘留；构成犯罪的，依法追究刑事责任。

同时,《水法》第七十二条还规定,如果行为人实施了防洪法中未作规定的破坏水工程的行为,应当由县级以上地方人民政府水行政主管部门或者流域管理机构依据职权责令行为人停止违法行为,采取补救措施,并对其处以1万元以上5万元以下的罚款;违反治安管理处罚法的,由公安机关依法给予治安管理处罚;给他人造成损失的,依法承担赔偿责任。

在上面的案例中,尧尧与同学的行为是不正确的。水闸一旦被破坏,不仅会给防洪、水利工程造成损失,还可能给附近的居民、农田造成经济损失。虽然尧尧与同学尚未对水闸造成实质性的损坏,但仍需要对他们进行严厉的教育,让他们认识到自己行为的错误,避免类似情况再次发生。

法条链接

《中华人民共和国水法》

第七十二条 有下列行为之一,构成犯罪的,依照刑法的有关规定追究刑事责任;尚不够刑事处罚,且防洪法未作规定的,由县级以上地方人民政府水行政主管部门或者流域管理机构依据职权,责令停止违法行为,采取补救措施,处一万元以上五万元以下的罚款;违反治安管理处罚法的,由公安机关依法给予治安管理处罚;给他人造成损失的,依法承担赔偿责任:

(一)侵占、毁坏水工程及堤防、护岸等有关设施,毁坏防汛、水文监测、水文地质监测设施的;

(二)在水工程保护范围内,从事影响水工程运行和危害水工程安全的爆破、打井、采石、取土等活动的。

《中华人民共和国防洪法》

第六十条 违反本法规定，破坏、侵占、毁损堤防、水闸、护岸、抽水站、排水渠系等防洪工程和水文、通信设施以及防汛备用的器材、物料的，责令停止违法行为，采取补救措施，可以处五万元以下的罚款；造成损坏的，依法承担民事责任；应当给予治安管理处罚的，依照治安管理处罚法的规定处罚；构成犯罪的，依法追究刑事责任。

《中华人民共和国治安管理处罚法》

第三十三条 有下列行为之一的，处十日以上十五日以下拘留：

（一）盗窃、损毁油气管道设施、电力电信设施、广播电视设施、水利防汛工程设施或者水文监测、测量、气象测报、环境监测、地质监测、地震监测等公共设施的；

……

💡 **温馨贴士**

水利设施关系到我们生活的方方面面，保护水利设施，是我们每个公民的义务。青少年朋友，一方面，我们可以积极参与水利设施保护的宣传教育活动，并将学到的相关知识分享给家人朋友；另一方面，如果我们在日常生活中发现有人破坏水利设施，或者水利设施因其他原因发生故障而无法正常运行，可以联系当地的水利部门处理。

4 在饮用水水源一级保护区游泳，违反法律规定吗？

▷ 案例回放

进入夏季，太阳公公一天也不歇息地炙烤着大地，逼得人们只想待在空调房里，可整天在家也太闷了。这不，飞飞一家人就在商量着去哪儿透透气。可到处都在发布高温预警，找不到个凉快地儿。飞飞爸爸突然想起来说："我们老家附近不是有个湖吗？我们去那里玩水吧！"这个提议立即得到了其他人的赞同。于是，飞飞一家人立马就回了老家。安顿好之后，他们穿着泳衣、带着游泳圈就往湖边走去，刚刚走到湖边，巡逻员就过来劝阻："同志！这里不能游泳，请立即带孩子离开！""可是，湖里不正有人在游着呢吗？"飞飞很疑惑地说。巡逻员解释道："这里是饮用水水源一级保护区，不能进行任何可能污染水源的活动。他们是偷偷溜进来的，我已经警告他们了，生态环境局马上就到并会作出相应的处罚的。"请问，在饮用水水源一级保护区游泳是违法行为吗？

◯ 学法用法

水源保护区是国家为了保护某些特别重要的水体而专门划定的区域。一般情况下，风景名胜区的水体、生活饮用水的水源地、重要渔业水体以及其他有特殊经济文化价值的水体都可以被划定为水源保护区。水体一旦被划定为水源保护区，便会被依法严格养护，特别是饮用水水源一级保护区，坚决禁止任何污染。《水污染防治法》第六十五条第二款明确规定，禁止在饮用水水源一级保护区内从事网箱养殖、旅游、游泳、垂钓或者其他可能污染饮用水水体的活动。据此可见，在饮用水水源一级保护区游泳是违法行为。根据《水污染防治法》第九十一条第二款的规定，在饮用水水源一级保护区内游泳的，应当立即停止违法行为。此外，行为人还可能会被处以罚款。

在上面的案例中，飞飞一家人应该听从巡逻员的劝阻，不到湖中游泳。

法条链接

《中华人民共和国水污染防治法》

第六十五条第二款 禁止在饮用水水源一级保护区内从事网箱养殖、旅游、游泳、垂钓或者其他可能污染饮用水水体的活动。

第九十一条第二款 在饮用水水源一级保护区内从事网箱养殖或者组织进行旅游、垂钓或者其他可能污染饮用水水体的活动的，由县级以上地方人民政府环境保护主管部门责令停止违法行为，处二万元以上十万元以下的罚款。个人在饮用水水源一级保护区内游泳、垂钓或者从事其他可能污染饮用水水体的活动的，由县级以上地方人民政府环境保护主管部门责令停止违法行为，可以处五百元以下的罚款。

温馨贴士

饮用水水源一级保护区水体水质的好坏与我们每个人的健康息息相关，各位青少年朋友要时刻谨记：禁止在饮用水水源一级保护区内进行旅游、游泳、垂钓等活动。实际上，为了保护生命安全，我们应当在有安全保障的游泳池等地方游泳，千万不要去没有安全保障的河塘游泳。珍爱生命，人人有责。

5 故意捏造散布自然灾害信息，造成不良社会影响的，会受到怎样的处罚？

▷ 案例回放

某日，小新在浏览某短视频平台时，发现了某位视频博主发布的短视频。视频内容称：某地于昨日因暴雨引发泥石流，有58名人员在此次灾害中遇难，另有265人受伤，35人下落不明。在视频中，还配有灾害现场救援的照片。该视频已经达到了几十万播放量，网友们纷纷在评论区中为灾区人民祈福，还有些网友担心泥石流还会不会继续蔓延，而少量网友表示了质疑，但评论均被视频博主删除。小新家正好居住在视频中提到的地方，但事实上并未发生泥石流。小新如实说明了相关情况，但其评论同样被删除。于是，小新以视频博主造谣为由向网警进行了举报。经过警方调查，该视频博主是为了博人眼球才捏造了不存在的灾情，视频中放出的灾害现场照片也是使用AI软件合成的。请问，故意捏造散布灾情造成不良社会影响的，会受到怎样的处罚？

◌ 学法用法

散布谣言，谎报警情、疫情、灾情、险情的行为很可能会引发社会公众的恐慌，扰乱社会秩序，给社会造成不良影响。对于这些行为，轻则给予治安管理处罚，重则构成犯罪给予刑事处罚。根据《治安管理处罚法》第二十五条第一项的规定，散布谣言，谎报险情、疫情、警情或者以其他方法故意扰乱公共秩序的，处五日以上十日以下拘留，可以并处500元以下罚款；情节较轻的，处五日以下拘留或者500元以下罚款。根据《刑法》第二百九十一条之一第二款规定，编造虚假的险情、疫情、灾情、警情，在信息网络或者其他媒体上传播，或者明知是上述虚假信息，故意在信息网络或者其他媒体上传播，严重扰乱社会秩序的，处三年以下有期徒刑、拘役或者管制；造成严重后果的，处三年以上七年以下有期徒刑。

在上面的案例中，该视频博主为了博人眼球，捏造不存在的灾情，在网上大肆传播，使众多网友信以为真，甚至引起网友的恐慌，其行为造成了不良的社会影响，应当受到处罚。在具体对该视频博主进行处罚时，需要结合其动机、视频传播的广度、造成影响的大小等，来确定其责任的大小。如果尚未达到犯罪的程度，则该视频博主需要承担拘留、罚款的治安管理处罚责任。如果成立犯罪，则该视频博主需要承担三年以下有期徒刑、拘役或者管制的刑事责任；造成严重后果的，承担三年以上七年以下有期徒刑的责任。

法条链接

《中华人民共和国治安管理处罚法》

第二十五条 有下列行为之一的，处五日以上十日以下拘留，可以并处五百元以下罚款；情节较轻的，处五日以下拘留或者五百元以下罚款：

（一）散布谣言，谎报险情、疫情、警情或者以其他方法故意扰乱公共秩序的；

……

《中华人民共和国刑法》

第二百九十一条之一第二款 【编造、故意传播虚假信息罪】编造虚假的险情、疫情、灾情、警情，在信息网络或者其他媒体上传播，或者明知是上述虚假信息，故意在信息网络或者其他媒体上传播，严重扰乱社会秩序的，处三年以下有期徒刑、拘役或者管制；造成严重后果的，处三年以上七年以下有期徒刑。

温馨贴士

散布谣言，谎报险情、疫情、警情等都是违法的。各位青少年朋友务必注意两点：第一，自己不要因为好奇或好玩故意捏造、散布谣言，引发社会恐慌；第二，如果发现他人捏造、散布谣言的，不要盲目相信，要理性判断，始终相信权威机构（如地震局、卫生健康部门等单位）发布的信息。

6 关于垃圾分类，青少年应该如何从我做起？

案例回放

某市作为首批垃圾分类试点城市，一直贯彻并执行垃圾分类政策。为了让市民能够更为快速地接受垃圾分类、减少市民的负面情绪，该市决定从道德教育开始，让市民们认识到垃圾分类的必要性。初步在市民中普及垃圾分类观念后，该市通过颁布文件、制定政策等方式，规范市民们进行垃圾分类的行为。在该市政府的努力下，垃圾分类工作卓有成效。为了进一步便利市民的生活，使垃圾分类更加生活化、便利化，该市后来又推动了"智能化"垃圾分类的普及，运用科技的力量使垃圾分类回收工作更为高效。经过几年的政策落实，该市垃圾分类多项指标位居全国第一，为我国生态环境保护作出了不可忽视的贡献。请问，关于垃圾分类，青少年该如何从我做起呢？

学法用法

垃圾分类不仅有利于保护环境，还可以提高资源回收的效率，促进可持续发展，是我国"绿色"发展原则的要求。根据《固体废物污染环境防治法》第六条的规定，我国推行生活垃圾分类制度，全民参与是生活垃圾分类的原则之一。我们作为国家的公民，应当按照《环境保护法》第三十八条与《固体废物污染环境防治法》第四十九条的规定，对生活垃圾进行分类，并投放在指定地点。同时，学校也应当就垃圾分类尽到教育职责，开展生活垃圾分类以及其他固体废物污染环境防治知识普及和教育。如果违反法律规定，未在指定地点分类投放生活垃圾的，应当根据《固体废物污染环境防治法》第一百一十一条第三款的规定承担法律责任。

从青少年的角度来讲，要贯彻生活垃圾分类制度，需要从身边小事做起。我们可以学习垃圾分类知识，了解每种垃圾所属的分类，养成自觉进行垃圾分类的习惯，并将分类后的垃圾准确投放到规定地点。同时，我们还可以对他人的垃圾分类行为进行监督。当发现有人不按照规定进行垃圾分类时，我们可以积极劝阻，必要时还可以向所居住地区的居委会、村委会进行反映。

法条链接

《中华人民共和国环境保护法》

第三十八条 公民应当遵守环境保护法律法规，配合实施环境保护措施，按照规定对生活废弃物进行分类放置，减少日常生活对环境造成的损害。

《中华人民共和国固体废物污染环境防治法》

第六条 国家推行生活垃圾分类制度。

生活垃圾分类坚持政府推动、全民参与、城乡统筹、因地制宜、简便易行的原则。

第十一条 国家机关、社会团体、企业事业单位、基层群众性自治组织和新闻媒体应当加强固体废物污染环境防治宣传教育和科学普及，增强公众固体废物污染环境防治意识。

学校应当开展生活垃圾分类以及其他固体废物污染环境防治知识普及和教育。

第四十九条 产生生活垃圾的单位、家庭和个人应当依法履行生活垃圾源头减量和分类投放义务，承担生活垃圾产生者责任。

任何单位和个人都应当依法在指定的地点分类投放生活垃圾。禁止随意倾倒、抛撒、堆放或者焚烧生活垃圾。

机关、事业单位等应当在生活垃圾分类工作中起示范带头作用。

已经分类投放的生活垃圾，应当按照规定分类收集、分类运输、分类处理。

第一百一十一条第三款 违反本法规定，未在指定的地点分类投放生活垃圾的，由县级以上地方人民政府环境卫生主管部门责令改正；情节严重的，对单位处五万元以上五十万元以下的罚款，对个人依法处以罚款。

温馨贴士

垃圾分类是一项宏大的工程，它关系到社会中的每一个人、每一家单位。作为青少年，我们不仅要从自己做起，将垃圾分类理念贯彻到日常生活和学习中，努力做好垃圾分类工作，还要积极参与垃圾分类宣传教育活动，给家人和朋友讲解垃圾分类的小知识，以少带多，让大家都养成分类投放、处理垃圾的习惯。

7　青少年在节约资源、保护环境方面可以怎么做?

案例回放

4月22日是世界地球日，这天，小敏所在的班级组织全体同学到区生态环境局参观。严肃的展厅中，陈列着区生态环境局近年来为节约资源、保护环境作出的种种努力。小敏一幅一幅地看过去，觉得保护环境的叔叔阿姨真是棒极了！他们有的到社区开展节约资源的宣传教育活动，有的到企业举办环境保护知识讲座，有的带队到工厂进行突击检查、严厉打击危害生态环境的违规生产经营行为……小敏和同学们佩服极了。小敏暗暗下定决心，从今往后，她也要为资源节约和环保事业出一份力。请问，作为青少年，我们在节约资源、保护环境方面可以怎么做呢?

学法用法

《环境保护法》第六条第一款规定，一切单位和个人都有保护环境的义务。在上面的案例中，小敏受生态环境保护部门的启发而立志为我国的资源节约和环保事业出一份力的想法非常值得肯定。那么，我们如何才能将它转化为现实，保护好环境呢?

作为青少年，我们应当意识到节约资源、保护环境的重要性，并将这种观念通过具体实践体现出来。一是我们要从自己做起、从身边小事做起、从现在做起，养成爱护环境、节约资源的良好品

第四章 防灾减灾，安全观念常在

德。例如，我们上学、放学时尽量步行或乘坐公共交通工具，出门前随手关灯，用完水之后立即关闭水龙头，旅游时不乱扔垃圾，等等。二是我们可以积极参与环境保护公益活动，如"地球一小时""指尖上的环保"等。三是我们可以监督他人，如果我们发现他人存在污染环境或破坏生态的行为，应及时向环境保护部门举报。

法条链接

《中华人民共和国环境保护法》

第六条 一切单位和个人都有保护环境的义务。

地方各级人民政府应当对本行政区域的环境质量负责。

企业事业单位和其他生产经营者应当防止、减少环境污染和生态破坏，对所造成的损害依法承担责任。

公民应当增强环境保护意识，采取低碳、节俭的生活方式，自觉履行环境保护义务。

第十二条 每年6月5日为环境日。

第五十七条 公民、法人和其他组织发现任何单位和个人有污染环境和破坏生态行为的，有权向环境保护主管部门或者其他负有环境保护监督管理职责的部门举报。

公民、法人和其他组织发现地方各级人民政府、县级以上人民政府环境保护主管部门和其他负有环境保护监督管理职责的部门不依法履行职责的，有权向其上级机关或者监察机关举报。

接受举报的机关应当对举报人的相关信息予以保密，保护举报人的合法权益。

温馨贴士

"保护环境,人人有责。"只要人人都养成爱护环境的良好意识,那么整个社会保护环境的风气就形成了。所以,青少年爱护环境要立足当下,着眼未来,脚踏实地地从身边小事做起,日复一日地坚持下去。

第五章

学习《道路交通安全法》，平安出行

第一节　乘坐机动车

1　乘坐摩托车必须戴头盔吗？

案例回放

小陈高考结束后，趁着这个难得清闲的暑假考取了摩托车驾驶证。从很小的时候开始，每次在路上看到骑摩托车的人，他都觉得英姿飒爽，那种风驰电掣的感觉让他十分向往。考取摩托车驾驶证后不久，父母便为小陈购买了一辆摩托车。住在乡下的奶奶听说孙子考上了大学，便决定来城里看望小陈。小陈得知此事后，自告奋勇地要去火车站接奶奶回家。接到奶奶后，小陈发现自己只带了一个头盔。他侥幸地想，自己是驾驶员，坐在前面，奶奶会被自己挡住，即使不戴头盔，也不会引起交警的注意。于是，小陈便自己戴上了头盔，而坐在后座的奶奶没戴。请问，乘坐摩托车必须要戴头盔吗？

学法用法

在我们的日常出行中，遵守交通规则、注重交通安全是非常重要的。遵守交通规则不仅可以保护我们自身的人身安全不受侵害，还可以降低交通事故发生的概率，维护公共交通安全。摩托车属于机动车的一种，按照规定可以搭载一名12周岁以上的乘客。需要注意的是，摩托车驾驶人与乘坐人员都应当遵守道路交通安全法律规定。根据《道路交通安全法》第五十一条的规定,摩托车乘坐人员与驾驶人一样,也应当戴安全头盔。如果乘坐人员未按规定戴安全头盔的,根据该法第八十九条与第一百零八条第二款的规定,交警有权利当场对其处以警告或5元以上50元以下的罚款。

在上面的案例中,小陈抱有侥幸心理,没有让奶奶戴头盔就乘坐摩托车是不对的。强制要求摩托车乘坐人戴头盔并不仅仅是法律的要求,也是为了保护乘车人的生命安全。小陈在发现没有多余的头盔的情况下,应让奶奶乘坐公共交通或打车回家,不应再让奶奶乘坐摩托车。

法条链接

《中华人民共和国道路交通安全法》

第五十一条 机动车行驶时,驾驶人、乘坐人员应当按规定使用安全带,摩托车驾驶人及乘坐人员应当按规定戴安全头盔。

第八十九条 行人、乘车人、非机动车驾驶人违反道路交通安全法律、法规关于道路通行规定的,处警告或者五元以上五十元以下罚款;非机动车驾驶人拒绝接受罚款处罚的,可以扣留其非机动车。

第一百零八条第二款 对行人、乘车人和非机动车驾驶人的罚款,当事人无异议的,可以当场予以收缴罚款。

温馨贴士

当我们乘坐交通工具出行时,一定要注重出行安全,加强对自己的保护。乘坐摩托车时,应当注意佩戴头盔;乘坐机动车时,应当注意系好安全带。除了自身以外,我们还要监督并督促身边的人

第五章 学习《道路交通安全法》，平安出行

遵守交通法律法规，共同维护公共交通秩序。

2 车辆行驶时是否可以向车外扔垃圾？

▶ 案例回放

国庆长假期间，小亮和爸爸妈妈一起驾车回老家。由于路上时间较长，妈妈在车上准备了很多零食和饮料。上车后，小亮坐在后排位置，边看车外的风景边吃东西。由于车上没有垃圾袋，小亮就将零食袋和饮料瓶都随手扔到窗外。对此，父母也没有阻止。可这时他们正在高速路上行驶，汽车的车速非常快，小亮扔出的可乐瓶正好砸到行驶在后面的车辆的挡风玻璃上，该驾驶员由于受到惊吓而紧急刹车，险些造成交通事故。请问，车辆行驶时，小亮是否可以向车外扔垃圾？

◯ 学法用法

根据《道路交通安全法》第六十六条的规定，乘车人不得向车外抛洒物品。也就是说，乘车人在乘车时，不得向车外抛洒物品，无论是纸屑、果核，还是食品包装等，都不应当扔向车外。汽车在高速行驶时，向外抛洒物品，会对后车安全行驶造成很大的威胁；垃圾落在高速公路上，对其他过往的车辆更是一种安全隐患；即使车辆不是行驶在高速公路上，车速较低，如果乘客向外抛洒物品，也是一种破坏环境的行为，是不可取的。

在上面的案例中，乘车人小亮不应当向车外抛洒垃圾，这是我国法律所禁止的。他应当将垃圾放置在车内，待停车后丢弃至垃圾桶。

法条链接

《中华人民共和国道路交通安全法》

第六十六条 乘车人不得携带易燃易爆等危险物品,不得向车外抛洒物品,不得有影响驾驶人安全驾驶的行为。

温馨贴士

我们在乘坐机动车时,应当文明乘车,做一个维护环境卫生和正常交通秩序的好少年。这不仅仅是对青少年道德品质的要求,也是法律对所有乘车人规定的乘车要求。我们在自我约束的同时,也应当阻止身边的人向车外抛洒物品,共同维护安全出行环境。

3 孩子可以坐在摩托车后座吗?

案例回放

明明正在上小学二年级,平时上下学都由妈妈开车接送。但是,最近由于修路,明明的上学之路变得特别"坎坷",有时候一堵车就需要一个多小时,为此,明明迟到了好几次。听说那条路要修半年之久,于是,妈妈想了一个好办法,让爸爸开着家里的轻便摩托车送明明上学,轻便摩托车体积小,可以溜边走,不至于像开车那么堵。明明听了,却连说不行,因为老师讲过,小孩子不能坐摩托车后座。请问,是这样吗?

学法用法

是的,摩托车后座是不能搭载不满12周岁的未成年人的,并且,如果是轻便摩托车,不得载人。《道路交通安全法实施条例》第五十五条有明确规定。

第五章 学习《道路交通安全法》，平安出行

在上面的案例中，明明正在上小学二年级，还不满12周岁，让其坐在摩托车后座，是不安全的，也违反了法律规定，况且，家里的摩托车属于轻便型，本身就不能载人。

乘坐摩托车时需要注意下列事项：一是必须佩戴安全头盔，骑车人和乘车人都要佩戴；二是摩托车后座不能搭载不满12周岁的未成年人；三是轻便型的摩托车不能搭载人。违反这几个注意事项的均是违法行为，将会受到交通法规的制裁。

法条链接

《中华人民共和国道路交通安全法实施条例》

第五十五条 机动车载人应当遵守下列规定：

……

（三）摩托车后座不得乘坐未满12周岁的未成年人，轻便摩托车不得载人。

温馨贴士

摩托车属于两轮车，其需要一定的平衡感和较强的驾驶技巧。法律对于摩托车的驾驶人和乘坐人的要求较为严格。驾驶员骑摩托车上路前，要确保取得驾驶资格、佩戴安全头盔、按要求搭载乘客等，以确保自己和他人的人身安全。

4 人可以乘坐在货车的车斗里吗？

案例回放

小勇从小在农村长大。他初中毕业后，学会了开农用小货车后，便在农田的小路上拉货干活。一天，小勇的几个朋友要到镇上

去办事，想让小勇用小货车拉他们去，小勇犹豫了一下，最终还是同意了。小勇开着小货车，几个朋友坐在车斗里，就开到了去往镇上的公路上。因公路上来往车辆较多，交通情况比较复杂，再加上小勇驾驶技术还不够熟练，在躲避一辆大车时，他不慎撞到了道路一旁的树上，车斗里的人全部被甩入路边的沟内，所幸没有人员伤亡。请问，人可以坐在货车的车斗里吗？

学法用法

根据《道路交通安全法》第五十条第一款的规定，禁止货运机动车载客。也就是说，货车的车斗或车厢里是不能载人的。货车的车斗、车厢是用来装载货物的，不具备载人的条件，如没有配备座椅、安全带等。在载人的情况下，如发生紧急情况，很难保证乘客的安全，极易发生重大交通事故，造成人员伤亡和财产损失。

在上面的案例中，小勇用小货车拉着朋友们在公路上行驶，他的行为违反了《道路交通安全法》的规定。

法条链接

《中华人民共和国道路交通安全法》

第五十条　禁止货运机动车载客。

货运机动车需要附载作业人员的，应当设置保护作业人员的安全措施。

温馨贴士

现实生活中，货车车斗、车厢搭载人的事情时有发生。很多人轻信危险不会发生在自己身上就不去理会，但是，一旦发生危险，就会追悔莫及。为了确保安全,我们每个人都要谨记:不乘坐货车车厢、车斗。

第二节　骑车上路

1 11周岁的少年可以骑共享单车吗?

▷ 案例回放

小刚很小的时候就会骑自行车了,但只是在小区里面骑着玩。如今,小刚已经11周岁了,他想骑自行车出门,但是妈妈担心他的安全,不让他骑车上路。一天,小刚和姑姑去超市。从超市出来时,姑姑临时有急事,欲打车让小刚先回家。小刚说自己已经长大了,超市离家又不远,可以骑共享单车回去。姑姑没有多想,便用手机扫码解锁了一辆共享单车交给小刚。小刚才骑到第一个路口,就被交警拦下了。交警说:"小朋友,看你这样子还不到12周岁吧?不满12周岁是不能骑车上路的!"小刚惭愧地低下了头。请问,你知道骑自行车上路是有年龄限制的吗?

◯ 学法用法

自行车作为环保、轻便的交通工具,受到很多人的青睐。在城市的大街小巷里,共享单车随处可见,给人们的出行带来了极大的方便。但是,不是所有会骑车的人都可以骑自行车上路,骑车上路需要满足一定的年龄条件。《道路交通安全法实施条例》第七十二条明确规定,驾驶自行车、三轮车必须年满12周岁。也就是说,如果某人未满12周岁,骑自行车上路的话,就违反了法律规定。

在上面的案例中,小刚未满12周岁,不能骑自行车上路。

法条链接

《中华人民共和国道路交通安全法实施条例》

第七十二条 在道路上驾驶自行车、三轮车、电动自行车、残疾人机动轮椅车应当遵守下列规定:

(一)驾驶自行车、三轮车必须年满12周岁;

……

温馨贴士

法律规定了在道路上驾驶自行车必须年满12周岁,大家一定要严格遵守,不能心存侥幸。特别是面对城市中越来越多的共享单车,未满12周岁的未成年人一定要克制住自己的冲动,不要偷偷骑行共享单车,要时刻谨记保障个人安全。

2 喝了不少酒,可以骑车回家吗?

案例回放

寒假里,小徐从大学刚刚回到老家,就在高中同学微信群里得到通知:周末同学聚会。自从高中毕业后,同学们已经有几年没有见面了,很是想念。于是,小徐立刻在微信群中回复:"支持!支持!"周六晚上,大家纷纷赶往聚会的餐厅。由于餐厅离小徐家并不远,他就选择了骑共享单车前往。聚会上,在座的同学们谈到自己的大学生活,又回顾了大家高中时候发生的趣事,在愉快温馨的气氛下,大家不知不觉就喝了很多酒。晚上聚会结束后,有点儿喝多了的小徐扫码了一辆共享单车,摇摇晃晃地准备骑车回家。小徐的同学看到后就上前制止,但是小徐说没关系,执意要骑车回家。请问,小徐的做法对吗?

学法用法

小徐的做法是不正确的。根据《道路交通安全法实施条例》第七十二条的规定,在道路上驾驶自行车、三轮车、电动自行车、残疾人机动轮椅车不得醉酒驾驶。可见,醉酒后是不能够骑自行车以及电动自行车等非机动车的。醉酒后的人意识不清,很难控制自身的行为,在此种状态下即使驾驶非机动车,也可能会造成交通事故。日常生活中,大家普遍知晓醉酒后不能驾驶机动车,且酒后驾车需要承担严重的法律责任,但是,对于醉酒后是否能骑自行车或电动自行车可能不太了解。事实上,我国法律严禁酒后驾车,同样严禁醉酒骑车。

在上面的案例中,小徐喝了不少酒,坚持在醉酒的状态下骑共享单车回家是不妥的,更是违法的。小徐选择乘出租车回家较为安全。

法条链接

《中华人民共和国道路交通安全法实施条例》

第七十二条 在道路上驾驶自行车、三轮车、电动自行车、残疾人机动轮椅车应当遵守下列规定:

……

(三)不得醉酒驾驶;

……

温馨贴士

"开车不喝酒,喝酒不开车",同样可以引申到"骑车不喝酒,喝酒不骑车",特别是在大量饮酒,或者是少量饮酒但是不胜酒力的情况下,一定不能骑自行车、三轮车、电动自行车以及残疾人机动轮椅车上路。

3 初中生可以骑电动自行车上学吗?

案例回放

小瑞是一名初中生,今年14周岁。因原来住的房子被政府征收,于是一家人搬到了新的拆迁安置房里。新家距离小瑞的学校比较远,附近通行的公交车也比较少,小瑞每天去上学不仅要早起赶车,还要在中途换乘两班公交车,十分不方便。为了能够给自己争取更多休息的时间,小瑞向父母提出想要买一辆电动自行车用来上下学。父母经过考虑之后,认为购买一辆电动自行车,能够节省不少在路上的时间。于是,小瑞的父母就为他购买了一辆电动自行车,让他骑车上学。请问,14周岁的小瑞可以骑电动自行车上学吗?

学法用法

驾驶交通工具上路,无论交通工具是机动车还是非机动车,都需要驾驶人对交通规则有一定的了解,有控制和辨认自己行为的能力,以及对突然发生的危险有着一定的应变能力。为了未成年人的行车安全,《道路交通安全法实施条例》第七十二条第一项与第二项规定,在道路上驾驶自行车、三轮车必须年满12周岁;驾驶电动自行车和残疾人机动轮椅车必须年满16周岁。如此规定,是因为自行车与三轮车靠人力驱动，速度相对较慢，而电动自行车靠电力驱动，速度较快，更不好控制。因此，只有当未成年人年满 16 周岁后，才能驾驶电动自行车上路，这样可以最大限度降低交通安全事故发生的风险，保护未成年人的安全。

在上面的案例中，小瑞今年 14 周岁，尚未到达法律规定的驾驶电动自行车的年龄限制。因此，小瑞不能驾驶电动自行车上路。小瑞及其父母应当采取其他方式克服上学距离较远的问题，而不能放任小瑞驾驶电动自行车上路，置其生命安全与公共交通安全于不顾。

法条链接

《中华人民共和国道路交通安全法实施条例》

第七十二条　在道路上驾驶自行车、三轮车、电动自行车、残疾人机动轮椅车应当遵守下列规定：

（一）驾驶自行车、三轮车必须年满 12 周岁；

（二）驾驶电动自行车和残疾人机动轮椅车必须年满 16 周岁；

……

温馨贴士

对于未成年人来说，无论是身体的还是思想的反应速度通常都不如成年人，在驾驶交通工具时很可能发生意外却来不及反应，从而造成交通安全事故。作为未成年人，应当自觉遵守法律规定，将自身安全放在第一位，绝不能违反年龄限制行车上路。

4 骑行电动自行车也有时速限制吗？

案例回放

大壮如愿考上了理想的大学。开学报到后，大壮发现大学校园面积非常大，每天从学生宿舍步行到上课的教室需要十几分钟。为了节省时间，大壮与父母商量后决定购买一辆电动自行车。平时，大壮除了骑电动自行车去上课以外，还会和同学一起去逛逛校外的超市、书店等。一天，大壮骑车去书店买书，回宿舍的途中，室友发微信说学校要展开宿舍卫生突击检查，让大壮赶紧回来打扫卫生。大壮心中着急，右手使劲转了下把手，疾驰起来。渐渐地，大壮发现自行车道不便骑得太快，于是就上了机动车道，风驰电掣地往回赶。不料，大壮刚刚过了两个路口，就被正在路口执勤的交警拦下。交警告知其违章，要对其进行处罚。大壮知道自己不应该上机动车道，连连向交警道歉，但是，交警告诉他，除了不应该上机动车道，他还超速行驶了。请问，骑行电动自行车也有时速限制吗？

学法用法

骑行电动自行车有时速限制，最高时速不得超过15公里。目前，电动自行车被越来越多的人使用，由于电动自行车的车速较快，交通事故时有发生。因此，电动自行车驾驶人一定要注意安全、合规地驾驶，以保障自身安全和道路交通安全。根据《道路交通安全法》第三十五条、第三十六条、第五十七条以及第五十八条的规定，驾驶非机动车在道路上行驶应当遵守有关交通安全的规定,如非机动车应当在非机动车道内行驶;在没有非机动车道的道路上,应当靠车行道的右侧行驶。残疾人机动轮椅车、电动自行车在非机动车道内行驶时,最高时速不得超过15公里。《道路交通安全法实施条例》第七十条更详细地规定了非机动车的行驶要求,包括横过机动车道、非机动车道被占用时应当注意的事项。

在上面的案例中,大壮骑电动自行车出行,应当遵守相关交通安全的规定,在有非机动车道时,应当在非机动车道内行驶,且行驶的时速控制在15公里以内。

法条链接

《中华人民共和国道路交通安全法》

第三十五条 机动车、非机动车实行右侧通行。

第三十六条 根据道路条件和通行需要,道路划分为机动车道、非机动车道和人行道的,机动车、非机动车、行人实行分道通行。没有划分机动车道、非机动车道和人行道的,机动车在道路中间通行,非机动车和行人在道路两侧通行。

第五十七条 驾驶非机动车在道路上行驶应当遵守有关交通安全的规定。非机动车应当在非机动车道内行驶;在没有非机动车道的道路上,应当靠车行道的右侧行驶。

第五十八条 残疾人机动轮椅车、电动自行车在非机动车道内行驶时,最高时速不得超过十五公里。

《中华人民共和国道路交通安全法实施条例》

第七十条 驾驶自行车、电动自行车、三轮车在路段上横过机动车道,应当下车推行,有人行横道或者行人过街设施的,应当从人行横道或者行人过街设施通过;没有人行横道、没有行人过街设施或者不便使用行人过街设施的，在确认安全后直行通过。

因非机动车道被占用无法在本车道内行驶的非机动车，可以在受阻的路段借用相邻的机动车道行驶，并在驶过被占用路段后迅速驶回非机动车道。机动车遇此情况应当减速让行。

温馨贴士

年满16周岁的青少年可以骑行电动自行车，但是在骑行的过程中应当遵守交通法律规定，如时速不得超过15公里；在有非机动车道时，应在其道内行驶；在没有非机动车道时，必须靠右侧行驶；在横过机动车道时应该下车推行等。

第三节　步行及其他

1 为了就近过马路，可以跨越隔离带吗？

案例回放

小辉是某实验高中二年级的学生，由于学校离家很近，小辉就没有住校。一天早上，小辉醒来时发现距离上课时间只有十分钟了，为了避免迟到，他连早饭都没吃，背上书包就冲向学校。到学校门口马路对面时还剩五分钟，为了节省时间少走些路，他决定翻越隔离带横穿马路过去。由于路上行驶的车辆较多，车速也较快，小辉翻越隔离带后注意力没有集中，于是悲剧发生了。小辉被撞倒在地，当场昏迷，还好被及时送到医院，否则后果不堪设想。请问，为了就近过马路，可以跨越隔离带吗？

学法用法

为了更好地规范交通秩序，很多道路都设置了隔离带。有的隔离带上会种植花草绿植，有的隔离带仅为一些简单的隔离护栏。根据《道路交通安全法》第六十三条的规定，行人不得跨越、倚坐道路隔离设施。也就是说，行人绝对不能为了就近过马路而跨越隔离带。法律作出这样的规定，主要是出于维护隔离带应有的作用和保护机动车驾驶员和行人的生命安全。行人横穿隔离带过马路，确实存在较大的安全隐患。

在上面的案例中，小辉为了少走些路，翻越隔离带，结果被疾驶的过往车辆撞倒。如果小辉能遵守交通规则，在人行横道正常行走应该就不会发生这样的悲剧了。

法条链接

《中华人民共和国道路交通安全法》

第六十三条 行人不得跨越、倚坐道路隔离设施，不得扒车、强行拦车或者实施妨碍道路交通安全的其他行为。

温馨贴士

不许跨越道路隔离设施是法律的规定，这不仅是为了建立良好的交通秩序，更是为了保护你我的生命安全。不穿越隔离绿化带、不跨越马路护栏，从你我做起。

2 学龄前儿童在没有成年人的带领下可以在马路上通行吗?

▷ 案例回放

平平今年5岁,是某幼儿园的一名学生,平平的家住在马路旁边。一天下午,平平的爸爸妈妈出门办事,让平平和奶奶在家玩,他趁奶奶不注意偷偷跑出去和小伙伴方方玩。平平奶奶发现平平偷跑出去时没有太在意,觉得他还是个小孩子,应该走不远,自己玩耍没有大问题,便没有管他。平平原本在马路右边正常行走,快到方方家时,突然跑步横穿马路。当平平正从南往北横过马路时,一辆大货车疾驶而过,将其撞成重伤。请问,根据我国法律规定,学龄前儿童在没有成年人的带领下可以在马路上通行吗?

↻ 学法用法

根据《道路交通安全法》第六十四条的规定,学龄前儿童以及不能辨认或者不能控制自己行为的精神疾病患者、智力障碍者在道路上通行,应当由其监护人、监护人委托的人或者对其负有管理、保护职责的人带领。也就是说,在道路上行走或者通过道路时,对于年纪尚小或者精神、智力有缺陷的人,为了保护这些特殊人群的安全,应当要有专门人员陪同。

在上面的案例中,如果平平的奶奶尽到了监护义务,就可以避免平平被撞伤的悲剧发生。

法条链接

《中华人民共和国道路交通安全法》

第六十四条 学龄前儿童以及不能辨认或者不能控制自己行为的精神疾病患者、智力障碍者在道路上通行,应当由其监护人、监护人委托的人或者对其负有管理、保护职责的人带领。

盲人在道路上通行,应当使用盲杖或者采取其他导盲手段,车辆应当避让盲人。

温馨贴士

学龄前儿童不能很好地识别交通信号、交通标志,更不能很好地观察和预判交通状况,为此,我国法律作出了由监护人或者监护人委托的人对其进行保护和管理的专门规定,体现了对弱势群体的保护。家长们一定要重视起来,保障孩子的安全,不让年纪尚小的孩子自己在马路上通行。

3 在道路上滑旱冰,违反交通规则吗?

案例回放

小杨今年15周岁,正在上初中二年级。小杨从小就喜欢滑旱冰,技术也还算不错。其经常趁着周末,约上其他同学去路上滑旱冰,人少时七八个,人多时达30多个。有时他们在慢车道上穿行,速度很快,也不顾路人好心提醒,丝毫没有意识到在道路上滑旱冰的危险性。某日,小杨在某道路上滑旱冰,由于速度过快在路口处没有及时停住,这时正巧一辆小汽车向左转弯,该车车头左角与小杨发生碰撞,造成小杨受伤。请问,在道路上滑旱冰,违反交通规则吗?

学法用法

根据《道路交通安全法实施条例》第七十四条的规定，行人不得在道路上使用滑板、旱冰鞋等滑行工具。由此可见，在道路上滑旱冰是违反交通规则的，也是违法行为。尽管我国道路交通安全法律、法规对此作出了禁止性规定，但仍有不少人以身试法，导致事故悲剧时有发生。

在上面的案例中，小杨和同学们在道路上滑旱冰，违反了交通规则，自己也尝到了苦果。此外，如果有人在道路上滑旱冰等被抓"现行"，是可以依据《道路交通安全法》第八十九条的规定，被处以警告或者5元以上50元以下罚款的。

法条链接

《中华人民共和国道路交通安全法实施条例》

第七十四条　行人不得有下列行为：

（一）在道路上使用滑板、旱冰鞋等滑行工具；

（二）在车行道内坐卧、停留、嬉闹；

（三）追车、抛物击车等妨碍道路交通安全的行为。

《中华人民共和国道路交通安全法》

第八十九条　行人、乘车人、非机动车驾驶人违反道路交通安全法律、法规关于道路通行规定的，处警告或者五元以上五十元以下罚款；非机动车驾驶人拒绝接受罚款处罚的，可以扣留其非机动车。

温馨贴士

在道路上滑旱冰等不仅存在安全隐患，也违反了交通法规，如若与车辆、行人发生碰擦，还会造成人员受伤。我们一定要遵守交通规则，尽可能地保障自身及他人的生命安全。

4 没有人行道的路，行人应该怎么走?

▶ 案例回放

小明是一名五年级的小学生。小明的爸爸妈妈经常教育他在马路上步行时，一定要走人行道，并且还要自觉遵守交通规则，增强自我保护意识，防止交通事故的发生。小明很听爸爸妈妈的话，从不在马路上"乱走"。某日，小明去同学小周家玩，发现小周家附近的马路没有人行道。这时小明纳闷了，没有人行道的路，行人应该怎么走?

学法用法

根据《道路交通安全法》第六十一条的规定，行人应当在人行道内行走，没有人行道的靠路边行走。"靠路边行走"，是指从道路边缘线算起，行人通行路面宽度以行人能够安全通行的空间为度，一般情况下不超过一米。对于没有施划人行道的路段，行人应当靠路边行走，车辆遇行人时不论会车与否，都不准侵犯其安全空间。结合上面的案例分析，在没有人行道的路上，小明要靠路边行走，而且要尽量靠右行走。

法条链接

《中华人民共和国道路交通安全法》

第六十一条 行人应当在人行道内行走，没有人行道的靠路边行走。

温馨贴士

行人在道路上行走时必须走人行道。没有人行道的,须靠路边行走,即在从道路边缘线算起一米内行走。遇有红灯或禁止通行的交通标志标线时,不要强行通过,应等绿灯放行或绕道通行。

第六章

预防犯罪，培养良好品行

第六章 预防犯罪，培养良好品行

第一节 学习《预防未成年人犯罪法》，拒绝不良行为

1　未成年人的不良行为有哪些？抽烟、喝酒属于法律规定的不良行为吗？

▶ **案例回放**

小乐今年15周岁，正在某寄宿学校读初三，每个月只有放月假的时候回家。今年国庆节放假的时候，小乐和往常一样回到家里。妈妈在收拾小乐的书包时，发现了打火机，妈妈怀疑小乐学会了抽烟，但是除了打火机，没有找到其他有效的证据。10月3日，小乐出去和同学玩，回家的时候已经晚上10点了，还醉醺醺的，身上有很大一股烟酒味。妈妈觉得，小乐小小年纪就出现了抽烟、喝酒等不良行为，很令人生气。在小乐离家之前，妈妈很慎重地和他谈话，告诉他抽烟、喝酒不利于其身体健康，是不良行为，小乐应当坚决改正。请问，抽烟、喝酒是不良行为吗？

⟳ **学法用法**

为了保障未成年人的身心健康，培养未成年人的良好品行，《预防未成年人犯罪法》第二十八条明确规定未成年人的以下行为属于不良行为：（1）吸烟、饮酒；（2）多次旷课、逃学；（3）无故夜不归宿、离家出走；（4）沉迷网络；（5）与社会上具有不良习性的人

交往，组织或者参加实施不良行为的团伙；（6）进入法律法规规定未成年人不宜进入的场所；（7）参与赌博、变相赌博，或者参加封建迷信、邪教等活动；（8）阅览、观看或者收听宣扬淫秽、色情、暴力、恐怖、极端等内容的读物、音像制品或者网络信息等；（9）其他不利于未成年人身心健康成长的不良行为。实施这些行为将不利于未成年人的身体和心理的健康成长，父母或者其他监护人如发现了这些行为，应当及时制止和纠正，避免未成年人在错误的道路上越走越远。并且，学校、教师也应当予以制止并实施教育惩戒，加强管教。

具体到上面的案例中，小乐的妈妈发现小乐抽烟、喝酒后，和他明确谈话，告诉他这是不良行为。同时，小乐的妈妈还应当加强对小乐的管教，帮助他戒烟、戒酒。

法条链接

《中华人民共和国预防未成年人犯罪法》

第二十八条 本法所称不良行为，是指未成年人实施的不利于其健康成长的下列行为：

（一）吸烟、饮酒；

（二）多次旷课、逃学；

（三）无故夜不归宿、离家出走；

（四）沉迷网络；

（五）与社会上具有不良习性的人交往，组织或者参加实施不良行为的团伙；

（六）进入法律法规规定未成年人不宜进入的场所；

（七）参与赌博、变相赌博，或者参加封建迷信、邪教等活动；

（八）阅览、观看或者收听宣扬淫秽、色情、暴力、恐怖、极

端等内容的读物、音像制品或者网络信息等;

(九) 其他不利于未成年人身心健康成长的不良行为。

第二十九条 未成年人的父母或者其他监护人发现未成年人有不良行为的,应当及时制止并加强管教。

《中小学教育惩戒规则(试行)》

第七条第二款 学生实施属于预防未成年人犯罪法规定的不良行为或者严重不良行为的,学校、教师应当予以制止并实施教育惩戒,加强管教;构成违法犯罪的,依法移送公安机关处理。

温馨贴士

未成年人自我控制能力有限,在成长的过程中,因受到不良环境影响,可能会实施一些不良行为。发现未成年人有不良行为后,根据《预防未成年人犯罪法》第二十九条的规定,监护人和教师有职责和义务制止并加强管教。

2 对于"校园小霸王",学校可以采取哪些管教措施?

案例回放

小光很小的时候,父母就离了婚,双方各自组建了新的家庭,便将小光交给姥姥姥爷照顾。小光因从小缺乏父母的管教,养成了暴躁易怒的性格,是班级里最大的"刺儿头",老师们都对他很头疼。他带着自己的两个"小跟班"横行霸道,只要有看不顺眼的同学,他们就上去挑衅。有一次,班里新转来的同学小阳与小光发生了冲突,两人吵了几句,小光就在放学后将小阳堵在路上,将他打了一顿。请问,对于像小光这样的"校园小霸王",学校可以采取哪些管教措施?

学法用法

成年人偷窃财物,或有殴打、辱骂、恐吓、强行索要财物等行为,如果达到一定的金额或者有其他严重情节、造成其他严重后果的,将构成犯罪。而未成年人实施上述行为后,如果不对其加以管教,他们就很有可能会在成年后滑向犯罪的深渊。为了预防未成年人的犯罪,让实施不良行为的未成年人意识到错误,根据《预防未成年人犯罪法》第三十一条和第三十三条的规定,针对未成年人的不良行为和未成年学生偷窃少量财物,或者有殴打、辱骂、恐吓、强行索要财物等学生欺凌行为,情节轻微的,学校可以采取以下管教措施:(1)予以训导;(2)要求遵守特定的行为规范;(3)要求参加特定的专题教育;(4)要求参加校内服务活动;(5)要求接受社会工作者或者其他专业人员的心理辅导和行为干预;(6)其他适当的管理教育措施。

在上面的案例中,对于小光等人欺凌同学的行为,学校有权依据法律的规定,对他采取相应的管理教育措施,让他认识到自己的错误;学校对他采取管理教育措施时,应当依照《预防未成年人犯罪法》第三十二条的规定,学校和家庭应当加强沟通,建立家校合作机制。学校决定对未成年学生采取管理教育措施的,应当及时告知其父母或者其他监护人;未成年学生的父母或者其他监护人应当支持、配合学校进行管理教育。

法条链接

《中华人民共和国预防未成年人犯罪法》

第三十一条 学校对有不良行为的未成年学生,应当加强管理教育,不得歧视;对拒不改正或者情节严重的,学校可以根据情况予以处分或者采取以下管理教育措施:

(一)予以训导;

(二)要求遵守特定的行为规范;

(三)要求参加特定的专题教育;

(四)要求参加校内服务活动;

(五)要求接受社会工作者或者其他专业人员的心理辅导和行为干预;

(六)其他适当的管理教育措施。

第三十二条 学校和家庭应当加强沟通,建立家校合作机制。学校决定对未成年学生采取管理教育措施的,应当及时告知其父母或者其他监护人;未成年学生的父母或者其他监护人应当支持、配合学校进行管理教育。

第三十三条 未成年学生偷窃少量财物,或者有殴打、辱骂、恐吓、强行索要财物等学生欺凌行为,情节轻微的,可以由学校依照本法第三十一条规定采取相应的管理教育措施。

温馨贴士

学校和家庭是未成年人接触最多的地方。在未成年人作出偷窃财物、欺凌同学等不良行为时,一方面,学校要加强管理教育;另一方面,家长也需要意识到问题的严重性,认真管教孩子。《预防未成年人犯罪法》在第三十二条中就明确家长应当和学校建立家校合作机制，配合和支持学校进行教育和管理，尽可能帮助未成年人纠正错误的行为。

3 收留离家出走的孩子的，有必要联系其亲属吗？

案例回放

小张在某小区附近开了一家烧烤店，由于味道好，生意火爆，经常营业至凌晨。某天夜里，小张发现远处站着一个少年，看着只有十多岁，直勾勾地盯着自己手上拿着的肉。小张本身就是个乐善好施的人，于是他把少年叫过来，给他炒了碗蛋炒饭，做了一些烧烤给他吃。收工之后，小张看到少年还没有离开，想着已经深夜了，一个人在外面也不安全，就把他带回了家。第二天，小张才知道，这个少年叫小项，和父母产生矛盾离家出走了，小项还拒绝提供父母的联系方式。请问，小张有必要再问小项父母的联系方式或者通过其他方式联系到小项的亲属吗？

学法用法

未成年人由于心智不成熟很容易一时气盛，和父母产生矛盾后就离家出走。而收留未成年人的人，根据《预防未成年人犯罪法》第三十五条第二款的规定，应当及时联系其父母或者其他监护人、所在学校；无法取得联系的，应当及时向公安机关报告。

具体到上面的案例中，小张收留了离家出走的小项过夜，而小项拒绝提供父母的联系方式，小张可以向公安机关报告，帮助小项回家。

法条链接

《中华人民共和国预防未成年人犯罪法》

第三十五条 未成年人无故夜不归宿、离家出走的,父母或者其他监护人、所在的寄宿制学校应当及时查找,必要时向公安机关报告。

收留夜不归宿、离家出走未成年人的,应当及时联系其父母或者其他监护人、所在学校;无法取得联系的,应当及时向公安机关报告。

温馨贴士

未成年人和父母的年龄差距大,存在代沟,对事物的看法不同,观点不同,出现交锋和矛盾都是很正常的事情。但是,离家出走、夜不归宿不是解决问题的途径。并且,离家出走还可能引发很多危险,如被坏人拐卖等。家永远是我们温暖的港湾,我们切不可一气之下就离家出走。

4 进行不雅表演属于严重不良行为吗?未成年人的严重不良行为有哪些?

案例回放

小梅今年 16 岁,在某职业学校读幼师专业。刚进学校的时候,小梅看着自己的室友们都打扮得光鲜亮丽,很是羡慕。一次偶然的机会,小梅在校外认识了小江,他说可以带小梅赚钱,只需要小梅在某 KTV 表演、陪客户就可以了。小梅去了之后,才发现这个表演是淫秽演出,她本来想走,但是想到演一次就可以赚几百元,便心动了。两个月之后，小梅的父母发现小梅多了昂贵的首饰、包等物品，逼问小梅，才知道了真相。小梅的父母知道这样是不对的，就搬到了学校附近，让小梅"走读"，对她进行管教。请问，进行不雅表演属于严重不良行为吗？未成年人的严重不良行为有哪些？

学法用法

小梅的行为属于未成年人的严重不良行为，小梅的父母对小梅进行及时的管教是正确的。未成年人可能生理上发育成熟了，但心理发育尚不成熟，好表现，易冲动，自控力差，缺乏社会经验，一旦受人利诱或唆使，极易误入歧途。严重不良行为，是指未成年人实施的有刑法规定、因不满法定刑事责任年龄不予刑事处罚的行为，以及严重危害社会的一些行为。严重不良行为具有极大的社会危害性，应当被认真对待，根据《预防未成年人犯罪法》第三十八条的规定，严重不良行为包括：（1）结伙斗殴，追逐、拦截他人，强拿硬要或者任意损毁、占用公私财物等寻衅滋事行为；（2）非法携带枪支、弹药或者弩、匕首等国家规定的管制器具；（3）殴打、辱骂、恐吓，或者故意伤害他人身体；（4）盗窃、哄抢、抢夺或者故意损毁公私财物；（5）传播淫秽的读物、音像制品或者信息等；（6）卖淫、嫖娼，或者进行淫秽表演；（7）吸食、注射毒品，或者向他人提供毒品；（8）参与赌博赌资较大；（9）其他严重危害社会的行为。

具体到上面的案例中，小梅因为受到别人的唆使而进行淫秽表演，已经属于严重不良行为，小梅的父母应当加强管教。同时，小梅的父母还应当向公安机关报告小江引诱小梅进行淫秽表演的情况，以避免此类情况再次发生。

法条链接

《中华人民共和国预防未成年人犯罪法》

第三十八条 本法所称严重不良行为，是指未成年人实施的有刑法规定、因不满法定刑事责任年龄不予刑事处罚的行为，以及严重危害社会的下列行为：

（一）结伙斗殴，追逐、拦截他人，强拿硬要或者任意损毁、占用公私财物等寻衅滋事行为；

（二）非法携带枪支、弹药或者弩、匕首等国家规定的管制器具；

（三）殴打、辱骂、恐吓，或者故意伤害他人身体；

（四）盗窃、哄抢、抢夺或者故意损毁公私财物；

（五）传播淫秽的读物、音像制品或者信息等；

（六）卖淫、嫖娼，或者进行淫秽表演；

（七）吸食、注射毒品，或者向他人提供毒品；

（八）参与赌博赌资较大；

（九）其他严重危害社会的行为。

第三十九条 未成年人的父母或者其他监护人、学校、居民委员会、村民委员会发现有人教唆、胁迫、引诱未成年人实施严重不良行为的，应当立即向公安机关报告。公安机关接到报告或者发现有上述情形的，应当及时依法查处；对人身安全受到威胁的未成年人，应当立即采取有效保护措施。

《中小学教育惩戒规则（试行）》

第七条第二款 学生实施属于预防未成年人犯罪法规定的不良行为或者严重不良行为的，学校、教师应当予以制止并实施教育惩戒，加强管教；构成违法犯罪的，依法移送公安机关处理。

温馨贴士

在现实生活中，享乐主义、拜金主义等不良思想可能会对未成年人的思想造成极大的冲击。而未成年人心智尚不成熟，缺乏鉴别能力，容易受到诱惑，心态扭曲。因此，对于引诱、胁迫、唆使未成年人实施严重不良行为之人，公安机关应当严厉打击、依法查处。监护人、学校、居委会、村委会等有关人员或单位发现有人教唆、胁迫、引诱未成年人实施严重不良行为的，也应当及时报告给公安机关。

5 公安机关发现未成年人有严重不良行为的，应当如何处理？

案例回放

某天，派出所民警小李接到报警，称有小偷偷了手机，被抓了现行。小李和同事赶到现场，将报警的事主和小偷带回了派出所。小李得知小偷名叫小贵，今年16周岁，初中毕业之后就没有读书，由于学历低，又不愿意干体力活，他就一直在社会上游荡。小李打电话联系了小贵的父母，让小贵的父母对小贵严加管教，还要求小贵定期报告自己的活动情况。请问，公安机关发现未成年人有严重不良行为的，应当如何处理？

学法用法

严重不良行为和不良行为都违反了社会规范,但是,严重不良行为后果更加严重,具有更大的社会危害性。根据《预防未成年人犯罪法》第四十条、第四十一条的规定,公安机关不仅应当及时制止、调查处理严重不良行为,让监护人消除或者减轻违法后果,采取措施严加管教,还可以同时采取以下矫治教育措施:(1)予以训诫;(2)责令赔礼道歉、赔偿损失;(3)责令具结悔过;(4)责令定期报告活动情况;(5)责令遵守特定的行为规范,不得实施特定行为、接触特定人员或者进入特定场所;(6)责令接受心理辅导、行为矫治;(7)责令参加社会服务活动;(8)责令接受社会观护,由社会组织、有关机构在适当场所对未成年人进行教育、监督和管束;(9)其他适当的矫治教育措施。

具体到上面的案例中,小贵盗窃他人财物属于严重不良行为,公安机关可以责令其父母对其严加管教,同时,为了防止小贵再次盗窃,让小贵定期向公安机关报告活动情况,这样可以监督其不再做违法之事。

法条链接

《中华人民共和国预防未成年人犯罪法》

第三十八条 本法所称严重不良行为,是指未成年人实施的有刑法规定、因不满法定刑事责任年龄不予刑事处罚的行为,以及严重危害社会的下列行为:

……

(四)盗窃、哄抢、抢夺或者故意损毁公私财物;

......

第四十条 公安机关接到举报或者发现未成年人有严重不良行为的，应当及时制止，依法调查处理，并可以责令其父母或者其他监护人消除或者减轻违法后果，采取措施严加管教。

第四十一条 对有严重不良行为的未成年人，公安机关可以根据具体情况，采取以下矫治教育措施：

（一）予以训诫；

（二）责令赔礼道歉、赔偿损失；

（三）责令具结悔过；

（四）责令定期报告活动情况；

（五）责令遵守特定的行为规范，不得实施特定行为、接触特定人员或者进入特定场所；

（六）责令接受心理辅导、行为矫治；

（七）责令参加社会服务活动；

（八）责令接受社会观护，由社会组织、有关机构在适当场所对未成年人进行教育、监督和管束；

（九）其他适当的矫治教育措施。

温馨贴士

未成年人的严重不良行为已经触犯了法律，对于此种行为，应当引起高度的重视。而预防未成年人犯罪是一项系统工程，需要家庭、学校，以及公安机关、司法行政部门的协同努力，采取法律、心理、劳动等多种手段去引导、教育，从而真正纠正未成年人的行为。

6 哪些未成年人有可能被送入专门学校？

▷ 案例回放

小庄今年17岁，在某职业高中（以下简称"职高"）就读高二。小庄从小就不爱学习，中考成绩很差，爱招惹是非又不服管教。父母为了让他以后能够有一技傍身，便让他去读职高。但到了职高，小庄依然没有将心思放在功课上，而是和同学拉帮结派、搞小团体，还和其他班的女同学谈起了恋爱。两人恋爱谈了半年，女朋友因无法忍受小庄喜怒无常的性格提出分手。小庄并不相信女朋友所说的分手理由，他想起一周前曾经看到女朋友和隔壁班的阿华有说有笑地走在一起，认为是阿华"勾搭"自己的女朋友，这才导致女朋友想要分手。于是，小庄决心要好好"教训"一下阿华，便伙同他人将阿华叫到某酒店房间内，对阿华拳打脚踢，甚至当场向阿华索要了500元现金。小庄的父母得知此事后十分气愤，认为小庄劣性难改，想将他送入专门学校学习。请问，哪些未成年人有可能被送入专门学校呢？

◯ 学法用法

当父母等监护人、学校已经无力管教未成年人时，让未成年人接受专门教育是一个可行之举。专门教育作为国家教育体系的组成部分，是对有严重不良行为的未成年人进行教育和矫治的重要保护措施。具体而言，根据《预防未成年人犯罪法》第四十三条、第四十四条的规定，以下未成年人经专门教育指导委员会评估同意后，可以被送进专门学校，接受专门教育：（1）有严重不良行为的未成年人，未成年人的父母或者其他监护人、所在学校无力管教或者管教无效；（2）实施严重危害社会的行为，情节恶劣或者造成严重后果；（3）多次实施严重危害社会的行为；（4）拒不接受或者配合该法第四十一条规定的矫治教育措施；（5）法律、行政法规规定的其他情形。

在上面的案例中，小庄伙同他人对阿华进行殴打，并向阿华强行索要财物，虽然金额不大，但其行为已经符合《预防未成年人犯罪法》第三十八条所说的故意伤害他人身体与寻衅滋事，属于严重不良行为。小庄的父母认为对小庄无力管教，可以申请将他送入专门学校接受专门教育，避免他将来犯下更大的错误。

法条链接

《中华人民共和国预防未成年人犯罪法》

第三十八条 本法所称严重不良行为，是指未成年人实施的有刑法规定、因不满法定刑事责任年龄不予刑事处罚的行为，以及严重危害社会的下列行为：

（一）结伙斗殴，追逐、拦截他人，强拿硬要或者任意损毁、占用公私财物等寻衅滋事行为；

（二）非法携带枪支、弹药或者弩、匕首等国家规定的管制器具；

（三）殴打、辱骂、恐吓，或者故意伤害他人身体；

……

第四十一条 对有严重不良行为的未成年人，公安机关可以根据具体情况，采取以下矫治教育措施：

（一）予以训诫；

（二）责令赔礼道歉、赔偿损失；

（三）责令具结悔过；

（四）责令定期报告活动情况；

（五）责令遵守特定的行为规范，不得实施特定行为、接触特定人员或者进入特定场所；

（六）责令接受心理辅导、行为矫治；

（七）责令参加社会服务活动；

（八）责令接受社会观护，由社会组织、有关机构在适当场所对未成年人进行教育、监督和管束；

（九）其他适当的矫治教育措施。

第四十三条 对有严重不良行为的未成年人，未成年人的父母或者其他监护人、所在学校无力管教或者管教无效的，可以向教育行政部门提出申请，经专门教育指导委员会评估同意后，由教育行政部门决定送入专门学校接受专门教育。

第四十四条 未成年人有下列情形之一的，经专门教育指导委员会评估同意，教育行政部门会同公安机关可以决定将其送入专门学校接受专门教育：

（一）实施严重危害社会的行为，情节恶劣或者造成严重后果；

（二）多次实施严重危害社会的行为；

（三）拒不接受或者配合本法第四十一条规定的矫治教育措施；

（四）法律、行政法规规定的其他情形。

温馨贴士

由于未成年人思想、情感方面都很不成熟，缺乏自我保护能力，极易受外界环境的影响，误入歧途，而父母、学校的管理教育可能已经无力纠正其严重不良行为。因此，由专门的学校开展专门教育，是预防未成年人犯罪的有效途径，也是保障未成年人利益的有力措施。

7 进了专门学校，还能回到普通学校上学吗？

▷ 案例回放

成成今年15周岁，在某高中读高一。母亲在他上小学时便因病去世，父亲对他寄予厚望，坚信"棍棒底下出孝子"，每当成成犯错，父亲都对他非打即骂。在父亲的高压教育下，成成的性格变得十分叛逆。他经常在晚上偷溜出去，与校外认识的"朋友"喝酒作乐，如果没钱，就去溜门撬锁"顺"点儿小钱。多次作案后，成成被警方抓获。成成父亲这才发现自己对成成的教育出了差错，于是在学校和警方等的帮助下将成成送进了专门学校，希望他能改过自新。在这次经历后，成成也认识到了自己行为的荒唐之处，于是积极改变自己，服从专门学校的管理，希望能够回到原来的高中继续学业，未来考上一所大学。请问，未成年人进入专门学校后，还能回到普通学校吗？

◯ 学法用法

国家建设专门学校的目的是给犯错误的未成年人一个迷途知返的机会，对其进行教育感化，而不是单纯为了施加惩罚。因此，如果未成年人在专门学校中表现良好，是有机会回到普通学校继续完成学业的。根据《预防未成年人犯罪法》第四十六条的规定，专门学校应当在每个学期适时向专门教育指导委员会提出申请，请求其对接受专门教育的未成年学生的情况进行评估。经过评估后,如果专门教育指导委员会认为未成年学生适合转回普通学校就读,应当向原来将未成年学生送入专门学校的决定机关提出书面建议,再由原决定机关决定该未成年学生是否可以转回普通学校。原决定机关决定将接受专门教育的未成年学生转回普通学校的,一般应当由未成年学生原本就读的学校接收,且该学校不能拒绝。有特殊情况不适宜回到原学校的,可以由教育行政部门安排未成年学生转学到其他普通学校。

在上面的案例中,成成在进入专门学校后,认识到了自己的错误,并且愿意积极改变自己。经专门学校向专门教育指导委员会提请对成成进行评估,且评估合格后,如果原决定机关决定让成成回到原学校就读,成成就可以回到原来的高中,继续完成他的学业。

法条链接

《中华人民共和国预防未成年人犯罪法》

第四十六条 专门学校应当在每个学期适时提请专门教育指导委员会对接受专门教育的未成年学生的情况进行评估。对经评估适合转回普通学校就读的,专门教育指导委员会应当向原决定机关提出书面建议,由原决定机关决定是否将未成年学生转回普通学校就读。

原决定机关决定将未成年学生转回普通学校的,其原所在学校不得拒绝接收;因特殊情况,不适宜转回原所在学校的,由教育行政部门安排转学。

温馨贴士

专门学校的作用不在于惩罚，而是矫治未成年人的严重不良行为。经过评估后，未成年人及时改正了自己的错误行为，应当赋予其重新接受正常教育的权利。因此，我国法律设置了专门学校和普通学校之间的衔接渠道，为未成年人重回普通学校接受教育提供了可能，有助于更好地开展矫治教育，保障未成年人的合法权益。

第二节　学习《刑法》，远离犯罪

1　收集并出售他人信息的，构成犯罪吗？

▷ **案例回放**

张某初中毕业后就进入社会闯荡，在工厂的流水线上当质检员，工资收入并不高。春节回家过年时，张某得知同村的李某和自己学历相同，但工资却比自己高很多。一打听才知道李某在某快递公司做快递员，工作虽然辛苦，但是收入确实可观。于是，过完年后，张某就向工厂辞职，然后应聘到某快递公司做快递员。在做快递员期间，一些不法分子向他提出购买客户信息，张某认为出卖客户信息比自己起早贪黑挣钱容易，于是便答应了。后张某在工作期间私自收集客户信息并出售给他人，获取不法收入高达3万元。请问，张某的这种行为构成犯罪吗？

第六章 预防犯罪，培养良好品行

◎ **学法用法**

在信息化时代，个人信息与我们的人身、财产安全息息相关。总有一些不法分子通过各种途径收集个人信息，并获取不正当利益。为了保护公民个人信息安全，打击侵犯个人信息的行为，国家将侵犯他人个人信息的行为入罪，规定了"侵犯公民个人信息罪"。

根据《刑法》第二百五十三条之一的规定，成立侵犯公民个人信息罪，需要满足以下几个条件：（1）行为人既可以是个人，也可以是单位；（2）向他人出售或者提供公民个人信息，窃取或者以其他方法非法获取公民个人信息；（3）达到情节严重的标准。这里所说的"情节严重"，需要结合《最高人民法院、最高人民检察院关于办理侵犯公民个人信息刑事案件适用法律若干问题的解释》第五条的规定，进一步进行理解，详见下面的"法条链接"。如果仅仅有侵犯公民个人信息的行为，但并没有达到情节严重的标准，不能认定为犯罪，而应当依法承担民事责任或治安管理处罚责任。

在上面的案例中，张某利用工作之便，非法收集他人的个人信息并出卖给他人，其行为侵犯了他人的个人信息权利，违反了法律的规定。由于张某因此而获得的违法收入高达3万元，已经超过了5000元，达到了情节严重的标准，因此张某触犯了侵犯公民个人信息罪，应当为此承担三年以下有期徒刑或拘役，并处或者单处罚金的刑事责任。

◎ **法条链接**

《中华人民共和国刑法》

第二百五十三条之一　【侵犯公民个人信息罪】违反国家有关

规定，向他人出售或者提供公民个人信息，情节严重的，处三年以下有期徒刑或者拘役，并处或者单处罚金；情节特别严重的，处三年以上七年以下有期徒刑，并处罚金。

违反国家有关规定，将在履行职责或者提供服务过程中获得的公民个人信息，出售或者提供给他人的，依照前款的规定从重处罚。

窃取或者以其他方法非法获取公民个人信息的，依照第一款的规定处罚。

单位犯前三款罪的，对单位判处罚金，并对其直接负责的主管人员和其他直接责任人员，依照各该款的规定处罚。

《最高人民法院、最高人民检察院关于办理侵犯公民个人信息刑事案件适用法律若干问题的解释》

第五条 非法获取、出售或者提供公民个人信息，具有下列情形之一的，应当认定为刑法第二百五十三条之一规定的"情节严重"：

（一）出售或者提供行踪轨迹信息，被他人用于犯罪的；

（二）知道或者应当知道他人利用公民个人信息实施犯罪，向其出售或者提供的；

（三）非法获取、出售或者提供行踪轨迹信息、通信内容、征信信息、财产信息五十条以上的；

（四）非法获取、出售或者提供住宿信息、通信记录、健康生理信息、交易信息等其他可能影响人身、财产安全的公民个人信息五百条以上的；

（五）非法获取、出售或者提供第三项、第四项规定以外的公民个人信息五千条以上的；

（六）数量未达到第三项至第五项规定标准，但是按相应比例合计达到有关数量标准的；

（七）违法所得五千元以上的；

（八）将在履行职责或者提供服务过程中获得的公民个人信息出售或者提供给他人，数量或者数额达到第三项至第七项规定标准一半以上的；

（九）曾因侵犯公民个人信息受过刑事处罚或者二年内受过行政处罚，又非法获取、出售或者提供公民个人信息的；

（十）其他情节严重的情形。

实施前款规定的行为，具有下列情形之一的，应当认定为刑法第二百五十三条之一第一款规定的"情节特别严重"：

（一）造成被害人死亡、重伤、精神失常或者被绑架等严重后果的；

（二）造成重大经济损失或者恶劣社会影响的；

（三）数量或者数额达到前款第三项至第八项规定标准十倍以上的；

（四）其他情节特别严重的情形。

温馨贴士

在日常生活中，我们应当树立保护个人信息的意识，如在扔快递包装之前将快递单据撕毁、不随意丢弃车票与机票、不因贪图小便宜随意填写包含个人信息的调查问卷或注册 app、不在网上泄露自己的个人信息等。

2 从楼上往下扔东西，砸到人致人死亡的，构成什么罪？

案例回放

孙某以收废品为生。一天，孙某照常来到某写字楼8层的某公司清理因装修和办公产生的废旧物品。孙某共整理出三箱废旧电器、三箱废纸和两捆硬纸板。他乘坐电梯分别将废旧电器和废纸箱运下楼后，发现电梯发生故障停运了，于是决定爬楼梯取硬纸板。上到8楼，看到每捆40斤左右的硬纸板，孙某犯了难，忽然他看到了一个窗口，下面很少有人经过，于是他将一捆硬纸板从这个窗口扔了出去，响声巨大。接着他又扔了第二捆，结果写字楼物业管理人员张某因为听到巨响，走出查看，刚好被这捆硬纸板砸到，当场死亡。请问，孙某构成何罪呢？

学法用法

《刑法》第二百九十一条之二第一款规定："从建筑物或者其他高空抛掷物品，情节严重的，处一年以下有期徒刑、拘役或者管制，并处或者单处罚金。"由此可见，对于高空抛物的行为，情节严重的是会构成犯罪的，即构成高空抛物罪。同时，该条第二款规定："有前款行为，同时构成其他犯罪的，依照处罚较重的规定定罪处罚。"如《刑法》第二百三十三条规定了过失致人死亡罪，根据该条规定，过失致人死亡的，处三年以上七年以下有期徒刑；情节较轻的，处三年以下有期徒刑。

案例中的孙某应当知道从8楼窗口往下扔重物可能会造成他人受伤或死亡等结果，但他抱有侥幸心理，轻信能够避免危害结果的发生，结果导致张某死亡，应认定为过失致人死亡。根据《刑法》第二百九十一条之二第二款的规定，因过失致人死亡罪处罚相对较重，因此对孙某应该按照过失致人死亡罪定罪处罚。

法条链接

《中华人民共和国刑法》

第二百三十三条 【过失致人死亡罪】过失致人死亡的，处三年以上七年以下有期徒刑；情节较轻的，处三年以下有期徒刑。本法另有规定的，依照规定。

第二百九十一条之二 【高空抛物罪】从建筑物或者其他高空抛掷物品，情节严重的，处一年以下有期徒刑、拘役或者管制，并处或者单处罚金。

有前款行为，同时构成其他犯罪的，依照处罚较重的规定定罪处罚。

温馨贴士

2020年12月26日通过的《刑法修正案（十一）》特别将情节严重的高空抛物入刑，以此来震慑高空抛物行为。我们青少年要提高自身素质，切记不要高空抛物。

3 拐卖儿童的，会面临怎样的处罚？

案例回放

多年前，小沈曾经有一个妹妹，但出生没多久就不幸夭折了。父母一直对此事难以释怀，想要再抚养一个女儿。但由于小沈的母亲在当年生产时受到了损伤，丧失了生育能力，这个愿望一直没能实现。某次，一位远房亲戚到小沈家做客，得知了这件事，便表示自己认识一个人，有门路可以领养小孩。随后，远房亲戚将赵某介绍给了小沈的父母。在与赵某交谈的过程中，小沈父母逐渐察觉到不对劲。赵某曾在不经意间透露，他手里有很多孩子，不仅可以让小沈父母挑选性别，还可以挑选年龄。小沈的父母心中警铃大作，认为赵某是人贩子，于是果断报警。警方将赵某抓获。经调查，赵某与同伙何某一起，几年间拐卖了20多名儿童。请问，拐卖儿童将面临怎样的处罚？

学法用法

孩子是每个家庭的希望，对于拐卖儿童行为，必须严惩不贷。根据《刑法》第二百四十条的规定，拐卖妇女、儿童的，成立拐卖妇女、儿童罪，处五年以上十年以下有期徒刑，同时应并处罚金；如果行为人有该条规定的八种加重责任情形的，处十年以上有期徒刑或者无期徒刑，并处罚金或者没收财产；情节特别严重的，处死刑，并处没收财产。

在上面的案例中，赵某与何某在几年间拐卖了20多名儿童，不仅侵害了这些儿童的人身权利，还导致他们的家庭破碎，更扰乱了社会秩序，有着极大的社会危害性。因此，赵某与何某的行为应当成立拐卖儿童罪，并由人民法院依法对两人作出判决，追究他们的刑事责任。

法条链接

《中华人民共和国刑法》

第二百四十条　【拐卖妇女、儿童罪】拐卖妇女、儿童的，处五年以上十年以下有期徒刑,并处罚金;有下列情形之一的,处十年以上有期徒刑或者无期徒刑,并处罚金或者没收财产;情节特别严重的,处死刑,并处没收财产:

(一)拐卖妇女、儿童集团的首要分子;

(二)拐卖妇女、儿童三人以上的;

(三)奸淫被拐卖的妇女的;

(四)诱骗、强迫被拐卖的妇女卖淫或者将被拐卖的妇女卖给他人迫使其卖淫的;

(五)以出卖为目的,使用暴力、胁迫或者麻醉方法绑架妇女、儿童的;

(六)以出卖为目的,偷盗婴幼儿的;

(七)造成被拐卖的妇女、儿童或者其亲属重伤、死亡或者其他严重后果的;

(八)将妇女、儿童卖往境外的。

拐卖妇女、儿童是指以出卖为目的,有拐骗、绑架、收买、贩卖、接送、中转妇女、儿童的行为之一的。

温馨贴士

打击拐卖儿童犯罪,任重而道远。对于我们青少年来讲,要树立防拐意识,对陌生人保持警惕心理,拒绝陌生人的诱惑。同时,如果我们在生活中发现疑似拐卖儿童的情况发生,也可以为此献出我们的一份力量,如将事情告诉家长、老师,或帮忙报警等。

4 与14周岁以下的少女自愿发生性关系,构成强奸罪吗?

▶ 案例回放

小沈今年19周岁,和13周岁的露露是多年的邻居,两人关系也一直很好,邻里都以为他们是关系很好的兄妹。实际上,两人从露露12周岁起就开始瞒着大人谈恋爱。在露露13周岁时,两人和一些朋友一起出去野炊,情不自禁发生了性行为。后来,露露的父母意外得知此事,便直接报了警,导致小沈被逮捕。请问,小沈构成强奸罪吗?

学法用法

小沈构成强奸罪。根据《刑法》第二百三十六条第二款的规定,奸淫不满14周岁的幼女的,以强奸论,从重处罚。这是因为,对于不满14周岁的幼女来说,她的心智、身体都尚未发育成熟,对于性行为是不具有承诺能力的。因此,刑法为了更好地保护幼女的权益,和普通的强奸罪不同,即便幼女是自愿的,与其发生性关系的人也会构成强奸罪。

在上面的案例中,虽然13周岁的露露是自愿与小沈发生性行为,但《刑法》规定与14周岁以下幼女发生性行为构成强奸罪,故小沈构成强奸罪。

法条链接

《中华人民共和国刑法》

第二百三十六条 【强奸罪】以暴力、胁迫或者其他手段强奸妇女的，处三年以上十年以下有期徒刑。

奸淫不满十四周岁的幼女的，以强奸论，从重处罚。

强奸妇女、奸淫幼女，有下列情形之一的，处十年以上有期徒刑、无期徒刑或者死刑：

（一）强奸妇女、奸淫幼女情节恶劣的；

（二）强奸妇女、奸淫幼女多人的；

（三）在公共场所当众强奸妇女、奸淫幼女的；

（四）二人以上轮奸的；

（五）奸淫不满十周岁的幼女或者造成幼女伤害的；

（六）致使被害人重伤、死亡或者造成其他严重后果的。

温馨贴士

对于14周岁以下的幼女来说，无论是为了其身体健康还是心理健康，与其发生性行为都是不恰当的，也是为法律所禁止的。即便有再多的情不自禁，也请大家不要做出这样的事，否则应当承担相应的刑事责任。

5 将银行卡提供给他人用于网络赌博转账，也属于犯罪吗？

案例回放

小唐今年17岁，为了便于高考，离开父母独自回到老家上学。在上学期间，父母为他办理了一张银行卡，用于发放生活费。由于身边没有了家长的监督，自制力较差的小唐成绩一落千丈，还沉迷于网络游戏，经常逃课去网吧。父母每个月给他的生活费往往还不到一星期就被他挥霍一空。小唐没有生活费，只能向朋友借。一次，他在向朋友的表哥刘某借钱时，刘某表示自己最近正在经营一个网络赌博平台，需要一张银行卡用于转账。刘某提出，只要小唐愿意将自己的银行卡借出，每转一次账就可以分到数目可观的分成。小唐被金钱蒙蔽了双眼，他侥幸地认为自己又没有赌博，即使被查也和他没关系，便同意了刘某的提议。请问，将银行卡提供给他人用于网络赌博转账，属于犯罪吗？

学法用法

《刑法》第二百八十七条之二规定了帮助信息网络犯罪活动罪。这一罪名的成立条件主要有以下几个：（1）明知道他人利用信息网络实施犯罪行为；（2）为他人的犯罪行为提供互联网接入、服务器托管、网络存储、通讯传输等技术支持，或者提供广告推广、支付结算等帮助行为；（3）所实施的帮助行为达到情节严重的程度。

对于"情节严重"如何认定的问题，《最高人民法院、最高人民检察院关于办理非法利用信息网络、帮助信息网络犯罪活动等刑事案件适用法律若干问题的解释》第十二条作出了解释。明知他人利用信息网络实施犯罪，为其犯罪提供帮助，具有下列情形之一的，应当认定为刑法第二百八十七条之二第一款规定的"情节严重"：（1）为三个以上对象提供帮助的；（2）支付结算金额20万元以上的；（3）以投放广告等方式提供资金5万元以上的；（4）违法所得1万元以上的；（5）二年内曾因非法利用信息网络、帮助信息网络犯罪活动、危害计算机信息系统安全受过行政处罚，又帮助信息网络犯罪活动的；（6）被帮助对象实施的犯罪造成严重后果的；（7）其他情节严重的情形。只要行为人有以上任意一种情况，就达到了帮助信息网络犯罪活动罪的成立条件，应当承担刑事责任。

如果行为人实施了帮助信息网络犯罪的行为，但无法确定被帮助的对象是否成立犯罪的，当行为人实施的帮助行为所涉及的数额达到上述第二种到第四种情况五倍以上，或者造成了特别严重的后果时，就可以认定其成立帮助信息网络犯罪活动罪。

在上面的案例中，小唐明知刘某在从事网络赌博犯罪行为，还向其提供银行卡供其转账，间接帮助了刘某实施犯罪。因此，如果小唐因帮助行为所获得的违法所得达到1万元以上或者支付结算金额20万元以上的，就构成帮助信息网络犯罪活动罪，并依法承担刑事责任。

法条链接

《中华人民共和国刑法》

第二百八十七条之二　【帮助信息网络犯罪活动罪】明知他人利用信息网络实施犯罪，为其犯罪提供互联网接入、服务器托管、网络存储、通讯传输等技术支持，或者提供广告推广、支付结算等帮助，情节严重的，处三年以下有期徒刑或者拘役，并处或者单处罚金。

单位犯前款罪的，对单位判处罚金，并对其直接负责的主管人员和其他直接责任人员，依照第一款的规定处罚。

有前两款行为，同时构成其他犯罪的，依照处罚较重的规定定罪处罚。

《最高人民法院、最高人民检察院关于办理非法利用信息网络、帮助信息网络犯罪活动等刑事案件适用法律若干问题的解释》

第十二条 明知他人利用信息网络实施犯罪，为其犯罪提供帮助，具有下列情形之一的，应当认定为刑法第二百八十七条之二第一款规定的"情节严重"：

（一）为三个以上对象提供帮助的；

（二）支付结算金额二十万元以上的；

（三）以投放广告等方式提供资金五万元以上的；

（四）违法所得一万元以上的；

（五）二年内曾因非法利用信息网络、帮助信息网络犯罪活动、危害计算机信息系统安全受过行政处罚，又帮助信息网络犯罪活动的；

（六）被帮助对象实施的犯罪造成严重后果的；

（七）其他情节严重的情形。

实施前款规定的行为，确因客观条件限制无法查证被帮助对象是否达到犯罪的程度，但相关数额总计达到前款第二项至第四项规定标准五倍以上，或者造成特别严重后果的，应当以帮助信息网络犯罪活动罪追究行为人的刑事责任。

温馨贴士

网络既便利了人们的生活，也在阴暗的角落中催生了很多犯罪。我们要提高警惕意识和自我保护意识，不轻易将自己的信息透露给陌生人，坚决不将银行卡出借给他人，避免在不知情的情况下帮助他人实施信息网络犯罪行为。

6 明知他人在自己的房子里吸毒而没有制止，构成犯罪吗？

▶ 案例回放

小郭是一名"富二代"，经常与一些富家公子在一起玩耍。有一次，小郭在朋友的带领下结识了赵某，二人脾气秉性相投，很快就成为好友。后来，小郭发现赵某是个"瘾君子"，赵某烟瘾犯了的时候总会到小郭闲置的一处房子里吸食毒品。而且，赵某有一群"毒友"，他还经常带着这些人到小郭的房子里吸毒。小郭知道后觉得没什么影响，便没有对此事强加干涉。后来经人举报，警方发现了这群人吸毒的地点。请问，小郭允许朋友在自己的房子里吸毒的行为，构成犯罪吗？

↻ 学法用法

小郭允许朋友在自己的房子里吸毒的行为构成容留他人吸毒罪。毒品对人身体健康危害极大，一旦沾染上毒品便很难戒掉。容留他人吸毒、为他人提供吸毒场所，属于变相帮助他人吸毒，也是一种危害极大的行为。《刑法》第三百五十四条规定，容留他人吸食、注射毒品的，处三年以下有期徒刑、拘役或者管制，并处罚金。由此可见，容留他人吸毒、为他人吸毒提供场所是一种犯罪行为，构成容留他人吸毒罪。

在上面的案例中，小郭明知赵某等人多次到自己的房子里吸毒而不制止，实际上为他人吸毒提供了场所，构成容留他人吸毒罪。

法条链接

《中华人民共和国刑法》

第三百五十四条 **【容留他人吸毒罪】** 容留他人吸食、注射毒品的，处三年以下有期徒刑、拘役或者管制，并处罚金。

温馨贴士

容留他人吸毒、为他人吸毒提供场所，客观上给他人吸食毒品提供了便利，在一定程度上促进了吸毒人数上升，是一种不作为的犯罪。我们绝不能做容留他人吸毒之人，既不能主动容留他人吸毒，也不能默许他人在我们的处所吸毒。

7 在网络上散布虚假警情扰乱社会秩序的，构成犯罪吗？

案例回放

小姜高中毕业后没有考上大学，也没有去找一份正式工作，一直无所事事。听说网上的网红可以根据视频播放的"流量"进行变现，粉丝基数大的网红还可以接广告挣钱，渴望挣大钱又不想付出劳动的小姜动起了歪心思。他为了能够快速增长粉丝与浏览量，结合前段时间发生的某起刑事案件，接连发布了好几个视频。在视频中，小姜编造道：该起刑事案件实际上为合伙作案，但警方目前只抓捕到了其中一名凶手，仍有两名以上的凶手在当地流窜伺机报复。由于该起刑事案件关注度较高，小姜的视频一经发出立刻获得了很高的关注度。不少网友信以为真，积极转发，导致刑事案件发生地的居民们人心惶惶，很多人因此不敢正常出门。警方很快便注意到此事，顺藤摸瓜找到小姜。请问，在网络上散布虚假警情扰乱社会秩序的,构成犯罪吗?

学法用法

险情、疫情、灾情、警情信息是关乎到不特定公众的生命、财产安全的信息,如果编造不实信息并传播,很可能会给公众造成恐慌,使社会动荡不安,不利于社会的治安管理。根据《刑法》第二百九十一条之一第二款的规定,如果故意编造虚假的险情、疫情、灾情、警情,在信息网络或者其他媒体上传播,或者明知是上述虚假信息,故意在信息网络或者其他媒体上传播,严重扰乱社会秩序的,应当成立编造、故意传播虚假信息罪,并承担相应的刑事责任。同时,《最高人民法院关于审理编造、故意传播虚假恐怖信息刑事案件适用法律若干问题的解释》第二条对"严重扰乱社会秩序"该如何认定作出了进一步的解释。此外,如果行为人没有严重扰乱社会秩序,即使不构成犯罪的,也需要给予相应的治安管理处罚。

在上面的案例中,小姜为了"流量变现",编造虚假的警情在网络上大肆传播,并造成了公众的恐慌,甚至导致部分公众因此不敢出门。如果小姜的行为达到了严重扰乱社会秩序的程度,则构成编造、故意传播虚假信息罪,应当被依法追究刑事责任。

法条链接

《中华人民共和国刑法》

第二百九十一条之一第二款 【编造、故意传播虚假信息罪】
编造虚假的险情、疫情、灾情、警情,在信息网络或者其他媒体上传播,或者明知是上述虚假信息,故意在信息网络或者其他媒体上传播，严重扰乱社会秩序的，处三年以下有期徒刑、拘役或者管制；造成严重后果的，处三年以上七年以下有期徒刑。

《最高人民法院关于审理编造、故意传播虚假恐怖信息刑事案件适用法律若干问题的解释》

第二条　编造、故意传播虚假恐怖信息，具有下列情形之一的，应当认定为刑法第二百九十一条之一的"严重扰乱社会秩序"：

（一）致使机场、车站、码头、商场、影剧院、运动场馆等人员密集场所秩序混乱，或者采取紧急疏散措施的；

（二）影响航空器、列车、船舶等大型客运交通工具正常运行的；

（三）致使国家机关、学校、医院、厂矿企业等单位的工作、生产、经营、教学、科研等活动中断的；

（四）造成行政村或者社区居民生活秩序严重混乱的；

（五）致使公安、武警、消防、卫生检疫等职能部门采取紧急应对措施的；

（六）其他严重扰乱社会秩序的。

《中华人民共和国治安管理处罚法》

第二十五条　有下列行为之一的，处五日以上十日以下拘留，可以并处五百元以下罚款；情节较轻的，处五日以下拘留或者五百元以下罚款：

（一）散布谣言，谎报险情、疫情、警情或者以其他方法故意扰乱公共秩序的；

（二）投放虚假的爆炸性、毒害性、放射性、腐蚀性物质或者传染病病原体等危险物质扰乱公共秩序的；

（三）扬言实施放火、爆炸、投放危险物质扰乱公共秩序的。

温馨贴士

社会的良好发展需要安宁稳定的环境，故意编造和传播虚假信息会给社会公共秩序带来混乱。大范围的恐慌可能会给很多人的生命安全造成威胁，一旦出现严重后果，就会使很多家庭蒙上阴霾。我们任何人都不要为了一时之快编造和传播虚假信息，这是一种危害性极大的行为。

8 捡到他人遗忘的物品拒不交还，构成犯罪吗？

案例回放

小孟是一名大学生，暑假结束时，他没有买到火车票，就选择乘坐大巴车返校。大巴开动后，小孟发现自己的行李箱落在了车站的座椅旁，里面有他新买的相机和平板电脑，加上其他东西价值2万多元。他急忙和车站联系，请工作人员帮忙去候车大厅某处座椅寻找其行李箱。工作人员经过寻找，未果。通过调取监控录像发现，该行李箱已被某乘客拿走，且并未交公。请问，如果这名乘客拒不交出行李箱，构成犯罪吗？

学法用法

如果这名乘客拒不交出行李箱，涉嫌侵占罪。侵占罪是指行为人将代为保管的他人财物或他人的遗忘物、埋藏物据为己有，且有非法占有的目的，数额较大，拒不交出的行为。侵占罪有四个构成要件：一是财物的所有权归他人所有；二是行为人占有的财物仅限于三类——保管物、遗忘物、埋藏物，且数额较大，拒不交还；三是凡年满 16 周岁具有刑事责任能力的自然人均可构成本罪；四是行为人必须出于故意，过失不构成此罪。

在上面的案例中，小孟将行李箱遗忘在车站座椅旁，行李箱及其内的物品属于遗忘物；行李箱中的相机和电脑等物品价值 2 万多元，已构成数额较大；而乘客拿走小孟遗忘的箱子，并且没有交公，也没有想办法联系小孟，明显有据为己有的目的，因此，该名乘客构成侵占罪。同时要注意，侵占罪属于不告不理的罪，只有被害人告诉的，国家机关才处理，否则国家机关不会主动干预。

法条链接

《中华人民共和国刑法》

第二百七十条　【侵占罪】将代为保管的他人财物非法占为己有，数额较大，拒不退还的，处二年以下有期徒刑、拘役或者罚金；数额巨大或者有其他严重情节的，处二年以上五年以下有期徒刑，并处罚金。

将他人的遗忘物或者埋藏物非法占为己有，数额较大，拒不交出的，依照前款的规定处罚。

本条罪，告诉的才处理。

温馨贴士

遗忘物，是指应该带走但是因忘记而没有带走的财物，如买完东西将物品忘在柜台上等。但是遗忘物不等于遗失物。遗失物是失主丢失的财物，不知道丢失的时间和地点，并且失去对财物的控制时间相对较长，捡到者一般不知道失主。而遗忘物是刚刚、暂时遗忘之物。遗忘者对之失去控制的时间相对较短，一般会很快回想起来遗忘的时间与地点，捡到者一般也知道遗忘者是谁。故侵占他人遗忘物有可能构成犯罪，从而承担刑事责任。

9 无意造成他人受伤构成犯罪吗？

▶ 案例回放

小江和小明是大学同学。小江和小明同时喜欢上了一个女孩子小美，他们各展所能，都开始追求小美。两个月后，小美和小江在一起了，小明很是失落，但也接受了这个现实。某天，小明在外闲逛时，看到小江和另一个女孩子在一起吵吵闹闹，表现得很亲密。小明心里很是不平，心想小江已经和小美在一起了，怎么还和其他女孩子这么亲密，就上去找小江理论。小江和小明发生了激烈的争吵，小江顺势推了小明一把，小明摔倒，其头部恰好磕到了路边石阶的棱角处，导致重伤。请问，小江的不小心之举，是否构成犯罪？

◯ 学法用法

小江的行为涉嫌构成过失致人重伤罪。小江在和小明争吵的过程中，虽然没有故意伤害小明的意思，但小江推小明时，应当清楚自己的推搡是很可能将小明推倒，造成小明受伤，只是因为疏忽大意，就没有仔细思考这种可能性，而最终导致小明重伤的结果。根据《刑法》第十五条、第二百三十五条的规定，过失伤害他人致人重伤的，构成过失致人重伤罪。小江的行为涉嫌构成过失致人重伤罪，很可能被处以三年以下有期徒刑或者拘役。

法条链接

《中华人民共和国刑法》

第十五条　【过失犯罪】应当预见自己的行为可能发生危害社会的结果，因为疏忽大意而没有预见，或者已经预见而轻信能够避免，以致发生这种结果的，是过失犯罪。

过失犯罪，法律有规定的才负刑事责任。

第二百三十五条　【过失致人重伤罪】过失伤害他人致人重伤的，处三年以下有期徒刑或者拘役。本法另有规定的，依照规定。

温馨贴士

并非所有的过失造成他人伤害的行为，都需要承担刑事责任。罪刑法定，根据《刑法》相关规定，只有过失造成他人受重伤的，行为人才需要承担刑事责任。

10 15周岁的未成年人抢劫少量财物，构成犯罪吗？

案例回放

大壮今年15周岁了，是某中学出了名的"混混儿"学生。一天，他偶然看到同校初一年级学生小亮孤身一人在路上走着。大壮想到之前听别人说小亮家里很有钱，经常会带一些值钱物品来学校。此时天色已晚，路上行人较少，于是大壮就打起了坏主意。他走到小亮身后凭借着身高优势将其摁住并掏出一把弹簧刀，勒令小亮交出自己随身携带的钱。小亮反抗不成，最后交出了50元现金。请问，15周岁的大壮会因此构成犯罪吗？

学法用法

15周岁的大壮利用刀具胁迫他人索取财物的行为构成抢劫罪,触犯了《刑法》规定。根据《刑法》第二百六十三条的规定,以暴力、胁迫或者其他方法抢劫公私财物的构成抢劫罪,这里的胁迫包括使用刀具胁迫。并且根据我国《刑法》第十七条第二款的规定,已满14周岁不满16周岁的人,犯抢劫罪的应当负刑事责任。也就是说,即使是未成年人犯抢劫罪也要接受法律的制裁。并且,对于抢劫罪本身来说,即使抢到的钱很少,也不影响此罪的成立。

在我们的学生时代,身边可能会出现一些凭借自己的"势力"索取保护费的同学,其实他们已经游走在犯罪的边缘。在上面的案例中,大壮虽然是一个未成年人,并且仅仅抢到了50块钱,但他的行为已经构成了抢劫罪,他必须为自己的抢劫行为负责。需要注意的是,法院在量刑时需要考虑大壮未成年人的身份、案件的犯罪事实和情节以及大壮的认罪态度等,但这些只影响量刑的轻重,并不会影响其抢劫罪罪行的认定。

法条链接

《中华人民共和国刑法》

第十七条第二款 【刑事责任年龄】 已满十四周岁不满十六周岁的人,犯故意杀人、故意伤害致人重伤或者死亡、强奸、抢劫、贩卖毒品、放火、爆炸、投放危险物质罪的,应当负刑事责任。

第二百六十三条 【抢劫罪】 以暴力、胁迫或者其他方法抢劫公私财物的,处三年以上十年以下有期徒刑,并处罚金;有下列情形之一的,处十年以上有期徒刑、无期徒刑或者死刑,并处罚金或者没收财产：

（一）入户抢劫的；

（二）在公共交通工具上抢劫的；

（三）抢劫银行或者其他金融机构的；

（四）多次抢劫或者抢劫数额巨大的；

（五）抢劫致人重伤、死亡的；

（六）冒充军警人员抢劫的；

（七）持枪抢劫的；

（八）抢劫军用物资或者抢险、救灾、救济物资的。

温馨贴士

虽然立法者在制定法律时会考虑到未成年人的心理、智力等发育状况，给予未成年人一定的保护和优待，但这并不意味着未成年人可以为所欲为。尤其是《刑法修正案（十一）》的颁布实施，进一步下调了刑事责任年龄，对青少年的约束更为严格。我们未成年朋友一定要遵守法律，培育道德感，树立起责任心，做一个知法、懂法、守法的好学生、好公民。

11 被霸凌时反抗伤害他人的，属于正当防卫吗？

案例回放

小朋今年16岁，正在上高中。同班同学小龙性格比较霸道，他从初中就和小朋在一个学校，并经常找小朋的茬儿。升上高中后，小龙仍然没有收敛。某天，小朋与小龙因琐事再次发生口角，小朋在气愤之下言语有些过激。小龙因此怀恨在心，叫了几个其他

第六章 预防犯罪，培养良好品行

班的同学一起，要给小朋一些"教训"。小龙将小朋叫到卫生间，准备将小朋打一顿，但被突然出现的老师发现，没能得逞。第二天，小龙再次逼迫小朋放学后到校园后操场。小朋担心自己会被打，便在口袋里偷偷藏了一把手工刀。到达操场后，小龙与他纠集的其他几名同学将小朋团团围住，对他进行殴打。受到群殴后的小朋为了自保，用手工刀胡乱挥舞捅刺，导致小龙重伤，其他三名同学轻伤。请问，小朋的行为是否属于正当防卫？

学法用法

根据《刑法》第二十条的规定，当面对正在进行的不法侵害时，为了保护国家、公共利益、本人或他人的人身、财产和其他权利，在制止不法侵害时对不法侵害人造成损害的，属于正当防卫，不需要承担刑事责任。需要注意的是，正当防卫所针对的是正在进行的不法侵害，如果侵害尚未发生或已经发生完毕，所采取的反击行为不能认定为正当防卫。并且，正当防卫不应超过必要限度。如果超出必要限度给不法行为人造成了重大损害，需要承担刑事责任，但由于其主观目的不存在违法性，因此应当减轻或免除其处罚。

除此以外，《刑法》还规定了特殊防卫制度。也就是说，对于正在进行行凶、杀人、抢劫、强奸、绑架以及其他严重危及人身安全的暴力犯罪，受害人可以无限度地采取防卫行为，即使造成不法侵害人重伤或死亡，也不需要承担刑事责任。

在上面的案例中，小朋虽然提前携带了手工刀，但该手工刀也并非管制刀具，且其目的只是保护自己而非伤害他人。小朋是在遭到他人围殴时进行反抗将小龙等人刺伤的，符合正当防卫"正在进行的不法侵害"这一时间限制。小朋被多人围殴，实力差距悬殊，他所进行的是情急之下的反抗，虽然造成了小龙重伤的结果，但并不能认为小朋的反抗行为超出了必要限度。因此，小朋的行为应当属于正当防卫，不需要承担刑事责任。

法条链接

《中华人民共和国刑法》

第二十条 【正当防卫】为了使国家、公共利益、本人或者他人的人身、财产和其他权利免受正在进行的不法侵害，而采取的制止不法侵害的行为，对不法侵害人造成损害的，属于正当防卫，不负刑事责任。

正当防卫明显超过必要限度造成重大损害的，应当负刑事责任，但是应当减轻或者免除处罚。

对正在进行行凶、杀人、抢劫、强奸、绑架以及其他严重危及人身安全的暴力犯罪，采取防卫行为，造成不法侵害人伤亡的，不属于防卫过当，不负刑事责任。

温馨贴士

在面对他人的霸凌时，"以暴制暴"是在无可奈何的情况下才能采取的对策。虽然使用武力进行正当防卫并不违法，但我们也必须注意法定限度。发生霸凌行为后，我们应当第一时间告知家长和老师，请家长和老师出面帮忙解决问题。

12 为筹集资金骗人进行网贷的，构成什么犯罪？

▷ 案例回放

小陆今年17周岁，从小父母因工作两地分居，对他的关心和爱护较少。上中学后，小陆步入了叛逆期，不仅不愿意上学，还开始沉迷网络游戏，且越陷越深。某天，小陆得知他最喜欢的游戏的开发商要在上海举办一场电竞比赛。为了证明自己，他决定参加比赛。小陆将自己的决定告诉父母后，遭到了父母的一致反对。父母表示绝对不会给小陆提供任何资金，让他将心思都放到学习上。不服气的小陆决定自己挣钱，他在网上假称自己是淘宝店店主，以"刷单挣钱"的名义诱骗他人在网上进行小额借贷，并将他人借贷所得的钱据为己有。被小陆诱骗的被害人多达二十几人，骗取金额达2万余元。请问，小陆的行为构成什么犯罪？

◯ 学法用法

小陆的行为涉嫌构成诈骗罪。根据《刑法》第二百六十六条的规定，诈骗罪主要有以下两个成立条件：（1）行为人实施了诈骗公私财物的行为，也就是说，行为人以欺骗手段，诱使他人在受到蒙蔽的情况下处分了自己的财产；（2）行为人所诈骗的财物达到数额较大的标准。根据《关于办理诈骗刑事案件具体应用法律若干问题的解释》第一条的规定，一般来说，数额较大的标准为3000元至1万元以上。也就是说，如果行为人所诈骗的公私财物总价值在此标准之上的，就应当成立诈骗罪。但是，由于全国各地经济发展状况的不同，各地之间对于"数额较大"的标准也有所浮动。

在上面的案例中，小陆以"刷单挣钱"作为幌子，诱骗他人进行网贷，并将他人网贷获取的钱款据为己有，不法收入达2万余元，超出了法律所规定的"数额较大"的标准，应当成立诈骗罪，承担相应的刑事责任。

法条链接

《中华人民共和国刑法》

第二百六十六条　【诈骗罪】诈骗公私财物，数额较大的，处三年以下有期徒刑、拘役或者管制，并处或者单处罚金；数额巨大或者有其他严重情节的，处三年以上十年以下有期徒刑，并处罚金；数额特别巨大或者有其他特别严重情节的，处十年以上有期徒刑或者无期徒刑，并处罚金或者没收财产。本法另有规定的，依照规定。

《关于办理诈骗刑事案件具体应用法律若干问题的解释》

第一条　诈骗公私财物价值三千元至一万元以上、三万元至十万元以上、五十万元以上的，应当分别认定为刑法第二百六十六条规定的"数额较大"、"数额巨大"、"数额特别巨大"。

各省、自治区、直辖市高级人民法院、人民检察院可以结合本地区经济社会发展状况，在前款规定的数额幅度内，共同研究确定本地区执行的具体数额标准，报最高人民法院、最高人民检察院备案。

温馨贴士

作为青少年，我们应当遵纪守法、昂扬向上，培养健康的兴趣爱好，不能放任自己堕入不良爱好的深渊，更不能为了不良爱好触碰法律的底线。我们绝不能为了钱财去行骗，当然，我们也要警惕生活中的各种诈骗行为，特别是各种电信网络诈骗，不让骗子有可乘之机。

13 教唆未成年人抢劫，要承担刑事责任吗？

▷ **案例回放**

高中毕业后，杨某没考上大学，也没找工作，没事就在学校附近闲逛。杨某的父母实在是不想杨某再这样浪荡下去，就决定不再给他生活费，想要逼迫他独立起来，去找工作。没想到，杨某懒散惯了，不想工作就动起了歪脑筋，教唆年龄只有13周岁的胡某向小学生收取"保护费"，并提示胡某可以对不愿意交钱的学生采取语言威胁、殴打、搜身的方法强行索取。于是，胡某拿着刀威胁一个小学生，抢了100元。然后，胡某和杨某拿着这100元，吃喝挥霍了。请问，杨某教唆胡某抢劫，杨某要承担责任吗？

○ **学法用法**

根据《刑法》第二十九条的规定，教唆他人犯罪的，应当按照他在共同犯罪中所起的作用处罚。教唆不满18周岁的人犯罪的，应当从重处罚。具体到上面的案例中，杨某虽然自己没有收保护费，也没有亲自实施抢劫，但是教唆13周岁的胡某去抢劫，依法对其按抢劫罪论处。同时，由于胡某不满18周岁，杨某属于教唆未成年人犯罪，应当被从重处罚。

◎ **法条链接**

《中华人民共和国刑法》

第二十九条　【教唆犯】教唆他人犯罪的，应当按照他在共同犯罪中所起的作用处罚。教唆不满十八周岁的人犯罪的，应当从重处罚。

如果被教唆的人没有犯被教唆的罪，对于教唆犯，可以从轻或者减轻处罚。

温馨贴士

本人虽然不亲自实施犯罪，但是以劝说、利诱、授意、怂恿、收买、威胁等方法教唆其他人去实施自己的犯罪意图，也会构成犯罪。即使教唆犯教唆的对象是精神病人或者未满刑事责任年龄的未成年人，被教唆之人不承担刑事责任的，教唆犯也需要承担刑事责任。

14 抢夺他人财物时怀里揣着凶器但是没有使用，会构成什么罪？

案例回放

一天，丁某觉得手头有点紧，便伙同其朋友胡某，将鬼脸面具、仿真枪等工具置于摩托车座位下，并在大衣内兜放置了匕首，准备抢点儿钱花。二人行至某小区北门，恰巧遇到下班回家路过此地的舒某，便由丁某驾驶摩托车，坐在后座的胡某直接用手实施抢夺，抢走舒某手机1部，价值人民币3987元。后二人被公安机关抓捕归案。胡某和丁某在抢夺他人财物时虽然携带了凶器，但二人都并未使用和展示凶器。请问，他们的行为构成了哪种罪？

学法用法

抢夺罪，是指以非法占有为目的，趁人不备，公开夺取数额较大的公私财物的行为。抢劫罪，是以非法占有为目的，对财物的所有人、保管人当场使用暴力、胁迫或其他方法，强行将公私财物抢走的行为。它们是刑法规定的两种不同的罪名。根据《刑法》第二百六十七条第二款规定，携带凶器抢夺的，依照抢劫罪的规定定罪处罚。根据《最高人民法院关于审理抢劫案件具体应用法律若干问题的解释》规定，"携带凶器抢夺"是指行为人随身携带枪支、爆炸物、管制刀具等国家禁止个人携带的器械进行抢夺或者为了实施犯罪而携带其他器械进行抢夺的行为。

在上面的案例中，丁某和胡某以非法占有为目的，强行将被害人舒某的手机抢走，并随身携带了匕首，其行为系"携带凶器抢夺"，因此对丁某和胡某的行为应依照抢劫罪定罪处罚。

法条链接

《中华人民共和国刑法》

第二百六十三条 【抢劫罪】以暴力、胁迫或者其他方法抢劫公私财物的，处三年以上十年以下有期徒刑，并处罚金；有下列情形之一的，处十年以上有期徒刑、无期徒刑或者死刑，并处罚金或者没收财产：

（一）入户抢劫的；

（二）在公共交通工具上抢劫的；

（三）抢劫银行或者其他金融机构的；

（四）多次抢劫或者抢劫数额巨大的；

（五）抢劫致人重伤、死亡的；

（六）冒充军警人员抢劫的；

（七）持枪抢劫的；

(八)抢劫军用物资或者抢险、救灾、救济物资的。

第二百六十七条 【抢夺罪】抢夺公私财物,数额较大的,或者多次抢夺的,处三年以下有期徒刑、拘役或者管制,并处或者单处罚金;数额巨大或者有其他严重情节的,处三年以上十年以下有期徒刑,并处罚金;数额特别巨大或者有其他特别严重情节的,处十年以上有期徒刑或者无期徒刑,并处罚金或者没收财产。

【抢劫罪】携带凶器抢夺的,依照本法第二百六十三条的规定定罪处罚。

《最高人民法院关于审理抢劫案件具体应用法律若干问题的解释》

第六条 刑法第二百六十七条第二款规定的"携带凶器抢夺",是指行为人随身携带枪支、爆炸物、管制刀具等国家禁止个人携带的器械进行抢夺或者为了实施犯罪而携带其他器械进行抢夺的行为。

温馨贴士

抢夺罪一般只侵犯他人的财产权利,抢劫罪不但侵犯他人的财产权利,还侵犯他人的人身权利。抢夺罪在特定条件下会转化为抢劫罪。不管是抢夺罪还是抢劫罪,都是我国重点打击的犯罪行为。青少年一定要洁身自好,学法知法,不做违法犯罪之事。

15 多次小偷小摸,也会构成犯罪吗?

案例回放

林某最近辞职在家,整天无所事事,邻居家开了一个小卖部,林某没事就会过去闲聊。林某不经意间发现小卖部的老板经常不关存放钱的抽屉,于是在一次闲聊时,他趁老板上厕所的工夫从抽屉里拿了200元钱。尝到甜头的林某又第二次实施了同样的行为，偷拿了老板300元钱。后来，林某偶尔去小卖部闲聊，伺机偷上二三百元钱。两个月后，林某事发，被抓了现行，小卖部老板报了警。经警察讯问，林某承认实施过多次盗窃行为，共计盗窃1800元。请问，林某这种多次小偷小摸的行为，构成犯罪吗？

学法用法

案例中林某的行为构成盗窃罪。《刑法》第二百六十四条规定了多次盗窃的构成盗窃罪，那么如何认定"多次盗窃"呢？《最高人民法院、最高人民检察院关于办理盗窃刑事案件适用法律若干问题的解释》第三条第一款规定，二年内盗窃三次以上的，应当认定为"多次盗窃"。虽然林某每次盗窃的金额不大，但是由于其前后有多次盗窃行为，因此属于多次盗窃，构成盗窃罪，应承担相应刑事责任。

法条链接

《中华人民共和国刑法》

第二百六十四条 【盗窃罪】盗窃公私财物，数额较大的，或者多次盗窃、入户盗窃、携带凶器盗窃、扒窃的，处三年以下有期徒刑、拘役或者管制，并处或者单处罚金；数额巨大或者有其他严重情节的，处三年以上十年以下有期徒刑，并处罚金；数额特别巨大或者有其他特别严重情节的，处十年以上有期徒刑或者无期徒刑，并处罚金或者没收财产。

《最高人民法院、最高人民检察院关于办理盗窃刑事案件适用法律若干问题的解释》

第三条第一款 二年内盗窃三次以上的，应当认定为"多次盗窃"。

温馨贴士

我们在生活中应当遵守法律，看似不太严重的"小偷小摸"行为，也有可能构成盗窃罪，要承担相应刑事责任。要知道，盗窃金额再小也是违法，两年内盗窃三次以上，则构成犯罪。我们切莫因一时贪念，走上违法犯罪道路，悔恨莫及。

16 网络博主在其视频中恶搞抗日烈士形象，需要承担刑事责任吗？

案例回放

"吐槽君"（网络化名）是晨晨关注的某社交平台知名视频博主，粉丝多达几十万人。因其不定期更新各种风格的幽默、搞笑视频，众多网友觉得看其视频是一种很好的解压方式。在最近更新的一期视频中，"吐槽君"截取了某影视片段，通过后期配音的方式，将某抗日英雄塑造成一个畏畏缩缩、贪生怕死之人，与史实严重不符，极大地损毁了抗日英雄的形象。因其视频存在争议，转发量和评论量都很高，赚取了一拨流量，也让更多人知道了"吐槽君"的存在。在该条视频下，有很多网友评论劝其将视频删除，并承认自己的错误，同时还有一部分网友觉得这是正常的娱乐。最为关键的是，"吐槽君"认为这是自己的原创作品，未侵犯任何人的权利。因此，他还在自己账号上发布了一条动态，表明自己是在用智慧赚取正当利益，不会将该条视频删除。请问，网络博主在其视频中恶搞抗日烈士形象的做法违法吗？需要承担刑事责任吗？

学法用法

互联网各种平台、软件的快速发展使得创作方式变得简单而又多样化,也激起了当代年轻人极大的创作欲望,他们试图通过网络彰显自己的个性。但是,互联网也是我们社会生活的一部分,受法律规范和调整,绝不是法外之地。抗日英雄烈士对现在的和平世界作出了极大贡献,我们应该尊重、崇敬他们,不应该丑化他们的形象。为了加强对英雄烈士的保护,维护社会公共利益等,我国颁布了《英雄烈士保护法》,明确规定禁止歪曲、丑化、亵渎、否定英雄烈士事迹和精神。英雄烈士的姓名、肖像、名誉、荣誉受法律保护。同时,《刑法》第二百九十九条之一规定,侮辱、诽谤或者以其他方式侵害英雄烈士的名誉、荣誉,损害社会公共利益,情节严重的,处三年以下有期徒刑、拘役、管制或者剥夺政治权利。也就是说,英雄烈士永垂不朽,任何人都不得侵害英雄烈士的名誉、荣誉等,损害社会公共利益。

在上面的案例中,"吐槽君"通过截取影视片段、后期配音等方式恶搞抗日英雄,损毁其在公众心目中的形象,会误导青少年,对青少年造成不良影响,严重影响青少年社会主义核心价值观的培养,侵害了社会公共利益。根据上述规定,其行为如果属于情节严重,则构成犯罪,可能会被判处三年以下有期徒刑、拘役、管制或者剥夺政治权利。

法条链接

《中华人民共和国刑法》

第二百九十九条之一 **【侵害英雄烈士名誉、荣誉罪】** 侮辱、诽谤或者以其他方式侵害英雄烈士的名誉、荣誉，损害社会公共利益，情节严重的，处三年以下有期徒刑、拘役、管制或者剥夺政治权利。

《中华人民共和国英雄烈士保护法》

第二十二条　禁止歪曲、丑化、亵渎、否定英雄烈士事迹和精神。

英雄烈士的姓名、肖像、名誉、荣誉受法律保护。任何组织和个人不得在公共场所、互联网或者利用广播电视、电影、出版物等，以侮辱、诽谤或者其他方式侵害英雄烈士的姓名、肖像、名誉、荣誉。任何组织和个人不得将英雄烈士的姓名、肖像用于或者变相用于商标、商业广告，损害英雄烈士的名誉、荣誉。

公安、文化、新闻出版、广播电视、电影、网信、市场监督管理、负责英雄烈士保护工作的部门发现前款规定行为的，应当依法及时处理。

第二十六条　以侮辱、诽谤或者其他方式侵害英雄烈士的姓名、肖像、名誉、荣誉，损害社会公共利益的，依法承担民事责任；构成违反治安管理行为的，由公安机关依法给予治安管理处罚；构成犯罪的，依法追究刑事责任。

💡 温馨贴士

英雄烈士事迹和精神是中华民族的共同历史记忆和社会主义核心价值观的重要体现。全社会都应当崇尚、学习、捍卫英雄烈士。对侵害英雄烈士合法权益的行为，任何组织和个人都有权向负责英雄烈士保护工作的部门、网信、公安等有关部门举报。

17 12周岁的孩子故意杀人需要负刑事责任吗?

▷ **案例回放**

亮亮今年12周岁，正在上小学六年级。某天，亮亮在体育课上和班上同学小刚因踢球而发生争吵，并打了一架。事后，班主任将二人叫到办公室，对他们进行了批评教育，让二人的家长到学校来。从此，亮亮便和小刚成为"死敌"，在学校一句话都不说。就在大家以为这件事就此过去的时候，小刚突然坠楼身亡。经警方调查发现，原来是亮亮将小刚诱骗至某教学楼楼顶后，趁其不备将其推下楼。当时，惨烈的场景吓坏了很多学生。请问，在该案件中，12周岁的亮亮故意杀人后，是否需要承担刑事责任？

◯ **学法用法**

根据人的生理、心理及社会实际情况，每个国家都有关于刑事责任年龄的规定，即达到一定年龄触犯刑事法律才需要承担刑事责任。《刑法修正案（十一）》对刑事责任年龄作出了调整，规定"已满十二周岁不满十四周岁的人，犯故意杀人、故意伤害罪，致人死亡或者以特别残忍手段致人重伤造成严重残疾，情节恶劣，经最高人民检察院核准追诉的，应当负刑事责任"。也就是说，对于犯罪人主观上持有故意的恶性杀人、伤人行为，刑事责任年龄下调到了12周岁。

在上面的案例中，亮亮已满12周岁，其因为同学之间的一点小纠纷就设计将小刚杀死，如果经最高人民检察院核准追诉，亮亮须对其行为承担刑事责任。当然，因其不满18周岁，在量刑上应

415

当从轻或者减轻处罚。

法条链接

《中华人民共和国刑法》

第十七条 【刑事责任年龄】已满十六周岁的人犯罪，应当负刑事责任。

已满十四周岁不满十六周岁的人，犯故意杀人、故意伤害致人重伤或者死亡、强奸、抢劫、贩卖毒品、放火、爆炸、投放危险物质罪的，应当负刑事责任。

已满十二周岁不满十四周岁的人，犯故意杀人、故意伤害罪，致人死亡或者以特别残忍手段致人重伤造成严重残疾，情节恶劣，经最高人民检察院核准追诉的，应当负刑事责任。

对依照前三款规定追究刑事责任的不满十八周岁的人，应当从轻或者减轻处罚。

因不满十六周岁不予刑事处罚的，责令其父母或者其他监护人加以管教；在必要的时候，依法进行专门矫治教育。

第二百三十二条 【故意杀人罪】故意杀人的，处死刑、无期徒刑或者十年以上有期徒刑；情节较轻的，处三年以上十年以下有期徒刑。

温馨贴士

青少年遇事应沉着、冷静，不要因为一时冲动而走上违法犯罪的道路。同时，我们要树立法律意识，学习法律知识，并要善于使用合理合法的方式解决生活中的矛盾与问题。

18 女孩被共同居住的母亲男友虐待，母亲不但不管还时不时参与，他们是否构成犯罪？

▶ 案例回放

小月的父母离婚后，不满10周岁的她跟随母亲一起生活。一年后，小月母亲认识了谢某，两人很快确定了恋爱关系并同居。恋爱时小月母亲并未告知谢某自己已经有一个女儿，谢某得知此事后十分气愤，便将怒气发泄在了小月身上，经常对小月进行身体虐待。小月母亲虽然知晓这一情况，但出于对谢某的愧疚，以及维护两人的恋爱关系，选择了睁一只眼闭一只眼，并且，还时不时地参与对小月的虐待。某日，小月给父亲打电话被谢某发现。谢某以为小月是在"告状"，认为自己供小月吃喝，但她却并不领情，是个"白眼狼"。于是，暴怒的谢某揪起小月的头发将她拖行到客厅，随后便开始对她拳打脚踢。小月母亲发现后劝阻了几句，但见谢某正在气头上，便选择眼不见为净。当天夜里，小月高烧不退、昏迷不醒。被送往医院后，医生见小月伤重，便直接报了警。经鉴定，小月所受的伤已达到轻伤一级。请问，小月的母亲及其男友的行为是否构成犯罪？

◯ 学法用法

家庭成员之间的虐待行为也会成立犯罪。根据《刑法》第二百六十条的规定，虐待家庭成员，情节恶劣的，成立虐待罪。同时，《关于依法办理家庭暴力犯罪案件的意见》第十七条对"情节恶劣"作了进一步的解释。行为人有以下情况的，应当认定为情节恶劣，成立虐待罪：（1）虐待持续时间较长、次数较多；（2）虐待手段残忍；（3）虐待造成被害人轻微伤或者患较严重疾病；（4）对未成年人、老年人、残疾人、孕妇、哺乳期妇女、重病患者实施较为严重的虐待行为等。

如果行为人实施的虐待行为后果严重，还可能同时成立故意伤害罪。根据《刑法》第二百三十四条第一款的规定，故意伤害他人身体的，应当成立故意伤害罪，承担相应的刑事责任。

在上面的案例中，小月母亲的男友虽然与小月没有血缘关系，但与小月一直共同居住，已经形成了实际上的家庭成员关系，他长期对小月实施暴力行为，情节恶劣，已构成虐待罪。此外，他虐待小月使其受到轻伤一级的伤害，也构成故意伤害罪，应接受数罪并罚。小月的母亲并未对小月尽到保护职责，而是对暴力行为听之任之，甚至时而参与，同样构成虐待罪。

法条链接

《中华人民共和国刑法》

第二百三十四条 【**故意伤害罪**】故意伤害他人身体的，处三年以下有期徒刑、拘役或者管制。

犯前款罪，致人重伤的，处三年以上十年以下有期徒刑；致人死亡或者以特别残忍手段致人重伤造成严重残疾的，处十年以上有期徒刑、无期徒刑或者死刑。本法另有规定的，依照规定。

第二百六十条 【**虐待罪**】虐待家庭成员，情节恶劣的，处二年以下有期徒刑、拘役或者管制。

犯前款罪，致使被害人重伤、死亡的，处二年以上七年以下有期徒刑。

第一款罪，告诉的才处理，但被害人没有能力告诉，或者因受到强制、威吓无法告诉的除外。

《关于依法办理家庭暴力犯罪案件的意见》

17. 依法惩处虐待犯罪。采取殴打、冻饿、强迫过度劳动、限制人身自由、恐吓、侮辱、谩骂等手段，对家庭成员的身体和精神进行摧残、折磨，是实践中较为多发的虐待性质的家庭暴力。根据司法实践，具有虐待持续时间较长、次数较多；虐待手段残忍；虐待造成被害人轻微伤或者患较严重疾病；对未成年人、老年人、残疾人、孕妇、哺乳期妇女、重病患者实施较为严重的虐待行为等情形，属于刑法第二百六十条第一款规定的虐待"情节恶劣"，应当依法以虐待罪定罪处罚。

......

温馨贴士

家庭成员之间的虐待行为给未成年人造成的伤害不仅仅是身体上的，更是心理上的，很可能会对未成年人性格的形成产生巨大的不良影响。而家庭成员之间的虐待往往具有隐蔽性，难以被人发现。对于未成年人，当遭受虐待行为时，要积极向外界如老师、居委会、村委会、其他成年近亲属等进行求助。如果发现其他未成年人正在遭受侵害，则可以帮忙报警，帮助其摆脱困境。

19 猥亵男童构成什么犯罪？

案例回放

赵某中年丧夫，独自一人拉扯两个儿子。为了赚更多的钱，赵某来到某省会城市打工,并将两个儿子寄养在自己的远房表哥苏某家中。两个男孩在苏某家中生活了一段时间后不再感到陌生,而苏某此时也露出了自己的真实面目。他经常对两名男孩进行猥亵并且逼迫他们同自己一起观看淫秽视频。两个男孩在这种状态下生活了长达七个月,过年时赵某回家才发现两个儿子的异常。经过赵某长时间的心理疏导,大儿子终于吐露自己和弟弟被苏某猥亵的实情。于是,赵某打算诉诸法律。请问,苏某构成什么犯罪?

学法用法

苏某利用赵某的委托以及亲戚关系有了照顾儿童的机会,却长期对两名儿童实施猥亵,构成猥亵儿童罪。根据《刑法》第二百三十七条的规定,猥亵儿童的,处五年以下有期徒刑。猥亵儿童多人或者多次的,处五年以上有期徒刑。可见,如果行为人多次实施猥亵儿童行为或者对多人实施猥亵行为的,要加重处罚。苏某多次猥亵两名儿童,应当被加重处罚。

相较于男童而言,社会往往对奸淫、猥亵女童给予了较多关注,但是,这并不意味着在实际生活中男童不会遭受猥亵。在上面的案例中,两名男童遭受了来自表舅苏某的长期猥亵,心理受到了严重的创伤。他们的母亲赵某的做法是正确的,必须要用法律严惩苏某。

法条链接

《中华人民共和国刑法》

第二百三十七条 【强制猥亵、侮辱罪】以暴力、胁迫或者其他方法强制猥亵他人或者侮辱妇女的,处五年以下有期徒刑或者拘役。

聚众或者在公共场所当众犯前款罪的，或者有其他恶劣情节的，处五年以上有期徒刑。

【猥亵儿童罪】 猥亵儿童的，处五年以下有期徒刑；有下列情形之一的，处五年以上有期徒刑：

（一）猥亵儿童多人或者多次的；

（二）聚众猥亵儿童的，或者在公共场所当众猥亵儿童，情节恶劣的；

（三）造成儿童伤害或者其他严重后果的；

（四）猥亵手段恶劣或者有其他恶劣情节的。

温馨贴士

青少年朋友的健康成长，关乎国家未来、社会稳定。无论是男孩还是女孩，都有权利对任何侵犯自己身心的行为说不。当我们受到侵犯时，一定要告知自己信任的人，及时报警，千万不能默默忍受，让坏人逍遥法外。

第七章

学习其他法律常识，做守法小卫士

第七章　学习其他法律常识，做守法小卫士

1 著作权保护期限是多久？

▷ **案例回放**

于某从小就喜欢读课外书，且有较高的文学天赋。2000年，15周岁的于某写了一本小说，在社会上引起了极大反响，并荣获了当年文华苑举办的"新文化大赛"省级一等奖。自此以后，于某声名大噪，被誉为"新世纪小作家"。2023年7月，上高一的小亮将于某小说里的人物名字和事件地点、时间稍作修改之后署上自己的名字发表在网上，引起了较多关注，很多不知实情的小粉丝将小亮奉为偶像。2024年1月，于某以著作权被侵犯为由将小亮告到人民法院。小亮认为于某的作品已经发布了20余年，不应该再受到保护，所以，自己并没有侵犯于某的权利。请问，于某在青少年时期撰写的小说还在著作权保护期限内吗？

○ **学法用法**

根据《著作权法》第二十二条和第二十三条的规定，作者的署名权、修改权、保护作品完整权的保护期不受限制。自然人的作品，其发表权、《著作权法》第十条第一款第五项至第十七项规定的权利的保护期为作者终生及其死亡后50年，截止于作者死亡后第50年的12月31日；如果是合作作品，截止于最后死亡的作者死亡后第50年的12月31日。

在上面的案例中，于某所写小说的各项著作权仍然在保护期限之内，小亮对于某的小说稍作修改并署上自己的名字发表在网络上

425

的行为侵犯了于某的著作权。

法条链接

《中华人民共和国著作权法》

第十条第一款 著作权包括下列人身权和财产权：

（一）发表权，即决定作品是否公之于众的权利；

（二）署名权，即表明作者身份，在作品上署名的权利；

（三）修改权，即修改或者授权他人修改作品的权利；

（四）保护作品完整权，即保护作品不受歪曲、篡改的权利；

（五）复制权，即以印刷、复印、拓印、录音、录像、翻录、翻拍、数字化等方式将作品制作一份或者多份的权利；

（六）发行权，即以出售或者赠与方式向公众提供作品的原件或者复制件的权利；

（七）出租权，即有偿许可他人临时使用视听作品、计算机软件的原件或者复制件的权利，计算机软件不是出租的主要标的的除外；

（八）展览权，即公开陈列美术作品、摄影作品的原件或者复制件的权利；

（九）表演权，即公开表演作品，以及用各种手段公开播送作品的表演的权利；

（十）放映权，即通过放映机、幻灯机等技术设备公开再现美术、摄影、视听作品等的权利；

（十一）广播权，即以有线或者无线方式公开传播或者转播作品，以及通过扩音器或者其他传送符号、声音、图像的类似工具向公众传播广播的作品的权利，但不包括本款第十二项规定的权利；

(十二) 信息网络传播权，即以有线或者无线方式向公众提供，使公众可以在其选定的时间和地点获得作品的权利；

(十三) 摄制权，即以摄制视听作品的方法将作品固定在载体上的权利；

(十四) 改编权，即改变作品，创作出具有独创性的新作品的权利；

(十五) 翻译权，即将作品从一种语言文字转换成另一种语言文字的权利；

(十六) 汇编权，即将作品或者作品的片段通过选择或者编排，汇集成新作品的权利；

(十七) 应当由著作权人享有的其他权利。

第二十二条 作者的署名权、修改权、保护作品完整权的保护期不受限制。

第二十三条 自然人的作品，其发表权、本法第十条第一款第五项至第十七项规定的权利的保护期为作者终生及其死亡后五十年，截止于作者死亡后第五十年的12月31日；如果是合作作品，截止于最后死亡的作者死亡后第五十年的12月31日。

法人或者非法人组织的作品、著作权 (署名权除外) 由法人或者非法人组织享有的职务作品，其发表权的保护期为五十年，截止于作品创作完成后第五十年的12月31日；本法第十条第一款第五项至第十七项规定的权利的保护期为五十年，截止于作品首次发表后第五十年的12月31日，但作品自创作完成后五十年内未发表的，本法不再保护。

视听作品，其发表权的保护期为五十年，截止于作品创作完成后第五十年的 12 月 31 日；本法第十条第一款第五项至第十七项规定的权利的保护期为五十年，截止于作品首次发表后第五十年的 12 月 31 日，但作品自创作完成后五十年内未发表的，本法不再保护。

> **温馨贴士**

著作权是一种无形的权利，包括人身权利和财产权利，都受法律的保护。侵犯他人的著作权需要承担一定的法律责任。青少年作为祖国的未来要坚持原创，提高创新能力，抵制抄袭，做保护著作权的卫士。

2 几个小伙伴合作完成的作品，谁拥有著作权？

> **案例回放**

小奇、小亮和小刚是大学室友，他们都对武侠小说有着浓厚的兴趣，经常互相分享和交流。大二的时候，他们决定为心目中的江湖写一本小说。小说分为三个部分，每人负责一部分，最后再由三个人讨论修改，使前后逻辑相通。小说完成之后，三人将其发表在网络上。因故事情节跌宕起伏，人物个性鲜明，该小说风靡一时。后来，某影视公司找到三人，提出将小说改编成电视剧，许可其专有使用小说版权，并许诺让正当红的两位明星主演。小奇和小亮听说后不同意，他们认为这两位明星演不出他们心目中的江湖，并且有许多武侠小说改编成电视剧时惨遭"魔改"，令人惋惜，而小刚则同意影视公司的提议。请问，对于合作完成的作品，谁拥有著作权？某一个作者可以单独许可他人专有使用该作品吗？

学法用法

根据《著作权法》第十四条的规定，两人以上合作创作的作品，著作权由合作作者共同享有。合作作品的著作权由合作作者通过协商一致行使；不能协商一致，又无正当理由的，任何一方不得阻止他方行使除转让、许可他人专有使用、出质以外的其他权利，但是所得收益应当合理分配给所有合作作者。此外，合作作品可以分割使用的，作者对各自创作的部分可以单独享有著作权，但行使著作权时不得侵犯合作作品整体的著作权。可见，一般情况下，合作完成的作品不是由某一个人单独享有著作权的，而是由合作作者共同享有，并且需要经过合作作者协商一致才可以行使许可他人专有使用的权利。

在上面的案例中，该武侠小说由小奇、小亮和小刚共同完成，不可分割，著作权属于他们三人，小刚如果想要许可影视公司专有使用，需要得到小奇和小亮的同意，并且将所得利益合理分配。

法条链接

《中华人民共和国著作权法》

第十四条 两人以上合作创作的作品，著作权由合作作者共同享有。没有参加创作的人，不能成为合作作者。

合作作品的著作权由合作作者通过协商一致行使；不能协商一致，又无正当理由的，任何一方不得阻止他方行使除转让、许可他人专有使用、出质以外的其他权利，但是所得收益应当合理分配给所有合作作者。

合作作品可以分割使用的，作者对各自创作的部分可以单独享有著作权，但行使著作权时不得侵犯合作作品整体的著作权。

💡 温馨贴士

作品是作者思想和情感的体现，著作权对于作者而言是最重要的权利。对于合作作品来讲，其不仅体现于著作权归于合作作者，还体现了一种团体的智慧和信任感。因此，合作作者间应互相尊重与理解，共同维护好合作作品的著作权。

3 专利就仅仅指发明吗？

▶ 案例回放

A公司向国家知识产权局提出外观设计专利申请并得到授权。该专利的名称为"小花积木"，由著名设计师X设计。该积木由66个组件组成，其配色和形状与市面上的其他积木不同，一经上市就被抢购，迅速占领了市场，深受小朋友们的喜爱。次年B公司生产了一组名叫"繁华乐园"的积木，包括100个组件，经对比除大小不同之外，其中66个组件的形状和颜色与A公司的"小花积木"相同，但是售价比A公司的"小花积木"低，更受消费者的青睐。A公司认为"繁华乐园"积木中66个组件的颜色和形状与"小花积木"相同，侵犯了自己的专利权；B公司认为积木并不是新技术、新发明，算不上侵犯A公司的专利权。请问，B公司的说法是正确的吗？

↻ 学法用法

《专利法》第二条规定，发明创造是指发明、实用新型和外观设计。发明，是指对产品、方法或者其改进所提出的新的技术方案。比如，瓦特发明的蒸汽机。实用新型，是指对产品的形状、构造或者其结合所提出的适于实用的新的技术方案。比如，可折叠的呼啦圈。外观设计，是指对产品的整体或者局部的形状、图案或者其结合以及色彩与形状、图案的结合所作出的富有美感并适于工业应用的新设计。比如，把台灯设计成有辨识度且美观的形状。

日常生活中，大家普遍认为只有新发明才能申请专利，其实设计出独特的外观也可以申请专利。在上面的案例中，A 公司的积木拥有独特的颜色和形状，富有美感，已经申请了专利并且得到了授权。B 公司的积木在没有经过 A 公司允许的情况下有 66 块和 A 公司的"小花积木"一样，侵犯了 A 公司的专利权，A 公司可以选择通过法律途径维护自己的合法权益。

法条链接

《中华人民共和国专利法》

第二条 本法所称的发明创造是指发明、实用新型和外观设计。

发明，是指对产品、方法或者其改进所提出的新的技术方案。

实用新型，是指对产品的形状、构造或者其结合所提出的适于实用的新的技术方案。

外观设计，是指对产品的整体或者局部的形状、图案或者其结合以及色彩与形状、图案的结合所作出的富有美感并适于工业应用的新设计。

温馨贴士

我们可以就发明创造申请专利。这里的发明创造不仅包括发明，还包括实用新型和外观设计。

4 青少年可以以自己的名义申请专利吗？

案例回放

阿浩是一名小学五年级的学生，他从小就对科学文化知识特别感兴趣，家里的书架上大部分都是父母为他购买的科学杂志和图书。平时，阿浩的动手能力也很强，喜欢自己拆装机械，时不时还会帮助家里维修一些遥控器、加湿器等小电器。不久前，市里举办中小学生科学技术创新比赛，主题是"生活中的小创意"。老师和家长都鼓励阿浩去参加比赛，阿浩便积极报了名。他在平时的生活里注意到，很多人会遇到瓶装水、瓶装饮料的瓶盖难以打开的情况。于是，阿浩结合自己学习的机械知识，设计并制作了一款特别的"自动拧瓶盖机"，在比赛中荣获二等奖。得知这一消息后，阿浩的父母十分高兴。为了增加阿浩的自信心，他们想要帮助阿浩以他自己的名义为这个小小发明申请专利。请问，青少年可以以自己的名义申请专利吗？

学法用法

根据《专利法》第二十二条的规定可以看出，发明和实用新型要想被授予专利权，需要具备新颖性、创造性、实用性这三个特征。换句话说，在授予专利权的条件方面，法律仅仅对发明和实用新型本身作出了限制规定，并未对申请专利的主体年龄进行限制。

故申请专利的人既可以是成年人,也可以是未成年人。

在上面的案例中,阿浩作为"自动拧瓶盖机"的发明人,当然可以以自己的名义申请专利。但由于阿浩还是未成年人,尚不具备完全民事行为能力,因此在申请专利的某些具体程序上应当由阿浩的法定代理人,即阿浩的父母来代为实施。

法条链接

《中华人民共和国专利法》

第二十二条 授予专利权的发明和实用新型,应当具备新颖性、创造性和实用性。

新颖性,是指该发明或者实用新型不属于现有技术;也没有任何单位或者个人就同样的发明或者实用新型在申请日以前向国务院专利行政部门提出过申请,并记载在申请日以后公布的专利申请文件或者公告的专利文件中。

创造性,是指与现有技术相比,该发明具有突出的实质性特点和显著的进步,该实用新型具有实质性特点和进步。

实用性,是指该发明或者实用新型能够制造或者使用,并且能够产生积极效果。

本法所称现有技术,是指申请日以前在国内外为公众所知的技术。

温馨贴士

近年来,青少年申请专利的数量不断增加,侧面反映了大家有着较强的创新能力。青少年一定要努力学习,勇于创新,为提高国家的科技实力贡献自己的力量。

5 发现自己的专利被他人冒用，应该如何维权？

案例回放

小花的爸爸非常喜欢喝茶，可是茶泡久了容易苦涩导致口感不好，于是小花想出一个办法对爸爸的杯子进行了改造，可以调节茶水的浓度。后来，小花将改造的杯子申请了专利并获得授权。李某是小花爸爸的朋友，春节来拜访时发现了小花改造的杯子，认为非常实用，表扬了小花并询问她的想法来源与茶杯的工作原理。小花一一解答并将设计图纸给李某看，李某仔细聆听后拍下了小花的设计图纸。不久后，李某将该设计图复制后交给工厂进行批量生产，并对外界宣称是自己设计的。请问，小花该如何维护自己的权利呢？

学法用法

根据《专利法》第六十五条的规定，未经专利权人许可，实施其专利，即侵犯其专利权，引起纠纷的，由当事人协商解决；不愿协商或者协商不成的，专利权人或者利害关系人可以向人民法院起诉，也可以请求管理专利工作的部门处理。可见，当专利权被侵犯时，专利权人有多种途径可以维护自己的合法权益。

在上面的案例中，李某未经小花同意就量产了小花设计的杯子，侵犯了小花的专利权。小花可以先找到李某协商解决，如果协商不成，可以向人民法院起诉，也可以请求管理专利工作的部门予以处理。

法条链接

《中华人民共和国专利法》

第六十五条 未经专利权人许可，实施其专利，即侵犯其专利权，引起纠纷的，由当事人协商解决；不愿协商或者协商不成的，专利权人或者利害关系人可以向人民法院起诉，也可以请求管理专利工作的部门处理。管理专利工作的部门处理时，认定侵权行为成立的，可以责令侵权人立即停止侵权行为，当事人不服的，可以自收到处理通知之日起十五日内依照《中华人民共和国行政诉讼法》向人民法院起诉；侵权人期满不起诉又不停止侵权行为的，管理专利工作的部门可以申请人民法院强制执行。进行处理的管理专利工作的部门应当事人的请求，可以就侵犯专利权的赔偿数额进行调解；调解不成的，当事人可以依照《中华人民共和国民事诉讼法》向人民法院起诉。

温馨贴士

创新是推动社会进步的助力器，如果没有了创新，整个社会就犹如一潭死水。如果随意冒用别人的专利而不受惩罚，创新的积极性将会被熄灭。我们作为青少年，当自己的专利被他人冒用时不能选择息事宁人和忍气吞声，要拿起法律武器维护自己的合法权益。当然，我们亦不可冒用他人的专利权，否则将会承担法律责任。

6 在人民币上乱写乱画是违法行为吗？

案例回放

小乐今年9岁，有些调皮。一天，妈妈给了小乐10元钱，让他去小区门口超市里买一瓶酱油。小乐拿过钱就用水彩笔在钱上画画,过了好一会儿,才想起来到超市买酱油。付钱的时候超市售货员阿姨看人民币污损,说:"是不是你在钱上乱写乱画的?"小乐说:"我在自己的钱上涂涂画画,别人又管不着。怎么,阿姨,这样的钱花不出去?"售货员阿姨无奈地笑了笑。请问,小乐的说法对吗?可以在人民币上乱写乱画吗?

学法用法

根据《中国人民银行法》第十九条、《人民币管理条例》第六条和第二十六条的规定可知,人人都有爱护人民币的义务,禁止故意毁损人民币。根据《人民币管理条例》第四十二条的规定,故意毁损人民币的,由公安机关给予警告,并处 1 万元以下罚款。爱护人民币是每个公民的神圣职责,也是文明素质的体现。

在上面的案例中,小乐的做法是错误的,不能在人民币上乱写乱画。虽然小乐年纪小,并且仅仅在面值 10 元的人民币上涂画,可能还够不上"毁损人民币"的程度,也不会受到法律的处罚,但是他的这种行为是不可取的。有时候,我们可能觉得人民币在自己手中,就属于自己所有,愿意怎么画就怎么画,其实,这种想法是非常错误的。人民币的意义更多在于流通,我们有保护好人民币的义务,不能故意毁损人民币。

法条链接

《中华人民共和国中国人民银行法》

第十九条 禁止伪造、变造人民币。禁止出售、购买伪造、变造的人民币。禁止运输、持有、使用伪造、变造的人民币。禁止故意毁损人民币。禁止在宣传品、出版物或者其他商品上非法使用人民币图样。

《中华人民共和国人民币管理条例》

第六条 任何单位和个人都应当爱护人民币。禁止损害人民币和妨碍人民币流通。

第二十六条 禁止下列损害人民币的行为：

（一）故意毁损人民币；

（二）制作、仿制、买卖人民币图样；

（三）未经中国人民银行批准，在宣传品、出版物或者其他商品上使用人民币图样；

（四）中国人民银行规定的其他损害人民币的行为。

前款人民币图样包括放大、缩小和同样大小的人民币图样。

第四十二条 故意毁损人民币的，由公安机关给予警告，并处1万元以下的罚款。

温馨贴士

爱护人民币，保持人民币整洁，维护人民币尊严，保障人民币正常的流通秩序，是我们每一个公民应尽的义务。在日常生活中，我们要正确使用、爱护人民币，做到不乱折乱揉人民币，不在人民币上乱写乱画，不故意损坏人民币。

7 买东西时用假钞是违法的吗？

案例回放

一天，豆豆看到书架上有100元钱，问爸爸怎么把钱放在这里。爸爸说那是假钞，不能花，暂时放在那里。豆豆觉得，好歹是100元钱，管它真假，不花白不花。于是，他偷偷拿着这100元钱来到商店，挑选了一些零食，然后将100元假钞交给收银员。收银员接过钱以后，仔细地看了又看，摸了又摸，怀疑这钱有假，于是就用验钞机验了一下，果然是假钞。豆豆一看被识破了，把东西一扔，拿起那张百元钞票就跑回了家。爸爸得知此事后严厉地批评了豆豆，并告诉他花假钞是违法的。请问，买东西时用假钞是违法的吗？

学法用法

《中国人民银行法》第十九条规定，禁止运输、持有、使用伪造、变造的人民币。根据该法第四十三条的规定，明知是伪造、变造的人民币而持有、使用，构成犯罪的，依法追究刑事责任；尚不构成犯罪的，由公安机关处15日以下拘留、1万元以下罚款。根据《刑法》第一百七十二条的规定，明知是伪造的货币而持有、使用，数额较大的，构成持有、使用假币罪。《人民币管理条例》第三十一条和第三十六条也规定，单位和个人持有伪造、变造的人民币的，应当及时上交中国人民银行、公安机关或者办理人民币存取款业务的金融机构。伪造、变造的人民币由中国人民银行统一销毁。由此可知，在发现假币时，不仅不能用来购买东西，还应当及时上交银行，最终由中国人民银行统一销毁，防止假币再流入市场。

在上面的案例中，豆豆明知道自己所持有的是假币，仍然拿到商店去购物，这种行为违反了法律的规定。此外，豆豆爸爸应当将假币交给银行。

法条链接

《中华人民共和国中国人民银行法》

第十九条 禁止伪造、变造人民币。禁止出售、购买伪造、变造的人民币。禁止运输、持有、使用伪造、变造的人民币。禁止故意毁损人民币。禁止在宣传品、出版物或者其他商品上非法使用人民币图样。

第四十三条 购买伪造、变造的人民币或者明知是伪造、变造的人民币而持有、使用，构成犯罪的，依法追究刑事责任；尚不构成犯罪的，由公安机关处十五日以下拘留、一万元以下罚款。

《中华人民共和国人民币管理条例》

第三十一条 单位和个人持有伪造、变造的人民币的，应当及时上交中国人民银行、公安机关或者办理人民币存取款业务的金融机构；发现他人持有伪造、变造的人民币的，应当立即向公安机关报告。

第三十六条 伪造、变造的人民币由中国人民银行统一销毁。

《中华人民共和国刑法》

第一百七十二条　【持有、使用假币罪】明知是伪造的货币而持有、使用，数额较大的，处三年以下有期徒刑或者拘役，并处或者单处一万元以上十万元以下罚金；数额巨大的，处三年以上十年以下有期徒刑，并处二万元以上二十万元以下罚金；数额特别巨大的，处十年以上有期徒刑，并处五万元以上五十万元以下罚金或者没收财产。

温馨贴士

使用假币是违法行为，会扰乱市场秩序，给人民群众的正常生活和财产安全造成不利影响。作为青少年，我们应当从自身做起，发现假币要及时上交银行。

8 在路上捡到野生动物，可以带回家饲养吗？

案例回放

小婷从小就喜欢动物，家里养了小狗、小猫等多种宠物。小婷每天都和它们玩耍，这让她的生活充满了乐趣。今年春天，学校组织春游，小婷在回学校的路上看到了一只野鸡，样貌非常可爱，于是和同学一起把它抓住带回了家。回到家，爸爸一看是只野鸡，便对小婷说，野鸡和家禽不一样，家养野生动物成活率低，大自然才是野生动物的家。如果我们爱护它，就应该把它放归大自然，不能放在家里养。小婷觉得爸爸说得有道理，于是和爸爸一起将野鸡放生了。请问，在路上捡到野生动物，可以带回家饲养吗？

学法用法

野生动物是重要的自然资源，国家重点保护的野生动物更是有着不可替代的生态价值。为了维护生态多样性，保护野生动物的物种多样性，我们每个人都有义务从自身做起，为保护野生动物贡献力量。根据《陆生野生动物保护实施条例》第二十一条第一款的规定，一般来说，野生动物是不允许私人饲养的。如果要驯养繁殖国家重点保护野生动物，必须持有驯养繁殖许可证。这是因为野生动物有其固定的栖息地与生活习惯，对于没有驯养知识的普通人来说，驯养野生动物很难成功。因此，当我们发现受伤、病弱、饥饿、受困、迷途的受保护野生动物时，应当根据《陆生野生动物保护实施条例》第九条的规定，及时向当地野生动物行政主管部门报告，以便对野生动物采取专业的救治手段。

在上面的案例中，小婷与同学发现野鸡后，应当尊重并保护野鸡原本的生活习惯，将野鸡留在栖息地中，而不是将野鸡抓回家。小婷应当将野鸡放归其原本的栖息地，让野鸡回归大自然。如果野鸡受伤，小婷和她的父母可以向相关部门报告，由相关部门对野鸡采取救助措施。

法条链接

《中华人民共和国陆生野生动物保护实施条例》

第九条 任何单位和个人发现受伤、病弱、饥饿、受困、迷途的国家和地方重点保护野生动物时，应当及时报告当地野生动物行政主管部门，由其采取救护措施；也可以就近送具备救护条件的单位救护。救护单位应当立即报告野生动物行政主管部门，并按照国务院林业行政主管部门的规定办理。

第二十一条第一款 驯养繁殖国家重点保护野生动物的，应当持有驯养繁殖许可证。

第三十八条 违反野生动物保护法规，未取得驯养繁殖许可证或者超越驯养繁殖许可证规定范围驯养繁殖国家重点保护野生动物的，由野生动物行政主管部门没收违法所得，处3000元以下罚款，可以并处没收野生动物、吊销驯养繁殖许可证。

💡 温馨贴士

保护野生动物，关系到人类的生存与发展。我们作为青少年，应当增强保护野生动物的法律意识，不将野生动物作为宠物或家禽家畜饲养。

9 在家唱歌影响邻居休息违法吗？

▷ 案例回放

小莉家与王老先生家是楼上楼下的邻居。小莉从小就喜欢唱歌、跳舞。最近小莉要参加市里的歌唱比赛，再加上小升初的压力，她每晚9点才能做完作业，9点多才开始练歌。可作为老年人，王老先生每天晚上9点左右就上床睡觉了，每次刚要睡着的时候，楼上就传来了唱歌的声音。忍无可忍的王老先生来到小莉家，请她不要在大家休息的时候唱歌，还说因为小莉家发出的噪声，自己曾到医院诊疗，被诊断为眩晕症。小莉妈妈向王老先生道歉，但小莉听到后非常不高兴，觉得自己在家唱歌不违法，而且又不是长期的，等比赛完就不唱了，邻居之间应该互相包容。请问，在家唱歌，影响邻居休息的行为违法吗？

◯ 学法用法

小莉可以在家练习唱歌，但是，应该将声音控制在一定范围内，而且在时间上也应多注意，不能影响邻居的正常作息。

《噪声污染防治法》第六十五条第二款和第八十六条第一款规定，使用家用电器、乐器或者进行其他家庭场所活动，应当控制音量或者采取其他有效措施，防止噪声污染。受到噪声侵害的单位和个人，有权要求侵权人依法承担民事责任。《治安管理处罚法》第五十八条也明确规定，违反关于社会生活噪声污染防治的法律规定，制造噪声干扰他人正常生活的，处警告；警告后不改正的，处200元以上500元以下罚款。据此可知，小莉在家唱歌并不违法，但是，如果影响邻居休息，造成环境噪声污染，则是违法行为。

法条链接

《中华人民共和国噪声污染防治法》

第六十五条第二款 使用家用电器、乐器或者进行其他家庭场所活动，应当控制音量或者采取其他有效措施，防止噪声污染。

第八十六条 受到噪声侵害的单位和个人，有权要求侵权人依法承担民事责任。

对赔偿责任和赔偿金额纠纷，可以根据当事人的请求，由相应的负有噪声污染防治监督管理职责的部门、人民调解委员会调解处理。

国家鼓励排放噪声的单位、个人和公共场所管理者与受到噪声侵害的单位和个人友好协商，通过调整生产经营时间、施工作业时间，采取减少振动、降低噪声措施，支付补偿金、异地安置等方式，妥善解决噪声纠纷。

《中华人民共和国治安管理处罚法》

第五十八条 违反关于社会生活噪声污染防治的法律规定，制造噪声干扰他人正常生活的，处警告；警告后不改正的，处二百元以上五百元以下罚款。

温馨贴士

俗话说，远亲不如近邻。邻里之间应该团结互助、和谐相处。青少年也要学会换位思考，考虑邻里的感受，适当照顾邻居的生活安宁、睡眠休息等权益。当我们的行为给别人造成不良影响时，要及时改正，不能一错再错。

10 女主播大尺度直播表演，违法吗？

案例回放

小青今年20周岁，从小就长得漂亮，形象气质很好。闲来无事，她听说做直播可以赚钱，便来尝试。一开始，小青在某正规app视频平台上直播，但是觉得赚的钱不多。在一次偶然的直播中，有个叫"小李飞刀"的观众给她刷了很多礼物，并加了小青的微信，问她是否愿意在其他平台上进行大尺度直播，收入比现在的平台多好几倍。小青没能抵制住金钱的诱惑就答应了。之后，她下载了某app并在该平台注册为女主播，开设直播中进行裸露身体隐私部位的淫秽表演。请问，小青的做法违法吗？

学法用法

小青的行为是错误的，是违法行为。根据《治安管理处罚法》第六十八条的规定，制作、运输、复制、出售、出租淫秽的书刊、图片、影片、音像制品等淫秽物品或者利用计算机信息网络、电话以及其他通讯工具传播淫秽信息的，属于违法行为，要受到治安管理处罚。小青利用网络直播平台进行色情表演，属于利用计算机信息网络传播淫秽信息，是违法行为。

值得注意的是，利用网络直播平台传播淫秽色情信息是一种新的涉黄违法犯罪行为。对这种影响更广泛的违法犯罪行为，我国法律和国家机关将严厉打击，绝不姑息。

在上面的案例中，小青应停止做色情直播，及时报警，配合警方挖出相关犯罪人员。

法条链接

《中华人民共和国治安管理处罚法》

第六十八条　制作、运输、复制、出售、出租淫秽的书刊、图片、影片、音像制品等淫秽物品或者利用计算机信息网络、电话以及其他通讯工具传播淫秽信息的，处十日以上十五日以下拘留，可以并处三千元以下罚款；情节较轻的，处五日以下拘留或者五百元以下罚款。

《中华人民共和国刑法》

第三百六十三条第一款　【制作、复制、出版、贩卖、传播淫秽物品牟利罪】以牟利为目的，制作、复制、出版、贩卖、传播淫秽物品的，处三年以下有期徒刑、拘役或者管制，并处罚金；情节严重的，处三年以上十年以下有期徒刑，并处罚金；情节特别严重的，处十年以上有期徒刑或者无期徒刑，并处罚金或者没收财产。

第三百六十四条　【传播淫秽物品罪】传播淫秽的书刊、影片、音像、图片或者其他淫秽物品，情节严重的，处二年以下有期徒刑、拘役或者管制。

【组织播放淫秽音像制品罪】组织播放淫秽的电影、录像等音像制品的，处三年以下有期徒刑、拘役或者管制，并处罚金；情节严重的，处三年以上十年以下有期徒刑，并处罚金。

制作、复制淫秽的电影、录像等音像制品组织播放的,依照第二款的规定从重处罚。

向不满十八周岁的未成年人传播淫秽物品的,从重处罚。

第三百六十五条 【组织淫秽表演罪】组织进行淫秽表演的,处三年以下有期徒刑、拘役或者管制,并处罚金;情节严重的,处三年以上十年以下有期徒刑,并处罚金。

温馨贴士

传播"黄色"文化和淫秽物品,将会毒化社会风气,腐蚀人的灵魂,特别是对青少年的身心健康危害更大。我们应该拒看不健康书刊、视频,不传播淫秽物品。在互联网如此发达的新时代,我们要坚决抵制网络色情,追求健康的网络新生活。

11 未成年人可以买彩票吗?

案例回放

小虎是一名中学生。小虎的同学小坤经常买彩票,也中过一些奖,这让从来没接触过彩票的小虎很向往。一天下午放学后,小虎和小坤一起来到某彩票点,准备买几张彩票碰碰运气。一开始,小虎打算买几张彩票满足一下好奇心,如果没中奖就不买了。没想到,渐渐地,他对彩票着了迷。短短两个月,小虎竟然偷偷拿了家里2000多元钱用于购买彩票。一次,他又在家里翻箱倒柜找钱准备买彩票时,被妈妈发现了。妈妈狠狠地批评了他。请问,小虎和小坤作为未成年人,可以买彩票吗?

第七章 学习其他法律常识，做守法小卫士

◎ **学法用法**

未成年人是不能买彩票的。《未成年人保护法》第五十九条明确规定，禁止向未成年人销售烟、酒、彩票或者兑付彩票奖金。《彩票管理条例》第十八条也规定，彩票发行机构、彩票销售机构、彩票代销者不得向未成年人销售彩票。该条例第四十条还规定，彩票发行机构、彩票销售机构向未成年人销售彩票的，由财政部门责令改正；有违法所得的，没收违法所得；对直接负责的主管人员和其他直接责任人员，依法给予处分。可见，我国法律法规明确禁止向未成年人销售彩票、兑付奖金。

在上面的案例中，小虎和小坤买彩票的行为是不正确的。并且小虎因为买彩票逐渐着了迷，偷偷拿家里的钱去买彩票，这是非常不好的行为。此外，彩票销售机构卖给小虎和小坤彩票的行为也是违法的，应受到相应的处罚。

◎ **法条链接**

《中华人民共和国未成年人保护法》

第五十九条 学校、幼儿园周边不得设置烟、酒、彩票销售网点。禁止向未成年人销售烟、酒、彩票或者兑付彩票奖金。烟、酒和彩票经营者应当在显著位置设置不向未成年人销售烟、酒或者彩票的标志；对难以判明是否是未成年人的，应当要求其出示身份证件。

任何人不得在学校、幼儿园和其他未成年人集中活动的公共场所吸烟、饮酒。

《彩票管理条例》

第十八条 彩票发行机构、彩票销售机构、彩票代销者不得有

447

下列行为：

（一）进行虚假性、误导性宣传；

（二）以诋毁同业者等手段进行不正当竞争；

（三）向未成年人销售彩票；

（四）以赊销或者信用方式销售彩票。

第四十条 彩票发行机构、彩票销售机构有下列行为之一的，由财政部门责令改正；有违法所得的，没收违法所得；对直接负责的主管人员和其他直接责任人员，依法给予处分：

……

（四）向未成年人销售彩票的；

……

温馨贴士

彩票带有一定的赌博性质，是否中奖具有不确定性。法律禁止向未成年人出售彩票。作为当代青少年，我们应该遵守法律的规定，自觉做到不去购买彩票。

12 校园附近充斥噪声污染，该怎么办？

案例回放

某中学建设在某小区旁边，对面有一个小广场，附近的居民们自发在广场上圈出了一片"舞池"，并由专人组织在傍晚时到广场上跳广场舞。每天晚上7点到9点，跳广场舞的人便在广场上使用高音喇叭播放音乐，使学生们的晚自习无法安静进行。学校多次与居民们进行交涉，但居民们表示，晚上7点到9点正是大家下班后的空闲时间，这个时间无法更改，他们愿意作出的最大让步就是将结束时间提前到晚上 8 点。请问，当校园附近充斥噪声污染时，学校和学生该怎么办？

学法用法

根据《噪声污染防治法》第八十八条第三项的规定，学校属于噪声敏感建筑物，为了保证学校正常的教学活动与秩序，需要保持安静。居住在学校附近的居民、在学校附近办公的单位等，应当注意避免产生噪声，对学校的师生产生不良影响。当学校附近发生社会生活噪声扰民行为时，学校及师生可以根据《噪声污染防治法》第七十条的规定，请基层群众性自治组织、业主委员会、物业服务人帮忙进行劝阻和调解。劝阻、调解不成的，可以向负有社会生活噪声污染防治监督管理职责的部门或者地方人民政府指定的部门报告或者投诉。

在上面的案例中，该学校附近长期有居民使用高音喇叭播放音乐、跳广场舞扰民。根据《噪声污染防治法》第六十四条第一款的规定，一般情况下，禁止在噪声敏感建筑物集中区域使用高音广播喇叭。该小区居民的行为违反了法律的规定，应当主动停止使用高音喇叭。如果协商不成，学校可以请居委会等单位组织调解。调解不成，可以向相关部门投诉。相关部门应当根据《噪声污染防治法》第八十二条的规定，对制造噪声扰民的居民进行说服教育，责令其改正；对于拒不改正的，给予警告，并处以 200 元以上 1000 元以下的罚款。

法条链接

《中华人民共和国噪声污染防治法》

第六十四条第一款 禁止在噪声敏感建筑物集中区域使用高音广播喇叭，但紧急情况以及地方人民政府规定的特殊情形除外。

第七十条 对噪声敏感建筑物集中区域的社会生活噪声扰民行为，基层群众性自治组织、业主委员会、物业服务人应当及时劝阻、调解；劝阻、调解无效的，可以向负有社会生活噪声污染防治监督管理职责的部门或者地方人民政府指定的部门报告或者投诉，接到报告或者投诉的部门应当依法处理。

第八十二条 违反本法规定，有下列行为之一，由地方人民政府指定的部门说服教育，责令改正；拒不改正的，给予警告，对个人可以处二百元以上一千元以下的罚款，对单位可以处二千元以上二万元以下的罚款：

（一）在噪声敏感建筑物集中区域使用高音广播喇叭的；

（二）在公共场所组织或者开展娱乐、健身等活动，未遵守公共场所管理者有关活动区域、时段、音量等规定，未采取有效措施造成噪声污染，或者违反规定使用音响器材产生过大音量的；

（三）对已竣工交付使用的建筑物进行室内装修活动，未按照规定在限定的作业时间内进行，或者未采取有效措施造成噪声污染的；

（四）其他违反法律规定造成社会生活噪声污染的。

第八十八条 本法中下列用语的含义：

……

（三）噪声敏感建筑物，是指用于居住、科学研究、医疗卫生、文化教育、机关团体办公、社会福利等需要保持安静的建筑物；

......

温馨贴士

噪声污染同样也是一种环境污染，会给人们的正常生活造成困扰。我们要从自身做起，抵制噪声污染。当发生噪声污染现象时，我们可以向相关部门进行投诉，共同保护和改善生活环境。

13 能购买别人偷来的东西吗？

案例回放

一天，小美和妈妈去逛街，在路上，遇到一青年向她们推销二手手机。一部原价六七千元的手机，看起来还特别新，但他只卖500元。并且，这个青年看起来贼眉鼠眼的，生怕被别人发现。小美妈妈很容易就判断出"手机可能是赃物"，于是拉着小美赶紧离开，并偷偷拍了这个青年的照片。后来，她们报了警。没过多久，警方给妈妈打电话，称其提供的照片线索帮助警方抓获了盗窃手机的团伙，非常感谢她们。小美和妈妈都非常高兴。请问，如果你是小美，遇到上面的情形，你会购买手机吗？我们能购买别人偷来的东西吗？

学法用法

我们不能购买别人偷来的东西。偷盗行为是一种违法犯罪行为，偷盗得来的东西就是法律上所说的"赃物"，是可以证明违法犯罪的物品。而购买"赃物"的行为，实际上是在帮助违法犯罪分子销毁犯罪证据，是一种帮助销赃行为，甚至可能会涉及违法犯罪。《刑法》第三百一十二条第一款规定，明知是犯罪所得及其产生的收益而予以窝藏、转移、收购、代为销售或者以其他方法掩饰、隐瞒的，处三年以下有期徒刑、拘役或者管制，并处或者单处罚金；情节严重的，处三年以上七年以下有期徒刑，并处罚金。《治安管理处罚法》中也有相关规定。当然，如果确实不知道东西是别人偷来的，则属于一种善意购买，并不违法。

在上面的案例中，小美妈妈在判断手机可能是盗窃所得的情况下，拒绝购买，并果断拍照留下证据为警方提供线索的行为，值得我们学习。

法条链接

《中华人民共和国刑法》

第三百一十二条　【掩饰、隐瞒犯罪所得、犯罪所得收益罪】 明知是犯罪所得及其产生的收益而予以窝藏、转移、收购、代为销售或者以其他方法掩饰、隐瞒的，处三年以下有期徒刑、拘役或者管制，并处或者单处罚金；情节严重的，处三年以上七年以下有期徒刑，并处罚金。

单位犯前款罪的，对单位判处罚金，并对其直接负责的主管人员和其他直接责任人员，依照前款的规定处罚。

《中华人民共和国治安管理处罚法》

第五十九条　有下列行为之一的，处五百元以上一千元以下罚款；情节严重的，处五日以上十日以下拘留，并处五百元以上一千元以下罚款：

（一）典当业工作人员承接典当的物品，不查验有关证明、不履行登记手续，或者明知是违法犯罪嫌疑人、赃物，不向公安机关报告的；

……

（三）收购公安机关通报寻查的赃物或者有赃物嫌疑的物品的；

……

第六十条 有下列行为之一的，处五日以上十日以下拘留，并处二百元以上五百元以下罚款：

……

（三）明知是赃物而窝藏、转移或者代为销售的；

……

温馨贴士

我们不能购买别人偷来的东西，遇到"销赃"的情况，应及时报警。无论购买什么物品，我们都应选择正规渠道，切不可贪便宜而帮助他人"销赃"。

图书在版编目（CIP）数据

青少年不可不知的法律常识 / 中国法治出版社编. -- 2 版. -- 北京：中国法治出版社，2025. 5. -- ISBN 978-7-5216-5153-9

Ⅰ. D920.4

中国国家版本馆 CIP 数据核字第 2025167RB3 号

策划编辑：程 思　　　责任编辑：陆紫薇　　　封面设计：周黎明

青少年不可不知的法律常识
QINGSHAONIAN BUKE BUZHI DE FALÜ CHANGSHI

编者/中国法治出版社
经销/新华书店
印刷/三河市国英印务有限公司
开本/880 毫米×1230 毫米　32 开　　　　　印张/ 14.75　字数/ 261 千
版次/2025 年 5 月第 2 版　　　　　　　　2025 年 5 月第 1 次印刷

中国法治出版社出版
书号 ISBN 978-7-5216-5153-9　　　　　　　　　　　定价：56.00 元

北京市西城区西便门西里甲 16 号西便门办公区
邮政编码：100053　　　　　　　　　　传真：010-63141600
网址：http：//www.zgfzs.com　　　　　编辑部电话：010-63141803
市场营销部电话：010-63141612　　　　印务部电话：010-63141606

（如有印装质量问题，请与本社印务部联系。）